T0278172

INDOMABLE

GLENNON DOYLE

INDOMABLE

Deja de complacer, empieza a vivir

Urano

Argentina – Chile – Colombia – España
Estados Unidos – México – Perú – Uruguay

Título original: *Untamed*
Editor original: First published in the United States in 2020 by the Dial Press,
an imprint of Random House, a division of Penguin Random House LLC, New York
Traducción: Victoria Simó Perales

1.ª edición: mayo 2021
5.ª reimpresión: mayo 2024

ISBN: 978-84-17694-23-4
E-ISBN: 978-84-18259-58-6
Depósito legal: B-4.560-2021

Fotocomposición: Urano World Spain, S.A.U.

Impreso por: Rotativas de Estella – Polígono Industrial San Miguel
Parcelas E7-E8 – 31132 Villatuerta (Navarra)

Impreso en España – *Printed in Spain*

Para todas las mujeres que se están resucitando a sí mismas.
Para las niñas a las que nunca enterrarán.

Ante todo, para Tish.

ÍNDICE

TERCERA PARTE
LIBRE

PRÓLOGO
Guepardo

Hace dos veranos, mi esposa y yo llevamos a nuestras hijas al zoo. Mientras recorríamos las instalaciones, vimos un cartel que anunciaba el gran espectáculo del parque: la carrera del guepardo. Nos encaminamos hacia las familias que buscaban sitio para presenciarla y encontramos un tramo vacío a lo largo del recorrido. La menor, Amma, se subió a hombros de mi esposa para tener mejores vistas.

Apareció una cuidadora, rubia y vivaracha, con un chaleco color caqui. Sujetaba un megáfono y la correa de un labrador retriever amarillo. Yo no entendía nada. No sé gran cosa de animales, pero como intentase convencer a mis hijas de que ese perro era un guepardo, tendrían que reembolsarme las entradas.

Empezó diciendo:

—¡Bienvenidos todo el mundo! Estáis a punto de conocer al guepardo del parque, *Tabitha*. ¿Pensáis que esta es *Tabitha*?

—¡Nooooo! —gritaron niñas y niños.

—Esta tierna labrador es *Minnie*, la mejor amiga de *Tabitha*. Se conocieron cuando *Tabitha* era un guepardo bebé y criamos a ambos animales juntos para que *Minnie* nos ayudara a amaestrarla. Haga lo que haga *Minnie*, *Tabitha* quiere imitarla.

La cuidadora señaló con un gesto el todoterreno que estaba aparcado a su espalda. Había un conejo de peluche atado a la parte trasera del vehículo con una cuerda deshilachada.

Preguntó:

—¿Quién tiene un labrador en casa?

Pequeñas manos se alzaron en el aire.

—¿A cuáles de vuestros labradores les gusta jugar al pilla-pilla?

—¡Al mío! —gritaron niños y niñas.

—Bueno, pues a *Minnie* le encanta perseguir a este conejo. De manera que *Minnie* hará la carrera del guepardo en primer lugar mientras *Tabitha* la observa para recordar cómo se hace. Luego contaremos hacia atrás, abriré la puerta de la jaula de *Tabitha* y ella saldrá disparada. Al final del recorrido, que es de solo cien metros en esa dirección, habrá un delicioso filete esperándola.

La cuidadora condujo a *Minnie*, ansiosa y jadeante, a la línea de salida. Le hizo una seña al conductor del todoterreno, que arrancó. Liberó a *Minnie* de la correa y vimos a una labrador amarilla perseguir con alegría un mugriento conejo rosa de pega. La chiquillería aplaudió con ganas. Las personas adultas nos enjugamos el sudor de la frente.

Por fin llegó el momento estelar de *Tabitha*. Recitamos la cuenta atrás al unísono:

—Cinco, cuatro, tres, dos, uno...

La cuidadora abrió la puerta de la jaula y el todoterreno con el conejo de pega salió disparado de nuevo. *Tabitha* echó a correr, concentrada en el conejo con la precisión de un láser, convertida en un borrón moteado. Llegó a la meta a los pocos segundos. La cuidadora silbó y le lanzó un filete. *Tabitha* lo sujetó contra el suelo con sus zarpas acolchadas, se agachó y lo masticó mientras la multitud aplaudía.

Yo no aplaudí. Estaba descompuesta. La domesticación de *Tabitha* me resultaba... familiar.

Observaba a *Tabitha* mordisquear el filete en el zoo y pensaba: *Día tras día este animal salvaje persigue un mugriento conejo rosa de pega por el sendero trillado y estrecho que han trazado para ella. Sin mirar nunca a derecha ni a izquierda. Sin capturar nunca al maldito conejo y conformándose con un filete comprado en el supermercado y la aprobación distraída de personas desconocidas y sudorosas. Obedeciendo hasta la última orden de la cuidadora, igual que* Minnie, *la perra labrador con la que ha aprendido a identificarse. Sin saber que si recordase su naturaleza salvaje —tan solo un instante— podría hacer trizas al personal del zoo que se ocupa de ella.*

Cuando *Tabitha* hubo dado cuenta del filete, la cuidadora abrió una compuerta que daba a un pequeño prado vallado. *Tabitha* entró y la compuerta se cerró tras ella. La empleada del zoo recuperó el megáfono y nos invitó a hacer preguntas. Una niña, quizá de nueve años, levantó la mano y preguntó:

—¿No está triste *Tabitha*? ¿No añora la naturaleza?

—Perdona, no te oigo —dijo la cuidadora—. ¿Puedes repetir la pregunta?

La madre de la niña repitió en tono más alto:

—Quiere saber si *Tabitha* echa de menos la naturaleza.

La cuidadora sonrió y dijo:

—No. *Tabitha* nació aquí. No conoce otra cosa. Nunca ha visto siquiera el medio natural. Esta vida está bien para *Tabitha*. Está mucho más segura aquí de lo que estaría en libertad.

Mientras la mujer procedía a ofrecer información sobre los guepardos nacidos en cautividad, mi hija mayor, Tish, me propinó un codazo y señaló a *Tabitha*. Allí, en ese campo, lejos de *Minnie* y las cuidadoras, el talante del animal había cambiado por completo. Erguía la cabeza y acechaba la periferia mientras recorría los límites creados por la verja. Iba y venía de un lado a otro, sin detenerse nada más que para mirar con atención a algún punto situado más allá de la verja. Parecía que estuviera recordando algo. Tenía un aspecto majestuoso. Y daba un poco de miedo.

Tish me susurró:

—Mamá. Se ha vuelto salvaje otra vez.

Le respondí con un asentimiento sin despegar los ojos de *Tabitha*, que seguía al acecho. Me habría gustado preguntarle: «¿Qué está sucediendo dentro de ti ahora mismo?».

Supe lo que me respondería. Diría:

«Algo no cuadra en mi vida. Me siento inquieta y frustrada. Tengo el pálpito de que todo debería ser más hermoso de lo que es. Imagino sabanas sin verjas que se pierden a lo lejos. Quiero correr, cazar y matar. Quiero dormir bajo un firmamento negro y silencioso tachonado de estrellas. *Es todo tan real que puedo paladearlo*».

Luego volvería la vista hacia la jaula, el único hogar que ha conocido. Miraría al sonriente personal, al aburrido público y a su jadeante, saltarina e implorante mejor amiga, la perra labrador.

Con un suspiro, añadiría:

«Debería sentirme agradecida. Mi vida aquí no está mal. Es de locos anhelar algo que ni siquiera existe».

Yo le diría:

Tabitha. No estás loca.

Eres un maldito guepardo.

PRIMERA PARTE

ENJAULADA

CHISPAS

Hace cuatro años tenía un marido, que era el padre de mi hijo y de mis dos hijas, y me enamoré de una mujer.

Mucho más tarde vi a esa mujer alejarse en coche de mi casa para reunirse con mis progenitores y comunicarles sus planes de pedirme matrimonio. Ella pensaba que yo ignoraba lo que estaba pasando aquel domingo por la mañana, pero lo sabía.

Cuando la oí volver en su coche, me acomodé en el sofá, abrí un libro e intenté que mi pulso se normalizara. Ella cruzó la puerta y caminó directamente hacia mí, se inclinó, me plantó un beso en la frente. Me apartó el cabello a un lado e inspiró el aroma de mi cuello, como hace siempre. A continuación se incorporó y desapareció en el dormitorio. Yo me encaminé a la cocina para servirle un café y, cuando me di media vuelta, estaba ahí delante de mí, con una rodilla en el suelo, sosteniendo un anillo. Me miraba con ojos seguros y suplicantes, grandes y perfectamente fijos, azules como el cielo, insondables.

—No podía esperar —dijo—. Sencillamente no podía esperar ni un minuto más.

Más tarde, en la cama, apoyé la cabeza en su pecho mientras charlábamos de cómo había discurrido su mañana. Les había dicho a mi padre y a mi madre: «Quiero a su hija y a su familia como nunca he querido a nadie. Les prometo que las amaré y las protegeré por siempre». El labio de mi madre tembló con miedo y valor cuando respondió: «Abby. No había visto a mi hija tan llena de vida desde que tenía diez años».

Se dijo mucho más aquella mañana, pero esa primera respuesta de mi madre captó mi atención como la frase de una novela que pide ser subrayada:

No había visto a mi hija tan llena de vida desde que tenía diez años.

Mi madre vio apagarse la chispa de mis ojos durante mi décimo año en la Tierra. Ahora, treinta años más tarde, estaba presenciando la reaparición de esa chispa. De unos pocos meses a esa parte mi talante había cambiado por completo. A sus ojos, yo tenía un aspecto majestuoso. Y daba un poco de miedo.

Después de aquel día empecé a preguntarme: ¿A dónde fue a parar mi chispa a los diez años? ¿Cómo me perdí a mí misma?

He investigado al respecto y descubierto lo siguiente: a los diez años aprendemos a ser chicas buenas y chicos de verdad. A los diez, niñas y niños aprenden a ocultar quiénes son para convertirse en lo que el mundo espera que sean. Alrededor de los diez empezamos a interiorizar nuestra domesticación formal.

Fue a los diez años cuando el mundo me domó, me dijo que me callara y me mostró mis jaulas:

Estos son los sentimientos que se te permite expresar.
Así debería comportarse una mujer.
Este es el cuerpo al que debes aspirar.
Estas son las cosas que creerás.
Estas son las personas a las que puedes amar.
Estas son las personas a las que deberías temer.
Este es el tipo de vida al que se espera que aspires.

Haz lo necesario para encajar. Te sentirás incómoda al principio, pero no te preocupes; acabarás por olvidar que estás enjaulada. Pronto esto se te antojará la vida, sin más.

Yo quería ser una buena chica, así que traté de controlarme. Escogí una personalidad, un cuerpo, una fe y una sexualidad tan diminutos que tuve que contener el aliento para caber dentro. Y de inmediato me puse muy enferma.

Cuando me convertí en una buena chica, también desarrollé bulimia. Nadie puede contener el aliento todo el tiempo. La bulimia era mi manera de espirar. Era mi modo de negarme a complacer, de permitirme el hambre y de expresar mi furia. Durante mis atracones diarios era como un animal. Luego me dejaba caer sobre el inodoro y me purgaba, porque una buena chica debe ser muy menuda para caber en sus jaulas. No debe dejar pruebas tangibles de su hambre. Las buenas chicas no están hambrientas ni furiosas, no son salvajes. Todas las cosas que hacen humana a una mujer constituyen los secretos inconfesables de las buenas chicas.

En aquella época sospechaba que la bulimia significaba que estaba loca. Cuando iba al instituto pasé una temporada trabajando en una institución mental y mis sospechas se confirmaron.

Ahora interpreto de otro modo lo que me pasó.

Solo era una chica enjaulada que había nacido para firmamentos inmensos.

No estaba loca. Era un maldito guepardo.

Cuando vi a Abby, recordé mi naturaleza salvaje. La deseaba y era la primera vez que deseaba algo más allá de lo que me habían enseñado a desear. La amaba y era la primera vez que amaba a alguien más allá de aquellos a los que se esperaba que amase. Crear una vida con ella fue la primera idea propia que tuve jamás y la primera decisión que tomé como mujer libre. Después de treinta años haciendo contorsiones para encajar en una idea del amor ajena, por fin encontré un amor que me sentaba bien: hecho a mi medida, por mí. Por fin me pregunté qué quería yo en lugar de qué esperaba el mundo de mí. Saboreé la libertad y ansiaba más.

Miré de frente mi fe, mis amistades, mi trabajo, mi sexualidad, mi vida entera y me planteé: ¿qué parte de todo esto fue idea mía? ¿De verdad quiero alguna de estas cosas o me han condicionado para que las quiera? ¿Cuáles de mis creencias he creado yo y cuáles me han sido programadas? ¿Cuánto de lo que soy es inherente y cuánto simplemente heredado? ¿En qué medida mi aspecto, mi manera de hablar y mi conducta no son sino el aspecto, la manera de hablar y la conducta que otros me han inculcado? ¿Cuántas de las cosas que llevo persiguiendo toda la vida no son más que mugrientos conejos rosa de pega? ¿Quién era yo antes de convertirme en la persona que el mundo me dijo que fuera?

Con el tiempo, me alejé de mis jaulas. Poco a poco construí un nuevo matrimonio, una nueva fe, una nueva visión del mundo, un nuevo propósito vital, una nueva familia y una nueva identidad por elección propia y no por defecto. Desde mi imaginación y no desde mi adoctrinamiento. Desde mi naturaleza salvaje y no desde mi entrenamiento.

Lo que sigue son los relatos de cómo acabé enjaulada... y cómo me liberé.

MANZANAS

Tengo diez años y estoy sentada en una pequeña sala al fondo de la Iglesia Católica de la Natividad con otras veinte niñas y niños. Estoy en clase de Catecismo, a la que me envían mamá y papá los miércoles a última hora de la tarde para que aprenda cosas de Dios. La maestra de catecismo es la madre de una compañera de clase. No recuerdo su nombre, pero sí me acuerdo de que siempre nos dice que trabaja de contable durante el día. Su familia debía horas al banco de servicios sociales de la parroquia, así que la madre se ofreció voluntaria para trabajar en la tienda de regalos. En vez de eso, la iglesia le asignó la clase de catecismo de quinto, aula 423. Así que ahora —los miércoles de 18.30 a 19.30— enseña a los niños y a las niñas cosas sobre Dios.

Nos pide que nos sentemos en la moqueta, delante de su silla, porque nos va a explicar cómo Dios creó a las personas. Yo corro a ocupar un sitio en primera fila. Siento mucha curiosidad por saber cómo y por qué me crearon. Me fijo en que la maestra no tiene una Biblia ni ningún otro libro en el regazo. Nos lo explicará de memoria. Estoy impresionada.

Empieza.

—Dios creó a Adán y lo dejó en un hermoso jardín. De las creaciones de Dios, Adán era su favorita y por eso le dijo que sus únicas tareas serían ser feliz, encargarse del jardín y poner nombre a los animales. La vida de Adán era casi perfecta, si no fuera porque se sentía solo y agobiado. Quería tener compañía y ayuda para nombrar a los animales. De ahí que le pidiera a Dios un compañero y ayudante. Una noche, Dios ayudó a Adán a dar a luz a Eva. Dentro del cuerpo de Adán nació una mujer. Por eso, en inglés, «mujer» se dice *woman*: porque *womb* significa «útero» y *man* significa «hombre». Las mujeres proceden del útero de los hombres.

Estoy tan sorprendida que olvido levantar la mano.

—Un momento. ¿Adán dio a luz a Eva? Pero ¿las personas no salen del cuerpo de las mujeres? ¿No sería más lógico que llamaran «mujeres» a los chicos? ¿No deberíamos llamar «mujeres» a todas las personas?

La maestra dice:

—Levanta la mano, Glennon.

Obedezco. Me indica por gestos que vuelva a bajarla. El chico que se sienta a mi lado me mira y pone los ojos en blanco.

La maestra continúa.

—Adán y Eva eran felices y durante un tiempo todo fue perfecto.

»Pero Dios les advirtió que no comieran de cierto árbol: el Árbol del Conocimiento. Y si bien era lo único que Eva no estaba autorizada a desear, ella quería probar una manzana de ese árbol a pesar de todo. Así que un día sintió hambre, arrancó una manzana y le dio un bocado. Luego engañó a Adán para que la probara también. En cuanto Adán mordió la manzana, Eva y él sintieron vergüenza por primera vez e intentaron esconderse de Dios. Pero Dios lo ve todo y supo lo que habían hecho. Desterró a Adán y a Eva del jardín. Luego los maldijo a ellos y a sus futuros descendientes, y por primera vez existió el sufrimiento en la Tierra. Por eso seguimos sufriendo hoy, porque todos llevamos dentro el pecado original de Eva. Es el pecado de querer saber más de lo que nos conviene y aspirar a más en lugar de agradecer lo que tenemos, y hacer lo que nos da la gana en vez de cumplir con nuestro deber.

Menuda explicación. No tenía más preguntas.

FELACIONES

Mi marido y yo empezamos a acudir a terapia después de que él admitiese que se había acostado con otras mujeres. Ahora nos guardamos los problemas durante la semana para exponerlos ante la psicoterapeuta los martes por la noche. Cuando mis amistades me preguntan si nos está ayudando, les respondo:

—Supongo que sí. O sea, seguimos casados.

Hoy he pedido verla a solas. Estoy cansada y tengo los nervios a flor de piel porque he pasado la noche en vela ensayando en silencio cómo decirle lo que estoy a punto de contarle.

Estoy sentada en una butaca con las manos unidas sobre el regazo, callada. Ella aguarda en la butaca de enfrente, con la espalda erguida, sin maquillaje. Lleva un traje pantalón impecable, de color blanco, zapatos de tacón bajo. Una estantería de madera repleta de manuales y títulos enmarcados asciende por la pared que tiene detrás como un tallo de habichuela. Sostiene el bolígrafo en ristre sobre la libreta de cuero que descansa en su regazo, lista para acorralarme punto por punto. Me recuerdo: *Habla con calma y seguridad, Glennon, como una adulta.*

—Tengo algo importante que decirle. Me he enamorado. Estoy perdidamente enamorada. Se llama Abby.

Mi terapeuta se queda boquiabierta, lo justo para que repare en el gesto. No dice nada durante un instante eterno. A continuación respira muy hondo y dice:

—Vale.

Hace una pausa, y luego continúa.

—Glennon, usted sabe que eso, sea lo que sea, no es real. Esos sentimientos no son reales. El futuro que imagina..., eso tampoco es real. No supone nada más que una distracción peligrosa. No terminará bien. Hay que cortarlo.

Empiezo a decir:

—Usted no lo entiende. Esto es distinto.

Pero entonces pienso en todas las personas que se han sentado en esta misma butaca y han insistido: *Esto es distinto.*

Si no me va a dar permiso para estar con Abby, al menos tengo que argumentar las razones para no estar con mi marido nunca más.

—No puedo volver a acostarme con él —arguyo—. Usted sabe lo mucho que me he esforzado. A veces pienso que lo he perdonado, pero entonces se tiende encima de mí y vuelvo a odiarlo. Han pasado años y no quiero ser pesada, así que cierro los ojos e intento alejarme flotando hasta que haya terminado. Sin embargo, en el momento menos pensado regreso a mi cuerpo y siento una rabia ardiente que me consume. Es como si intentara estar muerta por dentro pero siempre quedara algo de vida en mí y esa vida torna el acto sexual insoportable. No puedo estar viva mientras lo hacemos, pero tampoco soy capaz de morir lo suficiente, de manera que no hay solución. Y yo no... No quiero hacerlo más.

Me enfurece que se me salten las lágrimas, pero lo hacen. Ahora estoy suplicando. Piedad, por favor.

Dos mujeres. Un traje blanco. Seis títulos enmarcados. Una libreta abierta. Un bolígrafo, en ristre.

Entonces:

—Glennon, ¿ha probado a limitarse a las felaciones? A muchas mujeres les parecen menos íntimas.

INSTRUCCIONES

Tengo un hijo y dos hijas, hasta que me digan lo contrario. Mis hijas y mi hijo piensan que la ducha es un portal de ideas mágico.

Mi hija menor me dijo hace poco:

—Mamá, es como si no tuviera ideas en todo el día, pero cuando entro en la ducha mi cerebro se llena de cosas chulas. Debe de ser por el agua.

—Puede que sea por el agua —concedí—. O tal vez se deba a que la ducha es el único lugar en el que no estás conectada a un dispositivo, así que, cuando te duchas, oyes tus pensamientos.

Me miró y dijo:

—¿Eh?

—Eso que te pasa en la ducha, nena. Se llama «pensar». Es algo que la gente hacía antes de Google. Pensar es como... guglear en tu cerebro.

—Ah —respondió—. Guay.

Esa misma hija me roba un champú muy caro una vez a la semana, así que el otro día entré como un vendaval en el baño que comparte con su hermano y su hermana adolescentes para robárselo a mi vez. Descorrí la cortina de la ducha y me fijé en los doce envases vacíos que atestaban el borde de la bañera. Los botes de la derecha eran rojos, blancos y azules. Los de la izquierda, violeta y rosa.

Tomé un envase rojo del que, obviamente, era el lado de mi hijo. Se trataba de un bote alto, rectangular, grueso. Me gritaba en letras negritas, rojas, blancas y azules:

3X MÁS GRANDE

NO TE ARREBATA TU DIGNIDAD,

BLÍNDATE EN FRAGANCIA MASCULINA,

PATEA LA PORQUERÍA Y LÍBRATE DEL MAL OLOR DE UNA TACADA

Pensé: *¿Qué narices? ¿Mi hijo se ducha o se prepara para ir a la guerra aquí dentro?*

Cogí uno de los frascos esbeltos y metálicos de las chicas, de color rosa. En lugar de impartirme órdenes de campaña, ese bote, con letra cursiva y sinuosa, me susurraba adjetivos inconexos: *seductora, radiante, suave, pura, luminosa, tentadora, agradable al tacto, ligera, cremosa.* Allí no había ni un verbo. Nada que hacer, solo una lista de cosas que ser.

Miré un instante alrededor para asegurarme de que la ducha no fuera, en efecto, un portal mágico que de algún modo me hubiera transportado atrás en el tiempo. No. Allí estaba yo, en pleno siglo XXI, una época en que a los chicos todavía se les enseña que los hombres de verdad son grandes, audaces, violentos, invulnerables, sienten aversión por la feminidad y son responsables de conquistar a las mujeres y el mundo. Mientras tanto, a las chicas aún se les enseña que las mujeres de verdad deben ser calladas, guapas, menudas, pasivas y deseables para que se las considere dignas de ser conquistadas. Y ahí seguimos. Todavía se les hace sentirse avergonzados a nuestras hijas e hijos por su humanidad al completo antes incluso de que se vistan por la mañana.

Nuestros hijos e hijas tienen tal multitud de facetas como para encajar en esos envases rígidos fabricados en serie. Pero olvidarán quiénes son a fuerza de intentarlo.

OSOS POLARES

Hace varios años, la maestra de mi hija Tish llamó a casa para informarnos de que se había producido un «incidente» en el colegio. Durante una conversación sobre la fauna salvaje, la maestra comentó que los osos polares se estaban quedando sin hogar y sin fuentes de alimento porque los casquetes polares se están derritiendo. Mostró a la clase la foto de un oso polar agonizante como ejemplo de los numerosos efectos del calentamiento global.

Al resto de preescolares la información les entristeció, pero no tanto como para impedirles, ya sabéis, cumplir con su deber de salir al recreo. No fue el caso de Tish. La maestra me informó de que, cuando la clase terminó y el resto del alumnado se levantó de la moqueta para ir al patio, Tish se quedó sentada, sola, boquiabierta, paralizada por la perplejidad, mientras su carita horrorizada preguntaba:

«¿QUÉ? ¿Acabas de decir que los osos polares están muriendo? ¿Porque la Tierra se derrite? ¿La misma Tierra en la que vivimos? ¿Acabas de soltarnos ese pedacito de horror en clase?».

Tish acabó por salir al patio, pero no fue capaz de participar en los juegos aquel día. Por más que otros niños y niñas intentaron que se levantara del banco y jugara a los cuatro cuadrados, ella se quedó junto a la maestra, mientras le preguntaba con unos ojos como platos:

—¿Las personas mayores saben eso? ¿Qué van a hacer? ¿Hay más animales en peligro? ¿Dónde está la mamá del oso que tiene hambre?

A lo largo del mes siguiente, la vida de nuestra familia giró en torno a osos polares. Compramos pósteres de osos polares y empapelamos las paredes de la habitación de Tish con ellos. «Para que no se nos olvide, mamá. Tenemos que acordarnos.»

Apadrinamos a cuatro osos polares por Internet. Hablábamos de osos polares durante la cena, durante el desayuno, en los trayectos en coche y en las fiestas. Nuestras conversaciones sobre osos polares eran tan frecuentes que, de hecho, pasadas unas pocas semanas empecé a odiarlos con cada fibra de mi ser. Comencé a maldecir el día en que los osos polares nacieron. Probé cuanto estaba en mi mano para sacar a Tish del abismo de osos polares en el que había caído. Lo intenté por las buenas y por las malas y al final me limité a mentirle.

Le pedí a una amiga que me enviara un correo electrónico «oficial» haciéndose pasar por la «Presidenta del Ártico» y anunciando que los problemas de los casquetes polares se habían solucionado de una vez y para siempre, y que todos los osos polares estaban superbién. Abrí el correo ficticio y fui a la habitación de Tish:

—¡Oh, Dios mío, nena! ¡Ven aquí! ¡Mira lo que acabo de recibir! ¡Buenas noticias!

Tish leyó el correo en silencio y, despacio, se volvió hacia mí para lanzarme una cáustica mirada de desdén. Sabía que el correo era falso porque es sensible, no idiota. La saga del oso polar continuó, en todo su esplendor.

Una noche, después de arropar a Tish en la cama, salí de puntillas de su habitación con la alegría de una madre a punto de alcanzar la tierra prometida. (Todo el mundo duerme y yo tengo mi sofá, mis hidratos de carbono y Netflix, y nadie tiene permiso para tocarme ni hablarme hasta la salida del sol, aleluya.) Estaba cerrando la puerta al salir cuando Tish susurró:

—Espera, mamá.

Maldita sea mi estampa.

—¿Qué pasa, cariño?

—Son los osos polares.

OH, DIABLOSSS, NO.

Me acerqué a su cama y la miré fijamente con una expresión algo maníaca. Tish me miró a los ojos y me dijo:

—Mamá. Es que no puedo dejar de pensar: ahora les ha tocado a los osos polares. Pero a nadie le importa. Así que las personas seremos las siguientes.

Se dio media vuelta, se durmió y me dejó sola en esa habitación a oscuras, paralizada por la perplejidad a mi vez. Me quedé allí de pie con los ojos abiertos de par en par, abrazándome el cuerpo.

—Ay, Dios mío. ¡Los osssooosss polares! ¡Tenemos que salvar a los puñeteros osos polares! Las personas seremos las siguientes. ¿En qué estamos pensando?

A continuación miré a mi pequeña y pensé: *Ah. Que te mueras de pena por los osos polares no significa que estés mal de la cabeza. El resto del mundo está mal de la cabeza por no compartir tu sentimiento.*

Tish no pudo salir al patio porque estaba prestando atención a lo que dijo la maestra. En cuanto conoció la situación de los osos, se permitió sentirse horrorizada, saber que estaba mal e imaginar el inevitable desenlace. Tish es sensible y ese es su superpoder. Lo contrario de la sensibilidad no es el valor. No es de valientes negarse a prestar atención, negarse a tomar nota, negarse a sentir, saber e imaginar. Lo contrario de la sensibilidad es la insensibilidad y eso no es ninguna medalla que colgarse.

Tish percibe. Aunque el mundo intente pasar a toda prisa por su lado, ella interioriza despacio. *Espera, para. Eso que has dicho sobre los osos polares... me ha hecho sentir algo y preguntarme cosas. ¿Podemos quedarnos ahí un momento? Tengo sentimientos. Tengo preguntas. Todavía no estoy lista para salir corriendo al recreo.*

En la mayoría de las culturas se identifica a las personas como Tish en los primeros años de vida, se las venera como chamanas, curanderas, poetas y religiosas. Las consideran excéntricas pero cruciales para la supervivencia del grupo, porque son capaces de oír cosas que otras personas no oyen, ver cosas que otras no ven y sentir cosas que otras no sienten. La cultura depende de la sensibilidad de unas pocas, porque no se puede sanar nada si antes no se percibe.

Sin embargo, nuestra sociedad está tan obsesionada con la expansión, el poder y la eficacia a toda costa que las personas como Tish —como yo— resultan molestas. Frenamos el mundo. Estamos en la proa del *Titanic* gritando: ¡Un iceberg! ¡Un iceberg!, mientras el resto, en las cubiertas inferiores, responde a gritos: ¡Queremos seguir bailando! Es más fácil tildarnos de trastornadas y desdeñarnos que aceptar que nuestra reacción es la adecuada a un mundo trastornado.

Mi hijita no está trastornada. Es una profeta. Quiero ser tan sabia como para preguntarle qué siente y escuchar lo que sabe.

MARCAS DE COTEJO

Es mi último año de secundaria y todavía no me han elegido para la corte del Baile de Bienvenida.

La corte del baile está formada por el grupo de diez chicas y chicos más populares de cada curso. Se vestirán de punta en blanco y se pasearán en descapotables en el desfile del baile. Se vestirán de punta en blanco y cruzarán el campo en la media parte, se vestirán de punta en blanco y recorrerán los pasillos exhibiendo las bandas que luce la corte. El Baile de Bienvenida es la Semana de la Moda del instituto y el resto del alumnado observaremos a las personas elegidas recorrer las pasarelas desde nuestros puestos entre las sombras.

En clase de lengua y literatura el profesorado reparte papeletas y nos pide que votemos a las personas que deberían ascender al trono de la corte. Cada año votamos en masa a las mismas alumnas y alumnos de oro. Todos sabemos quiénes son. Tenemos la sensación de que nacimos sabiendo quiénes eran. Los chicos y las chicas de oro forman círculos cerrados —dorados como el sol— en los pasillos, en los partidos de fútbol americano, en el centro comercial y en nuestras mentes. Se supone que no debemos mirar a esas personas directamente, cosa que resulta difícil porque exhiben cabelleras brillantes y poseen cuerpos seductores, gráciles y radiantes. No hay abusonas o abusones en el grupo. El acoso requeriría prestar demasiada atención y realizar un esfuerzo excesivo. Están muy por encima de eso. Su misión es ignorar al resto del alumnado mientras que la nuestra consiste en medirnos por los baremos que fijan esos chicos y chicas. Son de oro por nuestra existencia y su existencia nos hace a nosotras desgraciadas. Sin embargo votamos a esas personas año tras año, porque las reglas nos controlan incluso en la intimidad de nuestros pupitres. *Vota a los chicos y las chicas de oro. Cumplen las instrucciones a la perfección, son lo que todas y todos tenemos que ser en teoría, así que deberían ganar. Es lo justo.*

Yo no soy de oro, pero las chicas de oro proyectan sobre mí su luz dorada con la frecuencia suficiente como para que haya adquirido cierta pátina. De vez en cuando me invitan a sus fiestas, y yo acudo, pero cuando aparezco no me hablan demasiado. Supongo que estoy allí porque necesitan tener cerca a una no-dorada con el fin de percibir el brillo de su oro. El brillo del oro requiere contraste. Así que, cuando forman sus corrillos en los partidos de fútbol americano, dejan que me una a su círculo, pero allí tampoco me hablan. Me siento incomodísima en esos corrillos, desplazada y ridícula. Entonces me recuerdo que, en realidad, lo que sucede en el interior del círculo no tiene importancia. Solo importa eso que la gente percibe desde fuera. No importa lo que es real, sino aquello de cuya realidad puedo convencer a otras personas. No importa cómo me siento por dentro sino cómo aparento sentirme por fuera. Porque mis sentimientos aparentes determinarán los sentimientos que inspire al mundo exterior. Lo que importa son los sentimientos que inspiro a las otras personas. Así que me comporto como si me sintiera de oro.

A mediados de septiembre, el runrún de los preparativos del baile ha alcanzado su máximo apogeo. Acabamos de entregar las papeletas y durante la sexta hora anunciarán quién ha ganado. Estoy en el aula de gobierno estudiantil y nos han encomendado la tarea de contar los votos. Mi amiga Lisa extrae las papeletas de una caja, de una en una, y lee los nombres en voz alta mientras yo anoto los votos. Recita los mismos nombres una y otra vez: Tina. Kelly. Jessa. Tina. Kelly Jessa Susan. Jessa. Susan Tina Tina Tina. Y entonces, Glennon. Un par más... Glennon. Glennon. Lisa me mira, enarca las cejas y sonríe. Yo pongo los ojos en blanco y desvío la vista, pero el corazón me retumba en el pecho. *Qué fuerte. Piensan que soy de oro.* Veo que la caja de las papeletas está casi vacía, pero estoy a punto de sumar los votos y podría conseguirlo. Podría conseguirlo. Solo necesito dos votos más. Echo una ojeada a Lisa, que está mirando a otra parte. Con el lápiz añado dos marcas junto a mi nombre. Tic. Tic. Lisa y yo contamos los votos. Me han elegido para la corte del Baile de Bienvenida.

Ahora soy una chica que, incluso a los cuarenta y cuatro años, puede poner los ojos en blanco y mencionar, como de pasada, bueno, yo formé parte de la corte del Baile de Bienvenida. Las otras personas pondrán los ojos en blanco a su vez (¡el instituto!), pero tomarán nota. Ah. Tú eras de oro. Si eres o no de oro se decide en las primeras fases de vida y permanece de algún modo incluso cuando eres adulta y mucho más sabia. Si fuiste de oro una vez, siempre lo serás.

Llevo más de una década hablando y escribiendo sin tapujos sobre adicción, sexo, infidelidad y depresión. La falta de pudor es mi ejercicio espiritual. Sin embargo, nunca había reconocido ante nadie haber cometido fraude electoral en el instituto, exceptuando a mi esposa. Cuando le dije que finalmente había incluido esta anécdota, hizo una mueca compungida y me preguntó:

—¿Estás segura, nena? ¿Tienes claro que debas contar eso?

Opino que es la desesperación lo que torna esta historia imperdonable. Es la necesidad; el hecho de que me importara tanto. Si no puedes ser de oro, debes fingir que no lo deseas. Es tan

poco guay, tan increíblemente cutre sentir la necesidad de encajar hasta el punto de hacer trampas... Pero yo lo hice.

Amañé una votación con la intención ser de oro. Pasé dieciséis años con la cabeza sobre la taza del inodoro intentando estar delgada. Me emborraché hasta perder el sentido a lo largo de
una década tratando de ser agradable. Me reí y dormí con idio-
tas intentando ser tocable. Me he mordido la lengua con tanta
fuerza que he notado el sabor de la sangre tratando de ser amable. He gastado miles en potingues y venenos para poder tener
un aspecto juvenil. He negado quién era durante décadas en el
intento de ser pura.

ALGORITMOS

V arios meses después de descubrir que mi marido me había engañado repetidamente, todavía no sabía si seguiría con él o me marcharía. Ni siquiera sabía si el cojín nuevo del sofá se quedaría o se iría a otra parte. Era una mujer indecisa a más no poder. Cuando le conté a la psicoterapeuta escolar de mis hijas e hijo lo mucho que me costaba decidirme, me dijo:

—No son las decisiones complicadas las que confunden a los hijos, sino la indecisión. Sus hijos necesitan saber qué va a pasar.

Respondí:

—Bueno, no lo pueden saber hasta que yo lo sepa.

Replicó:

—Pues tendrá que encontrar la manera de saberlo.

En aquella época, la única manera que conocía de saber algo era hacer un sondeo e investigar. Empecé a preguntar. Llamé a todas mis amigas con la esperanza de que supieran qué debía hacer. A continuación procedí a investigar. Leí todos los artículos que encontré sobre infidelidad, divorcio e infancia, con la espe-ranza de que las personas expertas supieran qué debía hacer. Tanto el sondeo como la investigación arrojaron unos resultados enloquecedoramente poco convincentes.

Al final, recurrí a Internet por si un conglomerado invisible de desconocidos, troles y bots sabían lo que debía hacer con mi única, salvaje y preciosa vida. Así fue como acabé a las tres de la mañana zampándome una tarrina de Ben & Jerry's a grandes cucharadas y escribiendo en la barra de búsquedas de Google:

¿Qué debería hacer si mi marido me engaña pero también es un padre fantástico?

REUNIONES

Mi hijo de diecisiete años, Chase, y sus amistades están viendo una película en la sala de estar. Aunque he intentado dejar al grupo tranquilo, me resulta muy difícil. Ya sé que casi todas las chicas y chicos adolescentes piensan que sus madres no molan, pero estoy segura de que yo soy la excepción.

Me planto en el umbral y echo un vistazo al interior. Los chicos están repantingados en el sofá. Las chicas se han acurrucado en montoncitos muy cucos en el suelo. Mis hijas pequeñas, sentadas a los pies de las chicas mayores, las adoran en silencio.

Mi hijo vuelve la vista hacia mí y sonríe a medias:

—Hola, mamá.

Necesito una excusa para estar allí, de modo que pregunto:

—¿Alguien tiene hambre?

Todos los chicos, sin apartar la vista de la tele, contestan:

—¡SÍ!

Las chicas guardan silencio al principio. Luego todas sin excepción desvían la mirada de la pantalla y observan el rostro de las demás. De la primera a la última miran la cara de una amiga para saber si ellas mismas tienen hambre. Se está generando algún tipo de telepatía entre ellas. Hacen un sondeo. Investigan. Buscan consenso, consentimiento u oposición. De algún modo el silencio colectivo designa a una portavoz con trenzas y nariz pecosa.

Despega los ojos de los rostros de sus amigas y los posa en mí. Sonríe con educación y dice:

—No tenemos hambre, gracias.

Los chicos han mirado dentro de sí mismos. Las chicas han mirado fuera.

Olvidamos la manera de saber cuando aprendemos a complacer.

Por eso vivimos hambrientas.

NORMAS

Hace poco mi amiga Ashley asistió a su primera clase de yoga en la modalidad que se practica en una sala caldeada. Entró en la sala, desenrolló la esterilla, se sentó y se quedó esperando a que pasara algo.

—Hacía un calor horrible allí dentro —me contó.

Cuando la instructora —joven y segura de sí misma— entró en la sala por fin, Ashley ya estaba sudando la gota gorda. La instructora anunció:

—Empezaremos enseguida. Vais a pasar mucho calor, pero no podéis salir de la habitación. Sintáis lo que sintáis, resistid. No os marchéis. En eso consiste el trabajo.

La clase empezó y, a los pocos minutos, Ashley empezó a tener sensación de claustrofobia. Estaba mareada y sentía náuseas. Cada vez le costaba más respirar. En dos ocasiones vio puntitos luminosos, luego perdió la visión un momento. Miró la puerta, desesperada por correr hacia ella. Pasó noventa minutos aterrada, al borde de la hiperventilación, conteniendo las lágrimas. Pero no abandonó la sala.

En cuanto la instructora dio la clase por terminada y abrió la puerta, Ashley se puso de pie y corrió hacia el pasillo. Se tapó la boca con la mano hasta que encontró el cuarto de baño. Dejó la puerta abierta y vomitó por la pila, las paredes, el suelo.

Cuando estaba a cuatro patas secando su propio vómito con toallas de papel, pensó: *¿A mí qué me pasa? ¿Por qué me he quedado sufriendo? La puerta ni siquiera estaba bloqueada.*

DRAGONES

Cuando era niña, mi madrina me regaló un pisapapeles para mi cumpleaños. Era una bola de nieve pequeña y redonda, como una esfera de cristal del tamaño de la palma de una mano. En el centro se erguía un dragón con relucientes escamas, brillantes ojos verdes y alas como llamas. Al principio, cuando lo llevé a casa, lo puse en la mesilla de noche, junto a mi cama. Pero me pasaba las noches despierta, con los ojos abiertos de par en par, asustada de que hubiera un dragón tan cerca de mí en la oscuridad. De manera que una noche me levanté de la cama y trasladé el pisapapeles al estante más alto de mi habitación.

De vez en cuando, únicamente a la luz del día, arrimaba la silla del escritorio, me encaramaba y cogía la bola de nieve del estante. La agitaba, la dejaba en reposo y contemplaba el torbellino de copos. Cuando empezaban a posarse, el dragón llameante aparecía en el centro de la esfera y yo notaba un escalofrío de emoción. El dragón era mágico y aterrador, siempre allí, inmóvil, esperando sin más.

Mi amiga Megan lleva cinco años sobria tras una década abusando del alcohol y las drogas. Últimamente intenta averiguar qué le pasó; cómo la adicción se adueñó de la vida de una mujer tan fuerte.

El día de su boda, Megan se sentó al fondo de la capilla sabiendo que no quería casarse con el hombre que la esperaba al final del pasillo. Se lo decían las entrañas.

Se casó con él de todos modos, porque tenía treinta y cinco años y casarse era lo que tocaba. Se casó con él de todos modos porque habría decepcionado a mucha gente si hubiera cancelado la boda. Ella solo era una, así que optó por decepcionarse a sí misma. Dijo «sí, quiero» cuando sus entrañas le decían «no quiero» y luego pasó la década siguiente tratando de ignorar lo que sabía: que se había traicionado a sí misma y que en realidad su vida no comenzaría hasta que dejara de traicionarse. El único modo de no saber era emborracharse y seguir ebria, así que empezó a beber en grandes cantidades durante la luna de miel. Cuanto más bebida estaba, más lejos se sentía del dragón que llevaba dentro. Al cabo de un tiempo, la bebida y las drogas pasaron a ser su problema, cosa que le venía muy bien porque así ya no tenía que lidiar con su verdadero conflicto.

Somos como una bola de nieve. Dedicamos nuestro tiempo, energía, palabras y dinero a crear un torbellino con la intención de no saber, de asegurarnos de que la nieve no se pose y así no tener que afrontar la verdad llameante que llevamos dentro, sólida e inamovible.

La relación ha terminado. El vino me está afectando. Las pastillas ya no son para el dolor de espalda. Él nunca volverá. Ese libro no se escribirá solo. Mudarse es la única solución. Dejar ese trabajo me salvará la vida. Es maltrato. No lloraste su pérdida. Han pasado seis meses desde que hicimos el amor. Pasarse toda la vida odiándola no es vivir.

Nos agitamos a nosotras mismas sin cesar porque hay dragones en nuestro centro.

Una noche, cuando mis hijas y mi hijo eran bebés, estaba leyendo un libro de poesía en la bañera. Llegué a un poema titulado *Una vida secreta*, que habla de los secretos más profundos que todas las personas llevamos dentro. Pensé: *Bueno, yo no tengo ninguno desde que estoy sobria. Ya no guardo secretos*. Pero entonces leí:

Es aquello que más preservarías
si el gobierno te dijera que puedes quedarte
una sola cosa, todo lo demás es nuestro...
es aquello que
irradia y te puede hacer daño
si te acercas demasiado.

Dejé de leer y pensé: *Ay, espera.*
Hay una cosa.
Una cosa que no le he dicho ni a mi hermana.
Mi secreto que irradia es que las mujeres me parecen infinitamente más sugestivas y atractivas que los hombres. Mi secreto es la sospecha de que nací para hacer el amor con una mujer, acurrucarme con una mujer, confiar en una mujer y vivir y morir con una mujer.
Y entonces pensé: *Qué raro. No puede ser real. Tienes marido y tres criaturas. Tu vida te basta y te sobra.*
Mientras salía de la bañera y me secaba el pelo, me dije: *En otra vida tal vez.*
Interesante, ¿verdad?
Como si tuviera más de una.

BRAZOS

M e siento en un frío asiento de plástico cerca de la puerta de embarque, detengo la vista en mi maleta, doy un sorbo al café de aeropuerto. Está flojo y amargo. Miro el avión a través del ventanal de la zona de embarque. ¿En cuántos como ese viajaré el año que viene? ¿Cien? Yo también me siento débil y amarga.

Si embarco, el avión me llevará al aeropuerto de Chicago O'Hare, donde buscaré a un chófer que estará sujetando un cartel con mi apellido (que es el de mi marido). Levantaré la mano y veré asomar al semblante del chófer la sorpresa de que yo sea una mujer bajita con pantalón de chándal en lugar de un hombre alto y trajeado. El chófer me dejará en el hotel Palmer, donde se celebra un congreso del mundo del libro de ámbito nacional. Allí subiré al escenario de una gran sala para hablar ante unos pocos centenares de libreras y libreros sobre el libro testimonial que estoy a punto de publicar: *Guerrera del amor*.

Se prevé que *Guerrera del amor* —el relato de la dramática destrucción y concienzuda reconstrucción de mi familia— sea uno de los libros más importantes del año. Lo voy a estar promocionando en presentaciones y en los medios de comunicación durante, bueno, por siempre.

Estoy intentando averiguar qué siento al respecto. ¿Miedo? ¿Emoción? ¿Vergüenza? No logro definir nada concreto. Miro fijamente el avión y me pregunto cómo explicar la experiencia más íntima y complicada de mi vida a un mar de gente que no conozco en los siete minutos que me han concedido. He escrito un libro y ahora debo convertirme en agente comercial de esa misma obra. ¿Qué sentido tiene ser escritora si tengo que pronunciar palabras sobre palabras que ya he escrito? ¿Acaso las pintoras tienen que dibujar sobre sus obras?

Ya he estado otras veces en la cola de esta puerta de embarque. Tres años atrás, publiqué mi primer libro y viajé por el país contando la historia de cómo protagonicé un final feliz al cambiar las adicciones a la bebida y a la comida que arrastraba desde siempre por un hijo, un marido y la escritura. Hice presentaciones en todo el país y repetí el mensaje del libro a mujeres esperanzadas: *Seguid adelante. La vida es dura, pero sois guerreras. Algún día todo se alineará también para vosotras.*

Poco después de que el libro estuviera impreso, me senté en el gabinete de un psicoterapeuta y oí a mi marido confesar que llevaba acostándose con otras mujeres desde que nos casamos.

Contuve el aliento cuando dijo: «He estado con otras mujeres» y, cuando volví a inspirar, el aire estaba saturado de sales aromáticas. Se disculpaba una y otra vez al tiempo que se miraba las manos y su balbuceo impotente me hizo reír en voz alta. Mi risa incomodó visiblemente a los dos hombres: a mi marido y al terapeuta. Su desasosiego me hizo sentir poderosa. Miré la puerta y recurrí a la adrenalina para salir del edificio, cruzar el aparcamiento y subir a mi monovolumen.

Pasé un rato sentada al volante y me di cuenta de que descubrir que mi marido me había traicionado no me provocaba la desesperación que sentiría una esposa con el corazón roto. Sentía la rabia de una escritora con la trama destrozada. No hay furia que iguale a la de una autora de obras testimoniales cuyo marido le acaba de jorobar la historia.

Estaba furiosa con él y enfadada conmigo misma. Había bajado la guardia y confiado en que el resto de los personajes de mi relato se comportarían como debían, y mi trama se desplegaría tal como yo la había planificado. Había colocado mi futuro y a mi descendencia en una situación vulnerable al ceder el control creativo a otro personaje. Qué idiota. Nunca más. Recuperaría el control de inmediato. Era mi historia y mi familia, y yo decidiría cómo terminaba. Cogería esa porquería que me habían entregado y la convertiría en oro con mi rueca.

Volví a tomar las riendas de las palabras, las frases, los capítulos y los guiones. Empecé por el desenlace de la historia que tenía en mente —una familia sana y completa— y trabajé hacia atrás desde ahí. Habría rabia, dolor, terapia, autoconocimiento, perdón, reticencia a confiar y luego, por fin, una nueva identidad y redención. No sé si viví los años siguientes y luego narré por escrito lo sucedido o si escribí los años siguientes y después me encargué de que todo eso sucediera. Daba igual. Lo importante era que al final de aquella época borrosa tenía mi oscura historia de amor: un drama de traición y perdón, dolor y redención, fractura y sanación. En forma de libro y en forma de familia. Jaque mate, vida.

En el libro de Ann Patchett *Truth and Beauty* (Verdad y belleza), un lector se acerca a la mesa en la que Lucy está firmando ejemplares y le pregunta por su obra: «¿Cómo consigue acordarse de todo lo que cuenta?».

«No me acuerdo —responde ella—. Lo escribo.»

Cuando di por terminado *Guerrera del amor*, le tendí el manuscrito a Craig y le dije:

—Toma. Este es el sentido de todo lo sucedido. He conseguido darle un significado. Ganamos la guerra. Nuestra familia lo ha conseguido. La nuestra es una historia de amor a la postre. De nada.

Ahora la guerra ha terminado y quiero ir a casa. Pero mi hogar sigue siendo una trinchera en la que solamente quedamos Craig y yo, que nos miramos fijamente mientras nos preguntamos: ¿Y ahora qué? ¿Qué hemos ganado?

Llamo a mi hermana y le pregunto si puedo cancelar la presentación de Chicago. Quiero que me diga que le parece bien, no pasa nada. Responde:

—Podemos cancelarlo, pero es importante. Te comprometiste a hacerlo.

Así que hago lo que acostumbro. Imagino que visto desde fuera parece que me yergo, que me crispo. Por dentro tengo la sensación de convertir mi ser líquido en sólido. De agua a hielo. *Glennon ya no vive aquí.* Yo me ocupo de esto. Embarco en el avión para contar una historia que no estoy segura de creer.

Saldrá bien. Me limitaré a explicarlo como si fuera un cuento en lugar de una vida. Como si hubiera dejado atrás el final en lugar de estar atascada en el nudo. Diré la verdad, pero una verdad parcial: asumiré mi parte de culpa; lo presentaré bajo la luz más comprensiva que pueda; atribuiré mi bulimia a mi frigidez y mi frigidez a su infidelidad. Diré que el engaño me llevó a la introspección, que la introspección me empujó al perdón y el perdón desembocó en redención. Lo contaré de manera que la gente concluya: *Por supuesto. El final estaba escrito desde el principio. Está claro. Todo tenía que pasar de ese modo exacto.* Decidiré que suceda así, también.

El arco moral de nuestra vida tiende hacia el sentido, en particular si lo forzamos en esa dirección con toda nuestra maldita voluntad.

Llego a Chicago y me reúno con la jefa de prensa de mi editorial en el hotel Palmer House, donde se celebra el congreso. Este fin de semana es la Super Bowl literaria y no cabe en sí de la emoción. Vamos de camino a la cena en la que diez escritoras y escritores tendremos oportunidad de conocernos antes de dirigirnos al salón de convenciones para presentar en escena los libros que pronto saldrán publicados. La cena, de la que me han avisado hace unas pocas horas, ha elevado de amarillo a rojo mi alerta de terror por introversión.

La sala donde vamos a cenar autores y autoras es pequeña y han juntado dos mesas de reunión alargadas para crear una cuadrada. En lugar de sentarse, la gente deambula. Deambular entre personas que no conozco es mi idea del infierno en la Tierra. Yo no deambulo. Me encamino a la mesa de las bebidas y me sirvo un vaso de agua con hielo. Una escritora famosa se me acerca y se presenta. Pregunta:

—¿Eres Glennon? Quería hablar contigo. Tú eres la cristiana, ¿verdad?

Sí, soy yo.

—Mi último libro trata de una mujer que tiene una experiencia religiosa y se convierte al cristianismo. ¿Te lo puedes creer? ¡Se hace cristiana! ¡Para ella es tan real! No sé cómo reaccionará la gente al leerlo. ¿Se la tomarán en serio? ¿Qué opinas tú? ¿Tienes la sensación de que la gente te toma en serio?

Le digo lo más serio que se me ocurre y doy una excusa para marcharme.

Miro la mesa. Los asientos no están asignados, maldita sea. George Saunders se sienta con discreción a un extremo. Parece agradable y afable y me gustaría sentarme a su lado, pero es hombre y no sé de qué hablar con los hombres. Al otro extremo hay una joven que emana una energía tranquila. Ocupo un asiento junto a ella. Es una veinteañera que va a publicar su primer libro infantil. Le hago una pregunta tras otra pensando al mismo tiempo que sería maravilloso que los organizadores dejaran simplemente nuestros libros sobre la mesa para que pudiéramos conocernos leyendo en silencio. Untamos mantequilla en nuestros panecillos. Nos sirven las ensaladas. Cuando alargo la mano hacia el aliño, la mujer del libro infantil vuelve la vista hacia la puerta. Yo también miro.

De súbito, veo a una mujer plantada donde antes solo había espacio vacío. Ocupa todo el umbral, toda la habitación, el universo entero. Lleva el pelo corto, de color platino en la parte superior y rapado por los lados. Viste un abrigo tipo gabardina con un pañuelo rojo y exhibe una sonrisa cálida, de medio lado, un aplomo de acero. Se queda allí parada un momento mientras recorre la habitación con la vista. Yo la miro con atención y hago repaso de mi vida entera.

Todo mi ser dice:

Es ella.

Al momento pierdo el control de mi cuerpo. Me levanto y abro los brazos de par en par.

Ella me mira, inclina la cabeza a un lado, enarca las cejas, me sonríe.

Mierda Mierda Mierda. ¿Qué hago de pie? ¿Por qué tengo los brazos abiertos? Ay, Dios mío, ¿qué estoy haciendo?

Vuelvo a sentarme.

Ella camina alrededor de la mesa y le estrecha la mano a todo el mundo. Cuando llega a mi altura, me levanto de nuevo, me giro, la miro a la cara.

—Soy Abby —dice.

Le pregunto si la puedo abrazar, porque ¿y si es mi única oportunidad? Ella sonríe y abre los brazos. Entonces…, el aroma que algún día me hará sentir en casa: piel con olor a polvos y suavizante de ropa mezclados con la lana de su abrigo y su colonia y algo que olía a aire, a campo, a cielo azul, a niño, mujer y hombre y al mundo entero.

El único asiento libre está en la otra punta de la mesa, así que se aleja de mí y se sienta. Más adelante me dirá que no comió ni habló porque dedicó todas sus energías a no mirarme con atención. Yo también.

La cena termina y la gente vuelve a deambular. Ay, Dios mío, más paseos y ahora con una revolución en la sala. Me disculpo para ir al baño y me libro de deambular durante dos minutos. Cuando salgo, ella está en el pasillo mirando la puerta del baño, esperando. Me pide por señas que me acerque. Miro a mi espalda para asegurarme de que me habla a mí. Se ríe. *Se ríe.*

Entonces llega el momento de ir al salón de convenciones. De algún modo nos separamos del grupo. Hay gente un metro por delante y por detrás, pero ahí estamos, caminando solas, juntas. Deseo con todas mis fuerzas ser interesante. Pero ella es increíblemente guay y yo no sé serlo. No he sido guay ni un solo día de mi vida. Tengo calor —estoy ardiendo— y mi camisa ya está empapada de sudor.

Empieza hablando ella, gracias a Dios. Me habla del libro que está a punto de publicar. Dice:

—Pero las cosas se me han complicado ahora mismo. Seguro que has oído algo.

—¿Oír qué? No he oído nada. ¿Qué tendría que haber oído y dónde?

Responde:

—¿En las noticias quizá? ¿En ESPN, el canal deportivo?

—Hum, no. No he oído las noticias de ESPN —respondo.

Se explica, despacio al principio pero luego de un tirón.

—Soy jugadora de fútbol. *Era* jugadora de fútbol. Acabo de retirarme y ahora no estoy segura de lo que soy. El mes pasado me detuvieron por conducir bajo los efectos del alcohol. Apareció en todos los medios. Vi desfilar la foto de mi detención por la barra de últimas noticias durante días. No me puedo creer que lo hiciera. Llevo dos años muy perdida y deprimida y... la fastidié. Tanto hablar de honor y he echado a perder mi legado. Le he fallado a todo el mundo. He perjudicado al resto del equipo, quizá. Y ahora quieren que escriba el libro en el tono de una heroína del deporte que se da autobombo, pero yo no dejo de pensar: ¿y si me limito a ser sincera? ¿Y si escribo la verdad sobre mi vida?

Lo lamento por ella, pero estoy emocionada por mí. En los cuatro minutos que llevamos juntas me ha preguntado por los tres temas que mejor conozco: bebida, escritura y vergüenza. Esta es la mía. Hacedme sitio. Qué fuerte.

Le poso la mano en el brazo. Descargas eléctricas. La retiro y me recupero lo suficiente para decir:

—Mira, yo tengo una lista de antecedentes más larga que tu brazo. Yo lo contaría todo. Sería sincera. No sé gran cosa del mundillo del deporte, pero sí sé que ahí fuera, en el mundo real, nos gustan las personas reales.

Deja de andar y yo hago lo propio. Se vuelve hacia mí y me mira directamente. Parece a punto de decir algo. Contengo el aliento. Entonces se da la vuelta y sigue andando. Yo empiezo a respirar y también a caminar. Entramos en el salón de eventos y seguimos a las demás escritoras y escritores por un mar de mesas redondas, manteles blancos, techos de diez metros, lámparas de araña. Acabamos al pie del estrado, subimos las escaleras y descubrimos que nos han sentado juntas. Nos acercamos a nuestros sitios y, cuando llegamos, apoya la mano en el respaldo de mi silla. No sabe si retirármela. Lo hace.

—Gracias —digo.

Nos sentamos y la escritora que Abby tiene al otro lado le pregunta de dónde es.

—Vivimos en Portland —responde.

La escritora comenta:

—Oh, me encanta Portland.

Abby dice:

—Sí.

Algo en su manera de decir «sí» me induce a escuchar con mucha, mucha atención.

—No sé cuánto tiempo me quedaré allí. Nos mudamos a esa ciudad porque pensamos que sería un buen sitio para formar una familia.

Noto, por su manera de decirlo, que la primera persona del plural ha pasado a la historia. Quiero ahorrarle más preguntas, así que digo:

—Ah, las personas como nosotras no pueden vivir en Portland. Somos Portland por dentro. Por fuera necesitamos luz del sol.

Al momento me avergüenzo de lo que acabo de decir. *¿Somos Portland por dentro?* ¿Qué demonios significan esas palabras siquiera? *¿Las personas como nosotras?* ¿Por qué habré dicho «nosotras»? *¿Nosotras?* Qué horriblemente presuntuoso sugerir el concepto de «nosotras». Nosotras.

Nosotras. Nosotras. Nosotras.

Me mira con unos ojos como platos y sonríe. Cambio de idea. No sé a qué me refería, pero me alegro de haberlo dicho. Concluyo que es voluntad divina que esa mujer me sonría así.

Empieza el acto. Cuando me toca a mí acercarme al atril para hablar, desestimo la mitad de la charla que había preparado y digo cosas sobre la vergüenza y la libertad que quiero que Abby oiga. Miro a los cientos de personas que tengo delante, pero solamente pienso en ella, que está detrás. Cuando termino, me siento y Abby me mira. Tiene los ojos enrojecidos.

La cena termina y la gente empieza a acercarse a nuestra mesa. Delante de Abby se forma una cola de cincuenta personas. Ella se vuelve y me pide que le firme un ejemplar de mi libro. Luego se gira de nuevo hacia la multitud y empieza a sonreír, a firmar, a intercambiar cuatro palabras. Se la ve cómoda, segura, encantadora. Está acostumbrada a esto.

Una mujer de cabello rizado que ha entrado en la sala de la cena detrás de Abby se acerca a nuestra mesa. Noto que está esperando para hablar conmigo. Le sonrío y le pido con gestos que se aproxime. Se inclina para pegarse a mí lo más posible y susurra:

—Perdone. Nunca había hecho nada como esto. Es que conozco muy bien a Abby, como una hermana. No sé qué ha pasado aquí durante la última hora, pero nunca la he visto así. Verá, tengo la sensación de que la necesita en su vida. No sé por qué. Es muy raro. Discúlpeme.

La mujer está aturullada y tiene lágrimas en los ojos. Me tiende su tarjeta de visita. Me doy cuenta de que mi respuesta será importante para ella.

Le digo:

—De acuerdo. Sí. Sí, claro.

Mi amiga Dynna de la editorial me está esperando para que salgamos juntas. Miro a Abby, que todavía tiene a cuarenta fans esperando su firma.

No me entristece separarme de Abby. Me emociona marcharme para poder pensar en ella. Me emociona marcharme porque me doy cuenta de que jamás en mi vida me he sentido tan viva y ahora quiero salir al mundo y recorrerlo sintiéndome tan animada. Solo quiero empezar a ser esa nueva persona en la que de improviso, no sé cómo, me he convertido.

Digo:

—Adiós, Abby.

Ay, Dios mío, he pronunciado su nombre. Abby. Me pregunto si es apropiado o si debería haber pedido permiso para usar esta palabra que propaga ondas expansivas a través de mí. Se vuelve a mirarme, sonríe, me saluda con la mano. Diría que está a la expectativa. Su rostro formula un interrogante que algún día responderé.

Dynna y yo salimos del salón de convenciones a un gran vestíbulo. Se detiene y pregunta:

—¿Qué te ha parecido?

Le digo:

—Ha sido increíble.

Dynna contesta:

—Estoy de acuerdo. Has estado brutal ahí arriba. Distinta en cierto sentido.

—Ah, te refieres a la charla. Yo hablaba de la noche al completo. He notado algo rarísimo. He tenido la sensación de que Abby y yo compartíamos alguna clase de conexión.

Dynna me aferra el brazo y dice:

—No me puedo creer que acabes de decir eso. No me puedo creer nada de esto. Te lo juro por Dios, yo también lo he notado. He sentido que pasaba algo entre vosotras dos desde el fondo del salón. Qué fuerte.

La miro fijamente y asiento.

—Sí que ha sido fuerte. Lo es. Toda esta noche... La conexión entre nosotras... Ha sido como si...

Dynna me clava los ojos y termina la frase:

—¿Como si hubierais sido pareja en otra vida?

SEGUNDA PARTE

LLAVES

LLUVIA DE LLAVES

La mujercilla
construye jaulas para todo el mundo
ella
sabe.
Mientras la sabia,
que debe agachar la cabeza
cuando la luna está baja,
deja caer llaves durante toda la noche
para las
hermosas
y revoltosas
prisioneras.

HAFEZ

Nunca desaparecí del todo. Mi chispa siempre estuvo dentro de mí, latente. Pero os aseguro que la creí extinta durante mucho tiempo. La bulimia de mi infancia mudó en alcoholismo y consumo de drogas, y permanecí embotada durante dieciséis años. Más tarde, a los veintiséis, me quedé embarazada y dejé de consumir. La abstinencia fue el prado en el que empecé a recordar mi naturaleza salvaje.

Sucedió de la manera siguiente: empecé a construir la clase de vida que en teoría deben construir las mujeres. Me convertí en una buena esposa, madre, hija, cristiana, ciudadana, escritora, mujer. Sin embargo, mientras preparaba almuerzos para el cole, escribía libros testimoniales, me apresuraba por los aeropuertos, charlaba de trivialidades con las vecinas y sacaba adelante mi vida exterior, notaba un desasosiego eléctrico que zumbaba dentro de mí. Era como un trueno constante que vibrara allí mismo, a flor de piel: un trueno hecho de alegría, dolor, rabia, anhelo y un amor demasiado profundo, hirviente y tierno para este mundo. Se me antojaba como agua muy caliente que amenazase siempre con romper a hervir.

Sentía miedo de lo que había dentro de mí. Me parecía tan poderoso como para destruir hasta el último pedazo de la maravillosa vida que había construido. Algo parecido a que nunca me sienta segura en un balcón, porque ¿y si salto?

No pasa nada, me decía. Siempre y cuando mantenga mis sensaciones internas a buen recaudo, mi gente y yo seguiremos a salvo.

Me sorprendía que me resultase tan fácil. Llevaba dentro una tormenta eléctrica, agua al borde de la ebullición, oro y rojo vivo, pero me bastaba con sonreír y asentir para que el mundo me tomara por apacible azul. En ocasiones me preguntaba si acaso yo no sería la única que usaba su piel para contenerse. Puede que todas fuéramos fuego envuelto en piel, aunque aparentásemos frialdad.

Mi punto de ebullición fue el instante en que Abby cruzó aquel umbral. La miré y ya no pude contenerme. Perdí el control. Turbulentas burbujas de oro y rojo vivo hechas de dolor, amor y anhelo me inundaron, me pusieron de pie, abrieron mis brazos de par en par según insistían: *es ella*.

Durante mucho tiempo consideré lo sucedido aquel día como una especie de cuento de hadas. Pensé que el cielo me sopló las palabras «es ella». Ahora sé que venían de mi interior. Ese revuelo salvaje que llevaba tanto tiempo bullendo en mí y que después se tradujo en palabras y me levantó era yo. La voz que por fin escuché aquel día era la mía —era la niña a la que encerré cuando tenía diez años, la chica que yo era antes de que el mundo me dijera quién debía ser— y declaró: «Aquí estoy. A partir de ahora yo me hago cargo».

Durante la infancia, sentía lo que necesitaba sentir, me dejaba llevar por mis instintos y solamente hacía planes a partir de la imaginación. Fui salvaje hasta que la vergüenza me domesticó. Hasta que empecé a esconderme y adormecer mis sentimientos por miedo a resultar excesiva. Hasta que empecé a dejarme guiar por el consejo ajeno en lugar de confiar en mi propia intuición. Hasta que me convencí de que mi imaginación era absurda y mis deseos, egoístas. Hasta que me sometí a las jaulas de las expectativas ajenas, de los imperativos culturales y de las lealtades institucionales. Hasta que enterré a la persona que era con el fin de convertirme en la que debía ser. Me perdí a mí misma cuando aprendí a complacer.

La abstinencia fue mi concienzuda resurrección. Fue mi regreso a la naturaleza. Fue un largo acto de recordar. Fue darse cuenta de que la ardiente tormenta eléctrica cuyo chisporroteo notaba dentro era yo tratando de llamar mi atención, suplicándome que recordase, insistiendo: «Sigo aquí».

Así que por fin abrí el candado y la desaté. Liberé mi hermoso, revoltoso y auténtico yo salvaje. Tenía razón acerca de su poder. Era demasiado grande para la vida que yo llevaba, así que la desmantelé pieza a pieza, sistemáticamente.

A continuación me construí una vida propia.

Lo hice resucitando esas partes de mí que había aprendido a mirar con desconfianza, a ocultar y abandonar para que el resto del mundo se sintiera cómodo:

Mis emociones

Mi intuición

Mi imaginación

Mi valor

Esas son las llaves de la libertad.

Todo eso somos nosotras.

¿Tendremos el valor de abrir nuestros cerrojos?

¿Tendremos el valor de liberarnos?

¿Saldremos por fin de nuestras jaulas y nos diremos a nosotras mismas, a nuestra gente y al mundo: «Aquí estoy»?

SIENTE

Primera llave: siéntelo todo

El sexto día de abstinencia, asistí a mi quinta reunión del programa de recuperación. Me acomodé en una fría silla de plástico, temblando e intentando no derramar el café del vaso de papel y que los sentimientos no rebasasen mi piel. Me había pasado dieciséis años haciendo todo lo posible para que nada me afectara y, de súbito, cuanto había en el mundo me afectaba. Era un nervio a la intemperie. Todo me dolía.

Me daba vergüenza contarle a alguien lo mucho que estaba sufriendo, pero decidí tratar de compartirlo con ese grupo. Eran las primeras personas en las que confiaba con todo mi ser, porque eran las primeras personas a las que había oído jamás confesar toda la verdad. Me habían mostrado su corazón, así que yo les mostré el mío. Dije algo parecido a:

—Me llamo Glennon y llevo seis días sobria. Me siento fatal. Creo que esta sensación tan horrible es la razón de que comenzara a beber. Ahora me empieza a preocupar que mi problema no fuera la bebida, sino algo más profundo. Que fuera yo. No parece que vivir sea tan complicado para las demás como lo es para mí. Es como si el resto de la gente conociera una especie de secreto sobre la vida que yo desconozco. Como si lo estuviera haciendo todo mal. Gracias por escucharme.

Finalizada la reunión, una mujer se acercó y se sentó a mi lado. Dijo:

—Gracias por compartir tu historia. Me identifico contigo. Solo quería decirte algo que me dijeron a mí al principio. Es normal sentir todo eso que sientes. Sencillamente te estás volviendo humana otra vez. No afrontas mal la vida; lo haces bien. Si acaso hay un secreto que se te escapa, es que hacerlo bien resulta muy duro. Sentir lo que una siente es difícil, pero para eso están los sentimientos. Para sentirlos. Todos. Incluidos los más dolorosos. El secreto es que lo estás haciendo bien y que hacerlo bien a veces duele.

No sabía, hasta que me lo dijo aquella mujer, que todos los sentimientos están ahí para que los sintamos. No sabía que la idea era sentirlo todo. Pensaba que debía sentirme feliz. Pensaba que la felicidad era para sentirla y el dolor para suprimirlo, anestesiarlo, evitarlo, esconderlo e ignorarlo. Pensaba que cuando la vida se complicaba era porque había hecho algo mal en algún tramo del camino. Pensaba que el dolor equivalía a debilidad y tenía que reprimirlo. Sin embargo, el problema era que cuanto más lo reprimía, más comida y más bebida tenía que tragarme.

Aquel día, empezaba a volver a mi ser —asustada y temblorosa, embarazada y sobria desde hacía seis días, en el sótano de una iglesia con una horrible luz de fluorescente y un café malísimo— cuando una mujer bondadosa me reveló que ser humana en toda su plenitud no consiste en ser feliz sino en sentirlo todo. A partir de aquel día empecé a poner en práctica eso de sentirlo todo. Empecé a reivindicar mi derecho y mi responsabilidad de sentirlo todo, aunque concederme tiempo y energía para sentir me tornaba un poco menos eficiente, un poco menos accesible, un poco menos complaciente.

En estos últimos dieciocho años, he aprendido dos cosas sobre el dolor.

La primera: puedo sentirlo todo y sobrevivir.

Lo que creí que acabaría conmigo no lo hizo. Cada vez que me decía «no puedo soportarlo más», me equivocaba. La verdad era que podía soportarlo todo y lo hacía; y sobrevivía. Y sobrevivir una y otra vez me ayudó a tener menos miedo de mí misma, del resto del mundo, de la vida. Aprendí que nunca me libraría del dolor, pero podía librarme del miedo al dolor y con eso bastaba. Por fin dejé de evitar los incendios el tiempo suficiente como para poder arder y aprendí que soy como la zarza ardiente: el fuego del dolor no me consume. Puedo arder y arder y seguir viva. Puedo vivir en llamas. Soy ignífuga.

La segunda: puedo usar el dolor para transformarme.

Estoy aquí para seguir convirtiéndome en versiones de mí misma más auténticas y hermosas una y otra vez hasta el infinito. Estar viva es hallarse en un estado de revolución perpetua. Me guste o no, el dolor es el combustible de esa revolución. Mis sentimientos de ahora albergan cuanto necesito para devenir la mujer que estoy destinada a ser a continuación. La vida es pura alquimia y las emociones son el fuego que me convierte en oro. Seguiré evolucionando solamente si soy capaz de extinguirme un millón de veces al día. Si me puedo sentar en el fuego de mis propios sentimientos, seguiré siendo.

La cultura del consumo nos promete que podemos comprar la huida del dolor; que la razón de que estemos tristes y enfadadas no es que ser humanas duela, sino que no tenemos estas encimeras, los muslos de esa chica, aquellos vaqueros. Es un modo inteligente de gestionar una economía, pero no es manera de gestionar una vida. Consumir nos mantiene distraídas, ocupadas y adormecidas. El adormecimiento nos impide crecer.

Por eso todos y todas las grandes líderes espirituales nos cuentan la misma historia acerca de la humanidad y del dolor: no debemos evitarlos. Hay que evolucionar, crecer. Estamos aquí para transformarnos.

Igual que Buda, que tuvo de abandonar su vida de comodidades para experimentar toda clase de sufrimientos humanos antes de alcanzar la iluminación.

Igual que Moisés, que vagó cuarenta años por el desierto antes de encontrar la tierra prometida.

Igual que Westley de *La princesa prometida*, que afirmó: «La vida es dolor, alteza. Si alguien os dice otra cosa, intenta engañaros».

Igual que Jesús, que se encaminó directo a su propia crucifixión.

Primero el dolor, luego la espera, después el renacer. El sufrimiento se debe a que pretendemos alcanzar la resurrección sin dejarnos crucificar antes.

No hay gloria que no proceda de la propia experiencia.

El dolor no es trágico. El dolor es mágico. El sufrimiento es trágico. El sufrimiento es lo que acontece cuando evitamos el dolor y, en consecuencia, nos perdemos nuestra transformación. Eso es lo que puedo y debo evitar: perderme mi propia evolución porque me asusta demasiado someterme al proceso. Tener tan poca fe en mí que me entumezca, me esconda o consuma para huir de mis sentimientos intensos una y otra vez. Así que mi objetivo es dejar de renunciar a mí... y quedarme. Confiar en que soy lo bastante fuerte como para lidiar con el dolor necesario en el proceso de devenir. Porque si algo me asusta infinitamente más que el dolor es vivir mi vida entera y haberme perdido mi transformación. Lo que me asusta aún más que sentir es perdérmelo todo.

Últimamente, cuando aparece el dolor, soy dos.

Está la que se siente desgraciada y asustada y está la que experimenta curiosidad y emoción. Mi segunda yo no es masoquista, sino sabia. Recuerda. Recuerda que, aunque no pueda saber lo que la vida traerá a continuación, siempre sabe lo que traerá el proceso. Sé que cuando aparecen el dolor y la espera, el renacer está de camino. Tengo la esperanza de que el dolor cese pronto, pero esperaré a que se marche, porque lo he experimentado con la frecuencia suficiente como para confiar en él. Y porque la persona en la que me convertiré mañana es tan impredecible y concreta que voy a necesitar hasta la última gota de las lecciones de hoy para convertirme en ella.

Tengo una nota pegada en el espejo del baño.

Siéntelo todo.

Me recuerda que, si bien empecé a volver a la vida hace dieciocho años, me resucito a diario, en cada momento en que me permito sentir y crecer. Es mi recordatorio diario de que debo estar dispuesta a arder hasta las cenizas para renacer, renovada.

SABER

Segunda llave: quédate quieta y sabrás

Hace varios años, me desvelé por completo en mitad de la noche. Eran las tres de la mañana y yo estaba temblorosa y agitada mientras buscaba respuestas con la desesperación de una mujer a punto de ahogarse que intenta respirar. Acababa de introducir las siguientes palabras en la barra de búsqueda de Google:

¿Qué debería hacer si mi marido me engaña pero también es un padre fantástico?

Miré la pregunta con atención y pensé: *Bueno. He tocado un nuevo fondo. Acabo de pedirle a Internet que tome la decisión más importante y personal de mi vida. ¿Por qué confío más en* cualquier persona del mundo que en mí? *¿DÓNDE DIANTRE ESTÁ MI YO? ¿Cuándo perdí el contacto con ella?*

Pinché un artículo tras otro de todos modos. Descubrí angustiada que cada uno me aconsejaba hacer algo distinto. Los expertos religiosos insistían en que una buena cristiana se quedaría. Las feministas argüían que una mujer fuerte se marcharía. Los artículos sobre crianza proclamaban que una buena madre solo tendrá en cuenta lo que sea mejor para su descendencia.

Todas esas opiniones discrepantes implicaban que, literalmente, no podía complacer a todo el mundo. Fue un alivio. Cuando una mujer entiende por fin que complacer al mundo es imposible, es libre para descubrir cómo complacerse a sí misma.

Miré todas esas opiniones contradictorias y pensé: *Si existe, de hecho, una manera objetivamente acertada o equivocada de lidiar con esto, ¿por qué estas personas sostienen opiniones tan diversas sobre lo que otra debería hacer?* Experimenté una epifanía: eso significaba que *debería* y *no debería*, *correcto* o *incorrecto*, *bueno* y *malo* no son conceptos salvajes. No son reales. Solo son jaulas culturalmente construidas, artificiales y siempre cambiantes, creadas para sostener las instituciones. Caí en la cuenta de que en toda familia, cultura o religión, las ideas del bien y el mal son las varas que se usan para azuzar al ganado, los perros pastores que ladran para mantener a las masas aborregadas. Son los barrotes que nos mantienen enjauladas.

Concluí que, si seguía haciendo lo que está «bien», me pasaría la vida siguiendo las directrices de otro en lugar de las mías. No quería vivir mi vida sin vivir mi vida. Quería tomar mis propias decisiones como mujer libre, desde mi alma, no desde mi adiestramiento. El problema era que no sabía cómo hacerlo.

Unas semanas más tarde, abrí la tarjeta que me envió una amiga. Decía, con una gruesa tipografía en negrita y mayúsculas:

QUÉDATE QUIETA Y SABRÁS

Había leído ese versículo muchas veces antes, pero me impactó tanto como si fuera la primera. No decía «haz un sondeo entre tus amistades y sabrás», ni «lee libros de expertas y sabrás», ni «busca en Internet y sabrás». Sugería un enfoque del todo distinto para adquirir conocimiento: *Para ya.*

Para de moverte. Para de hablar. Para de buscar. Para de asustarte. Para de dar vueltas.

Si dejas de hacer, empezarás a saber.

Parecía alguna bobada mágica, pero las mujeres desesperadas toman medidas desesperadas. Decidí experimentar. Cuando mis peques se marcharon al colegio, me encerré en el vestidor, me senté sobre una toalla, cerré los ojos y no hice nada salvo respirar. Al principio, cada sesión de diez minutos parecía durar diez horas. Miraba el teléfono cada dos por tres, planeaba la lista de la compra y redecoraba el salón mentalmente. Lo único que al parecer «sabía» mientras estaba sentada en el suelo era que tenía hambre, me picaba todo y de repente estaba desesperada por doblar la ropa limpia y ordenar la despensa. Era una adicta a la información en desintoxicación forzosa. Con cada segundo que pasaba sentía tentaciones de abandonar, pero me puse seria conmigo misma: *Dedicar diez minutos al día a encontrarte a ti misma no es demasiado, Glennon. Por el amor de Dios, dedicas ochenta minutos diarios a buscar las llaves.*

Pasadas unas semanas, como una gimnasta que gana elasticidad con cada entrenamiento, empecé a notar que descendía más y más durante cada sesión en el vestidor. Al final me hundí lo suficiente como para descubrir un nuevo nivel en mi interior cuya existencia ni siquiera conocía. Ese lugar está en lo más hondo: muy adentro, profundo, silencioso, estático. No hay voces allí, ni siquiera la mía. Solo oigo mi propia respiración. Fue como si me hubiera estado ahogando y, presa del pánico, llevara un tiempo intentando respirar, pidiendo ayuda y manoteando para alcanzar la superficie, cuando lo que podía salvarme en realidad era dejarme arrastrar a las profundidades. Caí en la cuenta de que por eso decimos, cuando queremos tranquilizar a alguien: «Respira hondo». Porque debajo del azote y el fragor del oleaje hay un lugar donde todo es calma y claridad.

Como el barullo cesa a esas profundidades, notaba algo que no percibía en la superficie. Se parecía a esa cámara de silencio que hay en Dinamarca —uno de los lugares más silenciosos del mundo— donde las personas son capaces de oír y sentir la circulación de su propia sangre. Allí, en lo más profundo, notaba algo que circulaba dentro de mí. Era un Saber.

En este nivel *sé* cosas que no puedo conocer en la caótica superficie. Aquí abajo, cuando planteo una pregunta sobre mi vida —con palabras o mediante imágenes abstractas— noto un empujón. Ese empujón me guía hacia qué debo hacer a continuación y luego, cuando me doy por enterada sin palabras, me inunda. El Saber se asemeja a un cálido oro líquido que me llena las venas y se solidifica apenas lo suficiente para hacerme sentir estable, segura.

Lo que descubrí (aunque me asusta decirlo) es que Dios vive en esas profundidades de mi interior. Cuando reconozco su presencia y su guía, Dios lo celebra y me inunda de cálido oro líquido.

Volvía al vestidor a diario, me sentaba en el suelo sembrado de camisetas y vaqueros y practicaba mi inmersión. El Saber acudía a mi encuentro en lo más profundo y me empujaba hacia lo necesario siguiente, una cosa cada vez. De ese modo empecé a saber qué hacer a continuación. Así empecé a ir por la vida con más claridad, solidez y aplomo.

Un día, un año más tarde, estaba en mitad de una reunión de trabajo sentada a una gran mesa de conferencias. Estábamos debatiendo una importante decisión que debíamos tomar y el equipo me pedía liderazgo. Me sentí insegura. Estuve a punto de recaer en mi antigua manera de adquirir conocimiento: mirar hacia fuera en busca de aceptación, permiso y consenso. Sin embargo, cuando desvié los ojos y avisté la puerta del armario del material, recordé mi nueva manera.

Me pregunté si al equipo le importaría que saliera un momento para meterme en ese armario. En vez de eso, inspiré hondo y dirigí mi atención hacia mi interior e intenté sumergirme allí mismo, sentada a la mesa. Funcionó. Noté el empujón y, tan pronto como me di por enterada de su presencia, me inundó un cálido oro líquido. Ascendí a la superficie, sonreí y dije:

—Ya sé lo que tenemos que hacer.

Con calma y seguridad, comuniqué a la audiencia mi solución. El terror cedió en la sala. Todo el mundo respiró y al instante el equipo se mostró relajado y centrado. Seguimos avanzando.

Dios salió de aquel vestidor y ahora llevo a Dios conmigo a todas partes.

Desde entonces solamente acepto órdenes de mi propio Saber. Si acaso me asalta la inseguridad ante cualquier decisión de trabajo, personal o familiar —tremenda o insignificante—, me sumerjo. Me hundo bajo el turbulento oleaje de las palabras, el miedo, las expectativas, los condicionamientos y los consejos... y tanteo en busca del Saber. Me sumerjo cien veces al día. Tengo que hacerlo, porque el Saber nunca me revela planes a cinco años vista. A mí se me antoja una guía cariñosa y revoltosa, como si solo me mostrara lo que debo conocer a continuación para que vuelva una y otra vez, porque quiere que afrontemos la vida juntas. Tras muchos años, estoy construyendo una relación con ese Saber: cada vez confiamos más el uno en la otra.

Cuando hablo en estos términos, mi esposa enarca las cejas y pregunta:

—¿No será contigo misma con la que hablas?

Es posible. Si lo que he encontrado en lo más hondo no es nada más que mi yo —si no he aprendido a conversar con Dios sino conmigo misma, si eso en lo que he aprendido a confiar no es Dios sino mi propio yo— y si, durante el resto de mi vida, por más que me pierda, voy a saber con exactitud dónde y cómo reencontrarme... pues bienvenida sea. Ya me parece un milagro en sí mismo.

¿Por qué nos preocupamos tanto por el nombre que le damos al Saber en lugar de compartir unas personas con otras cómo invocarlo? Sé de muchas personas que han encontrado ese nivel interno y se guían exclusivamente por él. Algunas hablan de Dios omnisciente, la sabiduría, la intuición, la fuente o el yo profundo. Tengo una amiga con serios problemas para hablar de Dios, a quien se refiere como Sebastian. Por más que reciba otro nombre, Dios sigue siendo un milagro y un consuelo. No importa cómo llamemos al Saber. Lo que importa —si queremos vivir esta singular estrella fugaz que es la vida— es que lo llamemos.

He aprendido que si quiero elevarme tengo que sumergirme primero. Debo buscar la voz de mi sabiduría interior y confiar en ella en lugar de escuchar las voces de aprobación externas. Eso me libra de vivir la vida de otra persona. También me ahorra un montón de tiempo y energía. Me limito a hacer la cosa siguiente que el Saber me ha señalado, una después de otra. No pido permiso antes, lo que es una manera muy adulta de vivir. Y esto es lo mejor: el Saber está más allá del lenguaje, de modo que no puedo recurrir a ninguna lengua para traducir sus mensajes. Como no emplea palabras para darme explicaciones, he dejado de emplear palabras para justificarme ante el mundo. Eso es lo más revolucionario que puede hacer una mujer: lo necesario en cada ocasión, una cosa después de otra, sin pedir permiso ni dar explicaciones. Es una manera de vivir apasionante.

Ahora entiendo que nadie más en el mundo sabe lo que yo debería hacer. Los expertos no lo saben, ni los sacerdotes, ni las terapeutas, las revistas, las escritoras o mis amistades; ninguna de ellas lo sabe. Ni siquiera las personas que más me quieren. Porque nadie ha vivido ni vivirá nunca esta vida que yo trato de sacar adelante, con mis dones y desafíos, pasado y gente. Toda existencia es un experimento sin precedentes. Esta vida es solo mía. Así que he dejado de pedir instrucciones a las demás para llegar a lugares en los que nunca han estado. No hay mapa. Todas somos pioneras.

Llevo la segunda llave tatuada en la muñeca:

Quédate quieta

Me sirve para recordar a diario que, si estoy dispuesta a sentarme en calma conmigo misma, siempre sabré qué hacer. Que las respuestas nunca están ahí fuera. Están tan cerca como mi respiración y son tan fiables como los latidos de mi corazón. No tengo que hacer nada más que dejar de manotear, hundirme bajo la superficie y tantear en busca del empujón y el oro. Luego debo confiar, por ilógico o aterrador que me parezca el siguiente paso adecuado. Porque cuanto más consecuente, valiente y fielmente sigo al Saber interno, más clara y hermosa se torna mi vida. Cuanto más vivo a partir de mi propio Saber, más mía se torna mi existencia y menos temerosa me vuelvo. Confío en que el Saber estará conmigo allá donde vaya y me empujará con suavidad hacia el acto siguiente, una cosa después de la otra, para guiarme en el camino a casa.

CÓMO SABER

Surge un momento de incertidumbre.
Respira, mira hacia dentro, sumérgete.
Tantea en busca del Saber.
Haz lo siguiente que te indique el empujón.
Déjalo reposar (no lo analices).
Repítelo por siempre.

(Durante el resto de tu vida: continúa acortando la brecha entre el Saber y el hacer.)

IMAGINA

Tercera llave: atrévete a imaginar

Cuando tenía veintiséis años, me senté en el suelo de un baño mugriento con una prueba de embarazo positiva en la mano. Miré fijamente la crucecita azul y pensé: *Vaya, es imposible. No puede haber en el mundo peor candidata a la maternidad.* Llevaba dieciséis años dándome atracones y purgándome varias veces al día. Los últimos siete, bebía cada noche hasta perder el sentido. Había hecho trizas mi hígado, mi reputación, mi esmalte dental y todas mis relaciones. El dolor de cabeza, los botellines de cerveza vacíos en el suelo, la cuenta bancaria, mis temblorosos dedos sin anillo gritaban: *No. Tú no.*

No obstante, algo dentro de mí susurró: *Sí. Yo.*

A pesar de todas las pruebas en contra, me *imaginaba* siendo una flamante madre sobria.

Dejé de beber y luego me convertí en madre, esposa y escritora.

Demos un salto de catorce años. Recordatorio: ahora tengo cuarenta. Estoy casada, tengo dos perros y tres criaturas que adoran a su padre. También tengo una carrera literaria que asciende como la espuma, en parte basada en mi familia tradicional y en mi religión cristiana. Estoy en una presentación de mi último libro, el esperado testimonio de la redención de mi matrimonio. En ese evento, una mujer entra en la habitación, la miro y me enamoro perdidamente de ella al instante. Las circunstancias, el miedo, mi religión y mi carrera gritan: *No. Ella no.* No obstante, algo dentro de mí susurraba: *Sí. Ella.*

Ese algo dentro de mí era la imaginación.

A pesar de todas las pruebas en contra, me imaginaba siendo la pareja de Abby. Podía imaginar la clase de amor en la que te sientes plenamente reconocida, considerada y amada.

Los hechos estaban allí, ante mí, para que los viera.

Pero la verdad estaba allí, dentro de mí, para que la sintiera.

Se expandía, presionaba, insistía: *estás destinada a una vida más auténtica que la que estás viviendo. Pero, para poder disfrutarla, tendrás que forjarla tú misma. Tendrás que crear en el exterior lo que imaginas en el interior. Solo tú puedes hacerla realidad. Y te exigirá que lo sacrifiques todo.*

He aprendido a vivir desde la fe, lo que no significa que viva según una serie de férreas creencias o dogmas que los hombres instauraron hace siglos para conservar el poder a través del dominio de las otras personas. Mi fe ya no tiene nada que ver con la religión. Para mí, vivir desde la fe es permitir que esa expansión y esa presión interiores guíen mis palabras y decisiones externas. Porque para mí Dios no es un ser externo a mí: Dios es el fuego, el empujón, el cálido oro líquido que se expande y presiona dentro de mí.

De hecho, mi definición favorita de la fe es *la capacidad de creer en el orden invisible de las cosas.*

Hay dos órdenes de cosas:

Existe un orden visible que se despliega ante nuestros ojos a diario en las calles y en las noticias. En ese orden visible reina la violencia, las armas de fuego campan por sus fueros en los colegios, los belicistas medran y el uno por ciento de la población mundial acumula la mitad de la riqueza global. A este orden lo llamamos «realidad». «Así son las cosas». No vemos nada más porque nunca hemos visto algo distinto. Sin embargo, algo en nuestro interior lo rechaza. Lo sabemos por instinto: este no es el orden natural de las cosas. El mundo no fue creado para eso. Sabemos que hay un sistema mejor, más auténtico, más puro.

Ese sistema mejor es el orden invisible que llevamos dentro. Es la visión que nos representamos en la imaginación acerca de un mundo más auténtico, más hermoso: uno en que la infancia tenga suficientes alimentos, en el que no nos matemos mutuamente y las madres no se vean obligadas a cruzar desiertos con sus criaturas a cuestas. Esa idea mejor es lo mismo que el pueblo judío llama «shalom», el budismo denomina «nirvana», la religión cristiana llama «cielo» y muchas personas agnósticas denominan «paz». No es un lugar situado *ahí fuera*; todavía no. Es la esperanza que se expande *aquí*, que empuja desde el interior de nuestra piel, que insiste en que todo debería ser más hermoso que esto. Y puede serlo, si nos negamos a esperar a morir para «ir al cielo» y en vez de eso buscamos el cielo que llevamos dentro y lo traemos al mundo aquí y ahora. Si trabajamos para hacer que la visión de ese orden invisible que se expande dentro de nosotras se torne visible en nuestras vidas, hogares y naciones, crearemos una realidad más hermosa. Así en la Tierra como en el cielo. Así en el mundo material como en nuestra imaginación.

Tabitha.

Nació en cautividad. El único orden visible que ha conocido incluye jaulas, mugrientos conejos rosa de pega y aplausos débiles y desganados. *Tabitha* nunca conoció la naturaleza salvaje. No obstante, *Tabitha* conocía la naturaleza salvaje. Estaba en ella. Notaba el apremio del orden invisible como un pálpito incesante. Puede que para nosotras, igual que para *Tabitha*, la verdad más profunda no sea la que vemos sino la que podemos imaginar. Puede que la imaginación no sea el sitio al que vamos para escapar de la realidad sino el sitio al que vamos para recordarla. Tal vez, cuando queramos conocer el plan original de nuestras vidas, familia, mundo, no debamos consultar lo que tenemos delante sino lo que llevamos dentro.

Gracias a la imaginación empiezan las revoluciones personales y globales.

«Tengo un sueño», dijo Martin Luther King, Jr.

«Soñar, a fin de cuentas, es una forma de planificar», afirmó Gloria Steinem.

Para que nuestra cultura avanzase, las mujeres y hombres revolucionarios han tenido que hablar y planificar desde el orden invisible que llevaban dentro. En cuanto a aquellas de nosotras que no fuimos consultadas sobre la construcción del orden visible, poner en marcha la imaginación es el único modo que tenemos de ver más allá de lo que se creó para dejarnos fuera. Si las personas que no contribuyeron a la construcción de la realidad se limitan a consultar esa misma realidad en busca de posibilidades, esta nunca cambiará. Seguiremos remoloneando y compitiendo por una silla a su mesa en lugar de construir nuestras propias mesas. Seguiremos golpeándonos la cabeza en sus techos de cristal en vez de plantar fuera una enorme carpa. Seguiremos enjauladas por este mundo en lugar de ocupar el lugar que nos pertenece como cocreadoras del mismo.

Cada una de nosotras nació para generar algo que nunca ha existido: una manera de ser, una familia, una idea, una obra de arte, una comunidad...; algo totalmente nuevo. Estamos aquí para darnos a conocer por entero, para imponer nuestras personalidades, ideas, pensamientos y sueños al mundo y cambiarlo por siempre a través de lo que somos y traemos de nuestras profundidades. No podemos hacer contorsiones para encajar en el orden visible. Debemos desatarnos y observar cómo el mundo se reordena ante nuestros ojos.

Mi trabajo consiste en escuchar a las mujeres con suma atención. Muchas me dicen que albergan el presentimiento, una especie de dolor pesado, que les dice que sus vidas, relaciones y mundo estaban destinados a ser más hermosos de lo que son.

Preguntan: ¿No debería sentirme más amada en mi matrimonio? ¿Mi religión no debería ser más dinámica y bondadosa de lo que es? ¿Mi trabajo no debería ser más significativo y mi comunidad estar más conectada? El mundo que voy a dejar a mi descendencia, ¿no debería ser menos cruel? ¿No se suponía que todo iba a ser más hermoso que esto?

Las mujeres que hacen estas preguntas me recuerdan a *Tabitha*. Acechan la periferia de sus vidas con un sentimiento de insatisfacción. Eso me parece emocionante, porque la insatisfacción es el acicate de la imaginación. La insatisfacción es la prueba de que tu imaginación no ha renunciado a ti. Sigue insistiendo, expandiéndose, tratando de captar tu atención con un susurro: «Esto no».

La fase del «esto no» es muy importante.

Pero saber lo que no queremos no es lo mismo que saber lo que queremos.

Así pues, ¿cómo podemos pasar de *esto no* a *esto otro*? ¿Cómo podemos pasar de *sentirnos* insatisfechas a *crear* nuevas vidas y nuevos mundos? Dicho de otro modo: ¿cómo podemos empezar a vivir desde la imaginación en lugar de hacerlo desde el adoctrinamiento?

El lenguaje es mi herramienta favorita, de modo que lo empleo para ayudar a las demás a construir puentes entre lo que tienen delante y lo que llevan dentro. He descubierto que, si queremos escuchar la voz de la imaginación, debemos hablarle en un lenguaje que entienda.

Si queremos saber quiénes estábamos destinadas a ser antes de que el mundo nos dijera quiénes debíamos ser...

Si queremos saber a dónde estábamos destinadas a ir antes de que nos pusieran en nuestro sitio...

Si queremos saborear la libertad en lugar de estar controladas...

Entonces debemos reaprender la lengua nativa de nuestra alma.

Cuando las mujeres me escriben en el lenguaje del adoctrinamiento —cuando emplean palabras como «buena», «debería», «está bien» y «está mal»— intento responderles con el lenguaje de la imaginación.

Todas somos bilingües. Hablamos el lenguaje del adoctrinamiento, pero nuestra lengua nativa es la de la imaginación. Cuando empleamos el lenguaje del adoctrinamiento —con sus «debería» y «no debería», «correcto» e «incorrecto», «bueno» y «malo»— activamos la mente. No es de eso de lo que estamos hablando. Porque nuestra mente está contaminada por el entrenamiento al que hemos sido sometidas. Para superar el entrenamiento, tenemos que activar la imaginación. La mente es una fábrica de excusas; la imaginación es una contadora de historias. Así que, en lugar de preguntarnos qué está bien y qué está mal, debemos plantearnos:

¿Qué es verdadero y hermoso?

Entonces la imaginación asciende dentro de nosotras, nos da las gracias por consultarla finalmente después de tantos años y nos cuenta una historia.

Clare me escribió hace poco. Es abogada e hija de un alcohólico. Cuando se sentó a escribirme un correo electrónico acababa de levantarse y seguía mareada por todo el vino que había tomado la noche anterior «para suavizar las aristas». Me contó que pasaba la mayor parte del tiempo embotada, confusa o avergonzada. «G, tengo la sensación de que estoy desperdiciando mi vida —me escribió—. ¿Qué debería hacer?»

«Clare —le respondí—. ¿Cuál es la historia más auténtica, la más hermosa que puedes imaginar sobre tu vida?»

Sasha contactó conmigo para hablarme de su matrimonio. Se casó con un hombre que es distante y frío, igual que lo fuera su padre. Sasha pasaba buena parte del tiempo haciendo esfuerzos por granjearse el amor de su marido, igual que había hecho su madre para ganarse el de su padre. Me escribió: «Estoy tan cansada y me siento tan sola... ¿Qué sería lo correcto en este caso?».

Respondí: «Sasha, ¿me podrías contar una historia sobre el matrimonio más auténtico y hermoso que puedas imaginar?».

Danielle, una antigua maestra de preescolar de treinta y cuatro años, me envió un correo en fechas recientes. Pasa los días y las noches viendo cómo su hijo de siete años muere despacio en sus brazos, víctima de la misma enfermedad que se llevó a su primogénito tres años atrás. De día y de noche, se sienta junto a la cama del niño para ofrecerle alimento, canciones, consuelo. «Estoy destrozada, Glennon —me dijo—. No sé qué hacer.»

Le contesté: «Danielle, ¿cuál es la historia más auténtica y hermosa que puedas imaginar acerca de una madre y sus hijos?».

Todas me respondieron. Clare escribió un relato sobre una mujer que no renunciaba a sí misma, que afrontaba la vida tal como viene y estaba presente para sí misma, para su gente, para su existencia. Creyó en la visión lo suficiente como para acudir a terapia y dejar que emergiera en un entorno seguro todo el dolor que intentaba ahogar con el vino. Meses después me escribió para decirme que su nueva manera de ser le requiere más trabajo que nunca, pero es trabajo del bueno. Ya no se pierde su propia vida. Cuando se mira al espejo, no necesita desviar la mirada. Ahora es una mujer que se puede mirar a los ojos.

Sasha dedicó varias noches a redactar una historia sobre el matrimonio más sincero, el más hermoso que podía imaginar. Pasó una semana reuniendo valor para enviármela, porque le asustaba que alguien del mundo exterior viera lo que llevaba dentro. Al final la imprimió y la dejó en la almohada de su marido. Se quedó destrozada cuando él dejó pasar tres semanas sin mencionarla. Entonces, una noche, encontró una invitación de su marido para asistir a un retiro matrimonial. Resultó que tanto ella como él eran capaces de imaginar algo más hermoso. Querían hacerlo realidad.

Danielle me respondió desde el hospital, sentada junto a la cama de su hijo, después de que le preguntara por la historia más auténtica y hermosa que pudiera imaginar sobre la maternidad.

Me contó lo siguiente: «He pasado esta última semana meditando tu pregunta. Puedo imaginar mil historias sobre madres e hijos más sencillas que la mía. Se me ocurren un millón más felices. Pero no concibo una sola historia más verdadera ni más hermosa que esta tan desgarradora que estoy viviendo ahora, con mis hijos».

«Yo tampoco —fue mi respuesta—. Yo tampoco.»

La vida más hermosa y auténtica nunca promete ser fácil. Tenemos que renunciar a la mentira de que debería serlo.

Todas esas mujeres han empezado a vivir desde su imaginación. He aquí cómo lo han hecho: cada una reconoció su propia insatisfacción. No la desdeñó, enterró, evitó, negó, ni culpó de ella a otra persona, ni se ordenó callar y dar gracias. Escuchó el susurro de su Saber, «esto no», y admitió ante sí misma haberlo oído. Pasó un tiempo en su compañía. Luego se atrevió a pronunciar el susurro interior en voz alta. Compartió su insatisfacción con otro ser humano.

A continuación, cuando estaba lista para pasar de *esto no* a *esto otro*, se atrevió a contactar con la imaginación para que le contara la historia que nació para contar a través de su vida. Soñó qué pasaría si su versión concreta de la verdad y la belleza se hiciera realidad. Buscó el proyecto que traía al nacer, cuya existencia había olvidado. Desenterró su orden invisible: su plan original.

Entonces —y esto es crucial— lo plasmó por escrito. Las personas que construyen una vida más verdadera y hermosa suelen hacerlo. Es difícil pasar de soñar a hacer directamente. Como bien saben los arquitectos y diseñadores, hay un paso crítico entre la visión y la realidad. Antes de que la imaginación se torne tridimensional, casi siempre debe ser bidimensional. Es como si el orden invisible solamente pudiera cobrar vida avanzando una dimensión cada vez.

Las mujeres me han enviado infinidad de sueños bidimensionales a lo largo de los años. Dicen: «En mi caso, una vida, una familia, un mundo más sincero y hermoso sería...».

Me asombra lo muchísimo que difieren unas historias de otras. Eso demuestra que nuestras vidas no están pensadas para ser calcos de un ideal culturalmente construido a partir de un mismo patrón. No hay una única manera de vivir, amar, criar a la descendencia, fundar una familia, dirigir un colegio, una comunidad, una nación. Alguien creó las normas y nosotras también somos alguien. Podemos crear nuestra propia normalidad. Podemos desechar todas las normas y escribir las nuestras. Podemos construir nuestras vidas desde dentro. Podemos dejar de preguntar qué quiere el mundo de nosotras y, en vez de eso, preguntarnos qué queremos de nuestro mundo. Podemos dejar de mirar lo que tenemos delante el tiempo suficiente para descubrir lo que llevamos dentro. Tenemos la opción de recordar y desatar el poder de la imaginación, que es capaz de cambiar la vida, las relaciones, el mundo. Puede que nos lleve toda una existencia. Afortunadamente, una existencia es el tiempo exacto que tenemos.

Materialicemos, desde las profundidades de nuestra alma:

La vida más auténtica y hermosa que podamos imaginar.

La familia más auténtica y hermosa que podamos concebir.

El mundo más auténtico y hermoso al que podamos aspirar.

Ahora pongámoslo por escrito.

Miremos lo que hemos escrito y aceptemos que no son quimeras; son nuestros mandatos. Son los proyectos de nuestras vidas, familias y mundo.

Que el orden invisible se torne visible.

Que nuestros sueños lleguen a ser nuestros planes.

DEJA QUE ARDA

Cuarta llave: construye y quema

Cuando nos damos permiso para sentir, nuestro yo interior se transforma. Cuando actuamos siendo consecuentes con el Saber y la imaginación, nuestro mundo exterior se transforma. Vivir desde los mundos que llevamos dentro cambiará nuestros mundos externos. Pero hay una pega: la destrucción es esencial para la construcción. Si queremos construir algo nuevo debemos estar dispuestas a dejar que arda lo viejo. Debemos asumir el compromiso de aferrarnos a la verdad y nada más que a la verdad. Debemos tener muy claro que si nuestra verdad interna puede incendiar una convicción, una estructura familiar, un negocio, una religión, una industria... todo eso debería ser cenizas desde ayer.

Si sentimos, sabemos e imaginamos, nuestras vidas, familias y mundo devienen versiones más auténticas. Con el tiempo. Pero al principio da mucho miedo. Porque una vez que sentimos, sabemos y nos atrevemos a imaginar más para nosotras, ya no podemos dejar de hacerlo. No hay vuelta atrás. Nos encaminamos derechas al abismo: al espacio entre la vida «no lo bastante sincera» que estamos llevando y esa otra más auténtica que solo existe dentro de nosotras. Así que decimos: «Quizá sea más seguro quedarse aquí y en paz. Aunque no sea tan auténtico, tal vez sea suficiente». Pero ese «suficiente» es lo que empuja a las personas a beber en exceso, a recurrir demasiado al sarcasmo, a amargarse, enfermar y vivir sumidas en una desesperación silenciosa hasta que yacen en el lecho de muerte y se preguntan: «¿Qué clase de vida/relación/familia/mundo habría creado de haber sido más valiente?».

La construcción de lo verdadero y hermoso implica la destrucción de lo aceptable. Renacer implica morir. Una vez que una visión más bella y auténtica nace en nuestro interior, la vida apunta hacia esa visión. Aferrarse a lo que ha dejado de ser suficientemente auténtico ya no es seguro; supone el gesto más arriesgado porque acarrea la muerte cierta de todo aquello que estaba destinado a ser. Solo estamos vivas en la medida en que estamos dispuestas a dejarnos aniquilar. Nuestra próxima vida siempre nos costará la actual. Si estamos realmente vivas, perdemos sin cesar a la persona que éramos hace un momento, eso que acabamos de construir, las cosas que creíamos instantes antes, eso que ahora mismo considerábamos la verdad.

He perdido identidades, convicciones y relaciones que me ha dolido perder. He aprendido que, cuando vivo desde mis emociones, saber e imaginación, no dejo de perder. Lo que pierdo siempre es aquello que ha dejado de ser suficientemente auténtico para que pueda adueñarme de lo que sí lo es.

Durante mucho tiempo hice contorsiones para vivir conforme a una serie de antiguos memorandos que había recibido sobre cómo llegar a ser una mujer de éxito y construir una familia, una carrera y una fe sólidas. Yo tomé esos memorandos por la Verdad universal, así que me abandoné a mí misma para obedecerlos *sin siquiera abrirlos y examinarlos*. Cuando por fin los extraje de mi inconsciente y los miré con atención, aprendí que esos memorandos nunca fueron la Verdad en absoluto; tan solo eran las expectativas arbitrarias de mi cultura en particular. Ansiosa por poner en práctica mis memorandos, estaba volando en piloto automático con rumbo a un destino que nunca escogí. Así que volví a coger el volante. Dejé de seguir acatando esos memorandos. En vez de eso, los abandoné y empecé a ser fiel a mí misma. Comencé a vivir como lo haría una mujer que nunca ha recibido memorandos del mundo.

Quemé el memorando que definía la abnegación como la máxima expresión de la feminidad, pero antes me perdoné por haber creído esa mentira tanto tiempo. Había renunciado a mí misma por amor. Me habían convencido de que, para amar bien a sus parejas, familia y comunidad, las mujeres deben renunciar a sí mismas en pro de los demás. Llevada por el deseo de ser útil, nos hice al mundo y a mí un flaco favor. He visto lo que pasa en el mundo exterior y en el interior de nuestras relaciones cuando las mujeres están embotadas, son obedientes, están calladas y se sienten insignificantes. Las mujeres abnegadas contribuyen a sostener una sociedad eficiente, pero no una hermosa, auténtica ni justa. Cuando las mujeres se pierden a sí mismas, el mundo se descarría. No necesitamos más mujeres abnegadas. Lo que necesitamos ahora mismo son más mujeres que se hayan desintoxicado de las expectativas ajenas hasta tal punto que ya no les quede nada dentro salvo su propio ser. Necesitamos mujeres *llenas de ellas mismas*. Una mujer que está llena de sí misma sabe y confía en ella lo suficiente como para decir y hacer lo que hay que hacer. Deja que lo demás arda.

Quemé el memorando que presentaba la maternidad responsable como un martirio. Decidí que el deber de una madre es ser un ejemplo, no una mártir. Dejé de ser una madre que agoniza en nombre de su descendencia y me convertí en una madre responsable: una que enseña a los seres que trae al mundo a vivir plenamente.

Quemé el memorando que insistía en que, para no romper una familia, hay que conservar su estructura a toda costa. Reparé en que había familias aferradas a su estructura original que estaban hechas trizas. Me fijé en otras familias, cuyas estructuras habían cambiado y seguían sanas y vibrantes. Concluí que la completitud o la fractura de una familia guarda poca relación con su estructura. Una familia rota es aquella en la que cada uno de los miembros se ve obligado a romperse en pedazos para encajar. Una familia entera es aquella en la que cada uno de los miembros puede mostrar la totalidad de su ser sabiendo que siempre estará sostenido y será libre.

Decidí permitir que la estructura de mi familia fuera un ecosistema en evolución. Dejé de ser una mujer que se aferra a una estructura familiar prescrita y me convertí en una que se aferra al derecho de cada uno de los miembros a su plena humanidad, yo incluida. Romperíamos y volveríamos a romper nuestra estructura en lugar de permitir que ninguna de nosotras viviera desquiciada.

Dejé de comulgar con la idea de que el éxito de un matrimonio consiste en seguir unido hasta la muerte, aunque uno o ambos cónyuges estén agonizando por dentro. Decidí que antes de prometerme siquiera a otra persona, me haría una promesa a mí misma: no abandonarme. Nunca más. Yo conmigo: hasta que la muerte nos separe. Abandonaremos a quien haga falta con tal de permanecer completas. Dejé de ser una mujer que creía que otra persona me completaría cuando comprendí que había nacido entera.

Dejé arder mi preciada y cómoda idea de que en Estados Unidos reina la libertad y la justicia para todo el mundo. Permití que una perspectiva más abierta y sincera naciera en su lugar, una que incluía la experiencia que tienen de este país personas con un aspecto distinto al mío.

Me escribí un nuevo memorando acerca de lo que significa una fe sólida. Para mí, la fe no es fidelidad pública a una serie de creencias externas, sino una entrega privada al Saber interno. Dejé de creer en intermediarios o en jerarquías interpuestas entre Dios y yo. Pasé de estar segura y a la defensiva a sentir curiosidad, asombro y un respeto reverencial; de puños cerrados a brazos abiertos; de la superficie a las profundidades. Para mí, vivir con fe significa dejar arder todo aquello que me separa del Saber, para poder decir un día: «La Madre y yo somos una y la misma».

Los memorandos que me escribo no son correctos ni incorrectos; solo son míos. Están escritos en arena, para poder revisarlos cada vez que sienta, sepa, imagine una idea más sincera, más hermosa para mí. Los estaré revisando hasta que exhale mi último aliento.

Soy un ser humano, destinada a un devenir perpetuo. Si vivo con valentía, mi existencia entera se convertirá en un millón de muertes y renacimientos. Mi objetivo no es permanecer igual sino vivir de tal modo que cada día, año, momento, relación y crisis sean la materia prima de una versión más auténtica, más hermosa de mí misma. El objetivo es desistir de ser, una y otra vez, la persona que era para convertirme en la que el momento siguiente me llame a ser. No me aferraré a ninguna idea, opinión, identidad, relato o relación existente que me impida emerger renovada. No puedo agarrarme con demasiada fuerza a ninguna ribera. Debo soltar la orilla para viajar a lugares más profundos y ver más allá. Una y otra vez, y luego otra. Hasta la muerte y el renacimiento postreros. Hasta ese mismo instante.

TERCERA PARTE

LIBRE

DOLORES

Tengo trece años y padezco bulimia, así que me paso la mitad de la vida moldeándome el flequillo y la otra mitad comiendo en exceso y luego vomitando. Moldear y vomitar no se considera una vida aceptable, así que los viernes, después de clase, mi madre me lleva a una psicóloga del centro. Ella se queda en la sala de espera y yo entro a solas, me siento en una butaca de cuero marrón y espero a que la psicóloga me pregunte:

—¿Cómo estás hoy, Glennon?

Yo sonrío y le digo:

—Muy bien. Y tú, ¿cómo estás hoy?

Ella respira profundamente con todo el cuerpo. Tras eso guardamos silencio.

Me fijo en la foto de una niña pelirroja que hay en el escritorio de mi amable y frustrada terapeuta. Le pregunto quién es. Ella le echa un vistazo, toca el marco y responde:

—Es mi hija.

Cuando se vuelve a mirarme otra vez, exhibe una expresión dulce y triste. Señala:

—Glennon, dices que estás bien, pero no lo estás. Tu trastorno alimentario podría acabar con tu vida y lo sabes. Lo que no sabes es que, desde el instante en que te niegas a sentir todo esto, desde el instante en que no quieres unirte a nosotros en la tierra de los vivos, ya estás medio muerta.

Me siento ofendida. Me acaloro y me noto hinchada por dentro, a punto de estallar. Aguanto la respiración y lo reprimo todo.

—Bueno, puede que intente estar bien. Puede que lo único que haga sea intentar estar bien. Puede que lo intente con más ganas que nadie.

Dice:

—Tal vez deberías dejar de intentarlo. Es posible que la vida no esté bien y puede que nunca lo esté. Es posible que estar bien no sea la meta a la que debas aspirar. ¿Qué tal si dejaras de intentar con tanto empeño estar bien y sencillamente... vivieras?

—No sé de qué me habla —le suelto.

Sé exactamente de qué me habla. Habla del Dolor.

Desconozco en qué momento identifiqué el Dolor por primera vez, pero para cuando he cumplido diez años se ha convertido en una presencia que me importuna cada dos por tres.

Mi gata, *Cocó*, se sube al sofá conmigo, frota la cara contra la mía con suma suavidad y ronronea tan bajito que tengo ganas de derretirme. Pero entonces el Dolor me interrumpe diciendo: *Atención. No vivirá mucho tiempo. Pronto te tocará enterrarla.*

Cuando mi abuela, Alice, reza el rosario de la tarde en susurros, la espío. Allí en su mecedora es la dueña del universo, que controla la Tierra entera y me mantiene a salvo. Justo cuando el balanceo empieza a infundirme paz, el Dolor la señala y dice: *Mira qué fina tiene la piel de las manos. ¿Ves cómo le tiemblan?*

Cuando mi madre se inclina hacia mí para darme el beso de buenas noches, percibo el aroma de su loción facial. Noto las suaves sábanas debajo de mí y el cálido edredón en torno a mi cuerpo, e inspiro hondo. Sin embargo, rara vez llegó a espirar en paz. El Dolor me paraliza diciendo: *Ya sabes cómo terminará esto. Cuando te deje, no sobrevivirás.*

No sé si el Dolor trata de protegerme o de aterrorizarme. No sé si me quiere o me odia, si es bueno o malo. Solo sé que su papel es recordarme constantemente el hecho más esencial de la vida, que es: esto se acaba. No te apegues demasiado a nada. Así que cuando me enternezco en exceso, cuando me siento demasiado cómoda o me acerco excesivamente al amor, el Dolor me lo recuerda. Aparece siempre en forma de palabras (morirá) o de imágenes (una llamada telefónica, un funeral) y mi cuerpo reacciona de inmediato. Me crispo, contengo el aliento, yergo la columna vertebral, rompo el contacto visual, me aparto. Tras eso, recupero el control. El Dolor me ayuda a estar lista, distante, segura. El Dolor me ayuda a estar bien, que es otra forma de decir «medio muerta».

A un ser humano vivo le requiere un gran esfuerzo permanecer medio muerto. En mi caso, requiere un montón de comida. Cuando empiezo con los atracones y las purgas a los diez años, la adicción a la comida se convierte en toda una vida que puedo gestionar y que no tiene nada que ver con la existencia real. La bulimia me mantiene ocupada, distante, distraída. Planeo el siguiente atracón durante todo el día y cuando encuentro un sitio discreto para empezar a comer, mi fruición se convierte en una rugiente catarata dentro y fuera de mí; estridente, demasiado estridente como para que nada la interrumpa. No hay recuerdos, no hay Dolor, nada excepto el atracón. Luego, cuando me siento aún mas vacía de tanto que he comido, la purga. Otra catarata. Más ruido. Nada salvo ruido hasta que estoy en el suelo, tirada, destrozada, demasiado cansada para sentir, pensar o recordar nada en absoluto. Perfecto.

La bulimia es privada. Necesito encontrar la manera de silenciar al Dolor también en público. Para eso está la bebida. La bebida subyuga al Dolor. En lugar de entorpecer el amor, lo bloquea por completo. Ninguna conexión es real, así que nada conlleva tanto riesgo como para que el Dolor se tome la molestia de interrumpirlo. Con el paso de los años he descubierto que la ventaja de la bebida es que destruye todas mis relaciones antes de que pueda hacerlo yo. No puedes perder a alguien que nunca te ha encontrado.

Para cuando cumplo veinticinco años, ya me han detenido varias veces. Escupo sangre al toser de manera regular. Mi familia se ha distanciado de mí para protegerse. No me quedan sentimientos y no estoy ni remotamente cerca del reino de los vivos, que es para necios y masoquistas. Yo no soy ninguna necia. He vencido a la vida por goleada. He aprendido a existir sin vivir en absoluto y soy completamente libre; no me queda nada que perder. También estoy casi muerta, pero por Dios que estoy a salvo. Chúpate esa, vida.

Y entonces, aquella mañana de mayo, me sorprendo a mí misma mirando la prueba de embarazo que ha dado positivo. El embarazo me pilla por sorpresa, ya lo creo que sí, pero lo que me deja estupefacta es mi reacción a la noticia. Noto un intenso deseo en mí de gestar, dar a luz y criar a una persona.

Esas ideas me resultan ajenas y desconcertantes. Me pongo en pie, miro mi cara sucia e hinchada en el espejo y pienso: *Espabila. Espera, ¿qué has dicho? Sí, tú, la del espejo. Ni siquiera te gusta vivir. Ni siquiera piensas que merezca la pena intentarlo con tu propia vida. Entonces ¿a qué viene esa desesperación repentina por darle la vida a otro ser humano como si fuera una especie de regalo?*

La única respuesta que tengo es: porque ya lo amo. Deseo darle la vida a este ser humano porque lo amo. Entonces, ¿por qué yo no quiero estar viva? Deseo ser una persona a la que ame también.

El Dolor irrumpe con agresividad. ¡Peligro! ¡Peligro! ¡No digas tonterías! Me cuesta respirar. Y a pesar de todo, allí, en ese baño —sucia, mareada, destrozada, doliente, jadeante— todavía quiero ser madre. Así aprendí que hay algo dentro de mí más profundo, más sincero y más poderoso que el Dolor. Porque lo más profundo tiene las de ganar. Lo más profundo es mi deseo de ser madre. Lo ansío más de lo que quiero permanecer a salvo. Quiero convertirme en la madre de este ser.

Decido, allí mismo en el suelo, dejar mis adicciones y reintegrarme a la tierra de los vivos. Sospecho que el valor que reúno para tomar la decisión se debe, en buena parte, al hecho de que aún me dura la borrachera de la noche anterior. Me levanto y salgo a trompicones del baño hacia la vida.

La vida es tal y como la recordaba: una mierda.

Mientras intento *convertirme* en un ser humano y *gestar* a un ser humano, algo a la vez absurdo, también doy clases a tercero de primaria. Cada día a mediodía, estoy mareada y sufro distintos tipos de náuseas a la vez: náuseas matutinas, náuseas de abstinencia y las náuseas de vivir sin contar con un plan de fuga cotidiano. Cada día a mediodía recorro con mi clase el largo trecho al comedor para poder asomarme al aula de mi amiga Josie y ver el cartel que hay encima de la ventana, que dice con grandes letras negras de imprenta: PODEMOS HACER COSAS DIFÍCILES.

«Podemos hacer cosas difíciles» se convierte en mi mantra existencial, que repito cada hora. Es mi modo de afirmar que vivir según las absurdas condiciones de la vida es duro. No es duro porque yo sea débil ni imperfecta, ni porque haya tomado un desvío equivocado en alguna parte; es duro porque la vida es dura para los seres humanos y yo soy un ser humano que por fin la afronta bien. «Podemos hacer cosas difíciles» enfatiza que puedo, y debería, perseverar a pesar de las dificultades, porque hacerlo te granjea algún tipo de recompensa. Aún no sé cuál es esa recompensa, pero presiento que la habrá y quiero averiguar cuál es. Me reconforta especialmente la primera persona del plural. Aún no sé quiénes somos *nosotras*; sencillamente necesito creer que hay un *nosotras* en alguna parte, bien ayudándome a sacar adelante esas cosas difíciles, bien sacando adelante las suyas mientras yo me dedico a las mías.

Eso me permite sobrevivir a los primeros tiempos de abstinencia, que resulta ser un largo regreso del Dolor. Me digo cada pocos minutos: *Esto es duro. Podemos hacer cosas difíciles.* Y luego las hago.

Avancemos diez años. Tengo dos hijas y un hijo, un marido, una casa y una gran carrera como escritora. No solo soy una ciudadana sobria y respetable sino casi sofisticada, en serio. Lo mires como lo mires, mi humanización está siendo un éxito. En esa época, durante una firma de libros, un periodista se acerca a mi padre, señala la larga cola de gente que espera para saludarme y le dice:

—Debe de estar muy orgulloso de su hija.

Mi padre mira al periodista y responde:

—Si le digo la verdad, sencillamente nos alegramos de que no esté en la cárcel.

Estamos todos tan contentos de que yo no esté en la cárcel...

Una mañana me estoy cambiando en el vestidor cuando suena el teléfono. Es mi hermana. Habla despacio y con tiento, porque está entre contracciones. Dice:

—Ha llegado el momento, hermanita. El bebé ya viene. ¿Puedes coger un avión a Virginia ahora?

Respondo:

—Sí, sí que puedo. ¡Iré! ¡Llegaré muy pronto!

Entonces cuelgo y me quedo mirando el gran montón de vaqueros del estante. No tengo claro qué hacer a continuación. A lo largo de la última década he aprendido a hacer muchas cosas difíciles, pero todavía no sé hacer cosas fáciles, como reservar un billete de avión. Mi hermana suele encargarse de las cosas fáciles en mi lugar. Pienso y pienso y concluyo que tal vez no sea el momento ideal para volver a llamarla y preguntarle si sabe de algún billete que esté de oferta. Pienso un poco más y empiezo a preguntarme si la hermana de alguna amiga estará disponible para ayudarme. Entonces el teléfono vuelve a sonar. Esta vez es mi madre. También habla despacio y con tiento. Anuncia:

—Cariño. Tienes que venir a Ohio ahora mismo. Ha llegado el momento de despedirse de la abuela.

No digo nada.

Pregunta:

—¿Cielo? ¿Estás ahí? ¿Te encuentras bien?

¿Cómo estás hoy, *Glennon*?

Sigo en mi vestidor, mirando fijamente los vaqueros. Es lo que recuerdo haber pensado en primer lugar: *Tengo un montón de vaqueros.*

Luego el Dolor se torna real y llama a mi puerta. Mi abuela Alice se está muriendo. Me llaman para que coja un avión hacia la muerte.

¿Cómo estás hoy, *Glennon*?

No respondo: «Estoy muy bien, mamá».

Le digo:

—No estoy bien, pero voy para allá. Te quiero.

Cuelgo, me acerco al ordenador e introduzco en Google: «cómo comprar billetes de avión». Compro tres billetes sin querer, pero de todos modos estoy orgullosa de mí misma. Regreso al vestidor y empiezo a hacer la maleta. Estoy empacando y viéndome empacar al mismo tiempo, y mi yo observador comenta: *Caray. Mírate. Lo estás haciendo. Pareces una adulta. No pares, no pienses, sigue moviéndote. Podemos hacer cosas difíciles.*

Por sorprendente que sea, ahora que el Dolor ha dejado de ser una idea para convertirse en realidad, estoy más o menos tranquila. Afrontar lo inevitable, por lo visto, es menos paralizante que esperar a que suceda.

Llamo a mi hermana y le digo que tengo que ir antes a Ohio. Ya lo sabe. Mi madre me recoge en el aeropuerto de Cleveland y me lleva a la residencia. Estamos calladas y nos tratamos con cariño. Nadie dice que está bien. Llegamos y cruzamos el bullicioso vestíbulo y luego un pasillo que huele a desinfectante hasta entrar en la habitación cálida, oscura y católica de mi abuela. Paso junto a la silla de ruedas eléctrica y me fijo en la cinta aislante gris que cubre el botón de «máxima velocidad», que perdió el derecho a usar cuando iba tan deprisa por el pasillo que empezó a asustar a los otros residentes. Me siento en la butaca, junto a la cama de mi abuela. Toco la estatua de la Virgen que tiene en la mesilla de noche, luego el rosario de cuentas de cristal azul oscuro que se enreda con las manos de María. Echo un vistazo detrás de la mesa y veo un pequeño calendario allí colgado cuya temática son los sacerdotes guapos. El sacerdote del mes viste sotana y exhibe una sonrisa tórrida. El calendario está destinado a recaudar fondos para esto o lo otro. La caridad siempre ha sido importante para mi abuela. Mi madre está a mi espalda, a un par de metros, para darnos tiempo y espacio a mi abuela y a mí.

Nunca en mi vida he notado el Dolor con tanta intensidad como en ese momento, con mi madre detrás de mí, viéndome acariciar cada uno de los objetos de su madre y sabiendo con exactitud qué recuerdo me evoca cada contacto prolongado. Sabe que su hija se prepara para despedirse de su madre y que su madre se prepara para despedirse de su hija.

Mi abuela alarga el brazo, apoya la mano en la mía y me mira largo y tendido.

Es ahora cuando el Dolor se torna demasiado poderoso como para que yo oponga resistencia. Estoy desentrenada. No me crispo. No contengo el aliento. No rompo el contacto visual. Me relajo y dejo que me arrastre consigo.

Primero me conduce a la idea de que algún día no demasiado lejano los papeles se invertirán. Yo estaré en el lugar de mi madre, viendo a mi hija despedirse de ella. Después, no mucho tiempo más tarde, será mi hija la que observará a la suya despedirse de mí. Pienso esos pensamientos. Visualizo esas visiones. Las siento. Son duras y profundas.

El Dolor vuelve a transportarme y ahora estoy en alguna otra parte. Estoy en el Dolor. Estoy en el Gran Dolor de amorsufrimientobellezaternuranostalgiaadiós y estoy aquí con mi abuela y con mi madre, y súbitamente comprendo que estoy aquí con el resto del mundo también. De algún modo estoy aquí con todas las personas que han vivido alguna vez, han amado alguna vez y han sufrido pérdidas alguna vez. He entrado en una región que creía que era la muerte y ha resultado ser la vida misma. He penetrado en este Dolor a solas, pero dentro he encontrado al resto del mundo. Al entregarme al Dolor de la soledad he descubierto la «no soledad». Aquí mismo, dentro del Dolor, con todas las personas que alguna vez han dado la bienvenida a una criatura, han sostenido la mano de una abuela agonizante o se han despedido de un gran amor. Estoy aquí, con todas ellas. Aquí está el «nosotras» que identifiqué en el cartel de Josie. Dentro del Dolor está el «nosotras». Podemos hacer cosas difíciles, como estar vivas y amar profundamente y perderlo todo, porque hacemos esas cosas difíciles junto a toda aquella persona que ha caminado alguna vez sobre la tierra con los ojos, los brazos y el corazón abiertos.

El Dolor no es una falla. El Dolor es nuestro lugar de encuentro. Es la sede del club de las personas valientes. Todas las que aman están aquí. Es el lugar al que acudes a solas para reunirte con el mundo. El Dolor es amor.

El dolor nunca pretendió advertirme: *Esto se acaba, así que márchate.* Me estaba diciendo: *Esto se acaba, así que quédate.*

Me quedé. Sostuve las manos de piel tan fina como el papel de mi abuela, Alice Flaherty. Palpé las alianzas que todavía llevaba veintiséis años después de la muerte de mi abuelo.

—Te quiero, cielo —me dijo.

—Yo también te quiero, abuela —respondí.

—Cuida de ese bebé por mí —me pidió.

Eso fue todo. No dije nada memorable, en absoluto. Resulta que buena parte de un adiós reside en el contacto con las cosas: rosarios, manos, recuerdos, amor. Besé a mi abuela, noté su frente cálida y suave contra mis labios. Luego me levanté y abandoné la habitación. Mi madre me siguió. Cerró la puerta, nos quedamos en el pasillo, nos abrazamos y temblamos. Habíamos hecho un largo viaje juntas, al lugar al que van las personas valientes, y el viaje nos había transformado.

Mi madre me llevó de regreso al aeropuerto. Tomé otro avión con destino a Virginia. Mi padre me recogió y fuimos a la maternidad. Entré en la habitación de mi hermana y ella me miró. Luego bajó la vista hacia el bultito que tenía en los brazos y la levantó de nuevo hacia mí. Dijo:

—Hermana, te presento a tu sobrina, Alice Flaherty.

Cogí a la pequeña Alice en brazos y nos sentamos en la mecedora que había junto a la cama de mi hermana. Primero palpé las manos de Alice Flaherty. Amoratadas y finas como el papel. A continuación me fijé en sus ojos azul grisáceo, que se clavaron en los míos. Parecían los ojos de la dueña del universo. Declaraban: *Hola. Aquí estoy. La vida sigue.*

Desde que dejé de beber, nunca he vuelto a estar bien, ni por un solo instante. Me he sentido agotada, aterrada y enfadada. Me he sentido abrumada y desilusionada, he sufrido depresión debilitante y ansiedad. He estado sorprendida, asombrada, encantada y a punto de estallar de alegría. El dolor me ha recordado constantemente: *Esto pasará; quédate aquí.*

He estado viva.

FANTASMAS

Nací un poco dañada y con una dosis extra de sensibilidad.

UNA IDIOTEZ QUE ESCRIBÍ SOBRE MÍ MISMA
EN MI PRIMER LIBRO TESTIMONIAL

Cuando era veinteañera, creía que en alguna parte existía una mujer perfecta. Se levantaba guapa, con la piel radiante y la melena voluminosa; era audaz, afortunada en el amor, tranquila y segura de sí. Su vida era... sencilla. Esa mujer me atormentaba como un fantasma. Me esforzaba al máximo por ser ella.

A los treinta y pico, le hice la peineta a ese fantasma. Dejé de intentar ser la mujer perfecta y decidí reivindicar mis imperfecciones. Reivindiqué una nueva identidad: ¡piltrafa humana! Anunciaba a todo aquel que quisiera escucharme: «¡Soy un desastre total y estoy orgullosa! ¡Adoro a esta versión cutre de ser humano que soy! ¡Estoy resquebrajada y soy hermosa! ¡Que te den, mujer perfecta!

El problema era que seguía creyendo en la existencia de ese ser humano ideal y pensando que yo no lo era. El problema era que seguía creyendo en fantasmas. Sencillamente había decidido desafiar la perfección en lugar de perseguirla. La rebelión es una jaula tanto como lo es la obediencia. Ambas implican vivir contra los principios de otros en lugar de forjar los tuyos. La libertad no consiste en apoyar o rechazar un ideal, sino en crear tu propia existencia de cero.

Hace unos años, Oprah Winfrey me entrevistó para hablar de mi primera obra testimonial. Abrió el libro y me leyó unas palabras: *Nací un poco dañada.* A continuación hizo una pausa, levantó la vista del libro y preguntó:

—¿Todavía te describirías en esos términos? ¿Como una persona «dañada»?

Había un brillo travieso en sus ojos. La miré y respondí:

—La verdad es que no. No lo haría. Es absurdo. Opino que por cosas como esta Jesús solo escribía sobre la arena.

«Dañado» significa «que no funciona según el propósito para el que fue diseñado». Un ser humano dañado es aquel que no funciona según el propósito para el que los seres humanos fueron diseñados. Cuando pienso en mi experiencia humana, en lo que me han contado personas sinceras sobre su experiencia humana y en las experiencias de cada uno de los seres humanos contemporáneos e históricos que he analizado, todas parecen funcionar del mismo modo exacto.

Lastimamos a las demás y otras personas nos lastiman. Nos sentimos excluidas, experimentamos envidia, pensamos que no damos la talla, enfermamos y nos fatigamos. Albergamos sueños no realizados y grandes remordimientos. Estamos convencidas de que nacimos para algo más y de que no merecemos siquiera lo que tenemos. Nos invade la euforia y luego no sentimos nada. Deseamos que nuestras madres y nuestros padres se hubieran esmerado más. Deseamos habernos esmerado más con nuestra descendencia. Traicionamos y nos traicionan. Mentimos y nos mienten. Nos despedimos de animales, de lugares y de personas sin los que no podemos vivir. Nos aterroriza morir. E igualmente: vivir. Nos hemos enamorado y desenamorado, y otras personas se han enamorado y desenamorado de nosotras. Nos preguntamos si lo que pasó aquella noche significará que ya nunca podrán volver a tocarnos sin que sintamos miedo. Vivimos con rabia que amenaza estallar. Sudamos, nos abotargamos, tenemos gases y pieles grasas. Amamos a nuestras hijas e hijos, anhelamos tener descendencia, no queremos descendencia. Estamos en guerra con nuestros cuerpos, nuestras mentes, nuestras almas. Estamos en guerra unas personas con otras. Desearíamos haberles dicho todo aquello mientras aún estaban aquí. Están aquí y seguimos sin decirles todo eso. Sabemos que no lo haremos. No nos entendemos a nosotras mismas. No entendemos por qué lastimamos a nuestros seres queridos. Queremos ser perdonadas. No podemos perdonar. No entendemos a Dios. Creemos. No creemos en absoluto. Nos sentimos solas. Queremos que nos dejen en paz. Queremos encajar. Queremos ser amadas. Queremos ser amadas. Queremos ser amadas.

Si esta es la experiencia humana que todas compartimos ¿de dónde hemos sacado la idea de que hay algún otro modo, mejor, más perfecto, más completo de ser humanas? ¿Dónde está ese ser humano que funciona «correctamente» a partir del cual medimos nuestro desempeño? ¿Quién es? ¿Dónde está? ¿En qué consiste su vida, si no consiste en todo eso?

Me liberé tan pronto como comprendí que mi problema no es que no dé la talla como ser humano; mi problema es que no doy la talla como fantasma. Como no tengo que ser un fantasma, no tengo ningún problema.

Si te sientes incómoda —si experimentas un gran sufrimiento, te enfadas, anhelas, estás desorientada— no tienes un problema, tienes una vida. Ser humana no es duro porque lo estés haciendo mal, es duro porque lo estás haciendo bien. Nunca cambiarás el hecho de que ser una persona es complicado, así que tendrás que renunciar a la idea de que en teoría debería ser fácil.

Nunca más me consideraré dañada, defectuosa o imperfecta. Dejaré de perseguir fantasmas, porque la persecución me dejó agotada. Y porque soy una mujer que ya no cree en fantasmas.

Permitidme que reescriba mi autodescripción:

Tengo cuarenta y cuatro años. Con mis pelos en la barbilla, dolor y contradicciones, soy intachable y estoy entera. No hay otra manera.

Nada me atormenta.

SONRISAS

Hace dos años, en Navidad, mi hermana y yo les regalamos a mamá y papá un cheque para que hicieran un viaje a París. El gesto los conmovió y enorgulleció hasta tal punto que enmarcaron el talón sin cobrar y lo colgaron en la pared del salón. Ese año tiramos la casa por la ventana. Compramos cuatro billetes a París y decidimos entregarles en mano la ciudad que siempre habían querido visitar. Nos alojamos en un minúsculo apartamento con vistas a la torre Eiffel. Yo nunca había estado en Europa. Me cautivó.

París es elegante y antiguo. Estar allí me hacía sentir elegante y joven. Me ayudó a perdonar a Estados Unidos por su arrogancia y violencia. En París, rodeados de edificios e iglesias de más de varios siglos de antigüedad, los errores y la belleza de la humanidad se despliegan como un mural. El estadounidense es un pueblo muy joven. Todavía nos imaginamos como conquistadores y rebeldes. Todavía intentamos hacer por primera vez lo que nadie ha hecho. ¿Os lo imagináis? Competimos por la atención de nuestros progenitores, y no tenemos progenitores. Eso hace que seamos un tanto impredecibles. París no es impredecible. París es sereno y seguro. No se sobresalta fácilmente y ya se conoce todas las canciones. En París, mirara donde mirase, encontraba pruebas de que los gobiernos vienen y van, los edificios se construyen y caen, las revoluciones empiezan y acaban; nada dura, por majestuoso que sea. París dice: nuestra estancia aquí es muy breve. Más vale que nos sentemos tranquilamente con un buen café, buena compañía, buen pan. Aquí hay más tiempo para ser persona, quizá porque han tenido más tiempo para aprender a serlo.

Cuando visitamos el Louvre, entramos en la sala de *La Gioconda* y vimos a una multitud de cientos de personas que se empujaban, se abrían paso a codazos y se hacían fotos a su alrededor.

Yo la miré de lejos intentando captar su belleza. En realidad no entendía a qué venía tanto alboroto. Me pregunté si toda esa gente que forcejeaba lo percibía o solamente fingía hacerlo. Una mujer se acercó y me dijo:

—¿Sabe?, hay una teoría sobre esa sonrisa. ¿Quiere que se la cuente?

—Sí, por favor —respondí.

La Gioconda y su marido perdieron un bebé. Pasado un tiempo, el marido le encargó el retrato a da Vinci para celebrar del nacimiento de otra criatura. La Gioconda posó para Leonardo, pero no quería sonreír mientras lo hacía. No del todo. Cuenta la leyenda que da Vinci le pedía que sonriera más, pero ella se negó. No deseaba que la alegría por esa persona recién nacida borrara el dolor de haber perdido a la primera. En su sonrisa incipiente asoma la mitad de su alegría. O quizá asoma toda su alegría y todo su dolor al mismo tiempo. Tiene la expresión de una mujer que acaba de cumplir un sueño pero todavía alberga el sueño perdido en su interior. Quería que su cara reflejara toda su vida. Quería que todo el mundo lo recordara, así que se negó a fingir.

Ahora entiendo a qué viene tanto alboroto. La Gioconda es la santa patrona de las mujeres sinceras, resueltas y plenamente humanas: de las mujeres que sienten y que saben. Nos dice:

No me pidáis que sonría.

No os voy a complacer.

Aunque esté aquí atrapada, en dos dimensiones, veréis la verdad.

Veréis que mi vida es cruel y hermosa a un tiempo aquí mismo, en mi rostro.

El mundo no será capaz de dejar de mirar.

OBJETIVOS

Cuando me quedé embarazada de Chase y dejé de beber, de drogarme y de purgarme, pensé que tal vez fuera mi última oportunidad de dejar de ser mala para empezar a ser buena. Me casé con el padre de Chase y aprendí a cocinar, a limpiar y a fingir orgasmos. Era una buena esposa. Tuve un hijo y dos hijas, y puse sus necesidades tan por delante de las mías que me olvidé de que tenía necesidades siquiera. Era una buena madre. Empecé a ir a misa y aprendí a temer a Dios y a no hacer demasiadas preguntas sobre quienes afirmaban ser Sus intermediarios. Era una buena cristiana. Seguía de cerca las tendencias de la moda, me teñía el pelo y pagaba para que me inyectaran veneno en la frente y no parecer demasiado cansada por todo el esfuerzo que requiere estar guapa. Empecé a escribir y a publicar libros superventas y di charlas en salas abarrotadas de público por todo el país. No está bien visto que a una mujer le vayan bien las cosas a menos que también haga el bien, así que me convertí en una hermanita de la caridad a ojos del mundo. Recaudé decenas de millones de dólares para personas que estaban en apuros y perdí el sueño de una década respondiendo cartas de desconocidas.

Eres una buena persona, Glennon, me decían.

Lo era. Era muy buena. También estaba agotada, agitada y desorientada. Lo atribuí a que todavía no era bastante buena; tendría que esforzarme un poco más.

La infidelidad de mi marido fue un regalo espinoso porque me obligó a aceptar que ser una buena esposa no bastaba para mantener unido mi matrimonio. Ser una buena madre no bastaba para evitarles el dolor a mis hijas y a mi hijo. Ser una buena salvadora del mundo no bastaba para salvar mi propio mundo.

Ser mala estuvo a punto de matarme. Pero ser buena también.

En aquella época hablaba a menudo con una buena amiga. Me dijo:

—G, ¿te acuerdas de aquella magnífica cita de Steinbeck? «Y ahora que no tienes que ser perfecta, puedes ser buena.» Hace años que la tengo sobre mi escritorio. Ayer por la noche la miré y pensé: Estoy cansada de ser buena. Estoy tan harta...

»Vamos a cambiarla por: "Y ahora que no tenemos que ser buenas, podemos ser libres".

ADAM Y KEYS

Hace unos años, Alicia Keys anunció al mundo que no volvería a llevar maquillaje. Dijo: «No quiero ocultarme más. Ni mi cara, ni mi mente, ni mi alma, ni mis pensamientos, ni mis sueños, ni mis dificultades... Nada».

Bien dicho, pensé.

Pasado un tiempo, leí una entrevista que le hicieron a Adam Levine. Contó que mientras estaban grabando un espectáculo juntos, se asomó al camerino de Alicia Keys. Ella estaba de espaldas y se aplicaba pintalabios inclinada hacia el espejo.

Adam sonrió y comentó:

—¡Ah! Pensaba que Alicia no llevaba maquillaje.

Ella se dio la vuelta y lo miró con el pintalabios en la mano. Replicó:

—Hago lo que me da la gana.

Bien dicho.

OREJAS

Mis hijas son distintas entre sí. Crie a Tish cuando todavía intentaba ser una buena madre, pero luego me cansé. Cuando Amma salió del canal del parto, me limité a tenderle un iPad y le deseé a la niña buen viaje. Un modo de describir a Amma sería *independiente*. Otro sería *va a su bola*. Este enfoque (¿retirada?) parental le ha venido bien. Viste como quiere, dice lo que le parece y en buena parte hace lo que le da la gana. Se ha creado a sí misma y es un invento glorioso del que se siente muy satisfecha.

Hace poco estábamos sentadas a la mesa de la cocina y Tish mencionó la necesidad de entrenar más si aspiraba a ser una buena futbolista. Le preguntamos a Amma si ella compartía el sentimiento. Amma mordió su pizza y dijo:

—Nah, yo ya soy genial.

Tiene doce años. Puede que once, en realidad. Tengo un hijo y dos hijas y sus edades cambian cada año. Lo único que sé es que están en la etapa que se extiende entre el gateo y la universidad. En alguna parte de ese momento feliz.

Hace años, cuando aún estaba en el proceso de decidir si quería salvar mi matrimonio o ponerle fin, las niñas empezaron a suplicarme que les dejara perforarse las orejas. La distracción me vino de maravilla, así que les di permiso. Las llevé al centro comercial y, cuando llegamos al chiringuito del piercing, Amma salió corriendo, se sentó en la butaca y anunció a la sorprendida encargada de las perforaciones, una chica de veinte y pocos:

—Vamos allá.

Cuando por fin la alcancé, la chica se volvió a mirarme y preguntó:

—¿Es usted su madre?

—Lo intento —respondí.

—Vale, ¿quiere que le perfore las orejas de una en una o las dos al mismo tiempo?

Amma dijo:

—Las dos. ¡Venga! ¡Dale!

A continuación cerró los ojos con fuerza, apretó los dientes y tensó todos los músculos como un minúsculo Hulk. Mientras le perforaban las orejas, vi asomar un par de lágrimas que se enjugó de inmediato. Miré a Amma y pensé: *Es fantástica. Y también está a seis años de ser responsable de cualquier delito.* Bajó de la silla de un salto, vibrando de adrenalina.

La chica que trabajaba en el chiringuito se rio y dijo:

—¡Caray! ¡Qué valiente es!

Tish estaba junto a mí, observándolo todo. Me pidió con gestos que me inclinara hacia ella. Me susurró:

—Mamá, en realidad he cambiado de idea. Hoy no quiero perforarme las orejas.

—¿Estás segura? —le pregunté.

Volvió la vista hacia los lóbulos de Amma: tomates cherry inflamados.

Amma la animó:

—¡Venga, Tish! ¡Solo se vive una vez!

Tish replicó:

—¿Por qué todo el mundo dice eso cuando está a punto de hacer cosas peligrosas? ¿Por qué no dice: «Solo se vive una vez, no te arriesgues a morir antes de tiempo»?

Luego me miró de nuevo y dijo:

—Estoy segura.

La especialista se volvió hacia Tish y anunció:

—Te toca, cielo.

Yo le cedí la palabra a mi hija, que respondió:

—No, gracias. Todavía no estoy lista.

La chica insistió:

—¡Venga! ¡Puedes hacerlo! ¡Sé valiente! ¡Mira qué valiente ha sido tu hermana pequeña!

Tish me miró y yo le estreché la mano mientras nos alejábamos. Ella se sentía una pizca avergonzada y yo estaba muy enfadada.

Dudo mucho que ser valiente signifique lo que nos han dicho.

Les decimos a nuestras hijas e hijos que ser valiente significa *hacer algo aunque te dé miedo,* pero ¿es esta la definición que queremos que lleven consigo cuando crezcan?

Cuando tenga diecisiete años y se marche en el coche de su compi adolescente diciendo que van al cine pero dirigiéndose en realidad al botellón que se celebra allí cerca, imaginad que le gritase: «¡Adiós, nena! ¡Sé valiente esta noche! Y lo que quiero decir con eso es que si estás en una situación alarmante y te da miedo embarcarte en lo que tus amistades te animan a hacer, quiero que ignores ese temor y te embarques de todos modos. ¡No hagas caso de lo que te diga tu instinto!».

No. Esa no es la idea de valentía que deseo inculcar a mi descendencia. No quiero que se conviertan en personas que renuncien a ser lo que son por complacer a la multitud.

Ser valiente no significa hacer algo a pesar del miedo.

Ser valiente implica vivir desde lo que te sale de dentro. Ser valiente significa mirar hacia dentro en cualquier momento de incertidumbre, tantear al Saber y expresarlo en voz alta.

Como el Saber es específico, personal y siempre cambiante, también lo es el valor. Las otras personas no pueden juzgar si eres o no valiente. En ocasiones, ser valiente requiere dejar que la multitud te considere cobarde. En ocasiones, ser valiente significa fallarle a todo el mundo salvo a ti misma. El valor de Amma suele ser: grita mucho y ve a por ello. El valor de Tish acostumbra a ser: calla y espera. Las dos son chicas valerosas, porque ambas son sinceras consigo mismas. No están divididas entre lo que sienten y saben por dentro y lo que dicen y hacen de cara al exterior. Su yo está integrado. Poseen integridad.

Tish demostró una valentía inmensa aquel día porque conservar su integridad le requería no ceder a la presión de la multitud. Confió en su propia voz más de lo que confió en las voces ajenas. El valor no consiste en preguntar a la multitud qué considera valiente. Ser valiente consiste en tomar tus propias decisiones.

Mientras volvíamos a casa del centro comercial, comenté:

—Tish, he notado que la encargada de las perforaciones te ha hecho sentir poco valiente. Las personas tenemos ideas distintas sobre el valor. Te has portado como una valiente, porque ser valerosa significa hacer lo que te dicta el Saber. No preguntas a otras personas qué significa ser decidida; sientes y sabes lo que es el valor. Lo que haces tal vez sea lo contrario a lo que otras te dicen que hagas. Hace falta un valor especial para ser fiel a una misma cuando la gente te presiona para que actúes de otro modo. Es más fácil ceder y en paz. Hoy no has cedido a la presión ajena. Has persistido en lo que sentías y sabías. Para mí, esa es la mayor muestra de valor. Implica verdadera autoconfianza, que significa «fidelidad a una misma». Es así como vas por la vida, Tish, con seguridad. Sin tener en cuenta lo que otras personas consideren «ser valiente» en cada momento; te mantienes fiel a ti misma.

»Si conservas tu autoconfianza, el resto de tu vida se desplegará exactamente como debe ser. No siempre será cómodo. Algunas personas reconocerán tu valor; otras no. Algunas te entenderán y simpatizarán contigo; otras no. Pero la reacción de la gente a tu seguridad no es asunto tuyo. Tu asunto es ser fiel a ti misma. De ese modo, siempre sabrás que aquellas que simpatizan contigo y te quieren son tu gente. Nunca te sentirás obligada a esconderte o a fingir para conservar a tu gente si no te escondes ni finges para ganártela.

Ser valiente es desoír a cualquiera con tal de ser sincera contigo misma.

Ese es la promesa que hace una niña segura de sí.

TÉRMINOS

Conocí a Liz en un aeropuerto. Íbamos a dar una charla en el mismo evento en alguna parte del oeste. Tras un largo vuelo nocturno llegué a mi destino y acabé en una pequeña terminal, plantada junto a un corrillo formado por otras personas que aguardaban a que las recogieran y las llevaran al evento. Odio que la gente charle en corrillos. Ojalá acordáramos agruparnos formando una herradura, con espacio libre para que se integren quienes llegan.

Una mujer se acercó desde la cinta de equipajes y se detuvo a mi lado. Sonreí y guardé silencio, que es mi estrategia cuando no sé qué hacer. Ella me devolvió la sonrisa, pero la suya era distinta a la mía. Mi sonrisa dice: *Hola, soy afable, educada e inaccesible.* Sonrío como un punto. Liz sonríe despacio y sin reservas, como un interrogante.

—Hola. Soy Liz.

—Ya lo sé —respondí—. Me encanta tu obra. Yo soy Glennon.

—¡Oh, Dios mío! Te conozco. A mí también me encanta tu obra. ¿De dónde eres?

—Vivo en Naples, Florida.

—Y ¿qué tal es vivir allí?

—Es un sitio tranquilo. Es una ciudad de jubilados. Diría que la edad media de mi vecindario ronda los ochenta años. Lo bueno es que la mayoría de mis amistades están cumpliendo los cuarenta y andan preocupadas por si empiezan a parecer mayores. Yo no. Me siento de maravilla. Como una chavalina. Voy al gimnasio, miro a todas las abuelas y pienso: «En realidad, no necesito hacer ejercicio. Tengo un aspecto fantástico». Todo es cuestión de perspectiva, ¿verdad? Les digo a mis amigas que pasen del bótox y se muden a Naples.

Liz dice:

—Maravilloso. ¿Cómo acabaste allí?

—Hace unos años contraje la enfermedad neurológica de Lyme. Todo mi cuerpo dejó de funcionar y pasé dos años en cama tomando cincuenta pastillas al día. Una amiga que vive en Naples me invitó a pasar unos días en su casa y me encontré mucho mejor. Me mudé allí una temporada y pude dejar las pastillas, así que me quedé. Siempre he sabido que quería vivir junto al mar. Supongo que las mujeres tenemos que estar al borde de la muerte para permitirnos vivir como queremos.

Liz posó la mano en mi brazo y dijo:

—Espera. Hala. Eso que acabas de decir, lo de tener que estar al borde de la muerte, ¿lo puedes repetir?

Respondí:

—Lo dudo. Estoy un poco nerviosa. No tengo ni idea de lo que acabo de decir.

Ella sonrió y declaró:

—Me caes bien.

—Tú también a mí.

La noche siguiente acudí a presenciar la charla de Liz junto con el resto de los asistentes al evento. Llegué temprano y me agencié un asiento en primera fila algo retirado a un lado; tan cerca como para verla con claridad, pero no tanto como para que ella me viera a mí claramente. Estaba en la tribuna vestida con una camisa negra con un cuello alto y blanco, y me recordó a un sacerdote en el púlpito. Cuando empezó a hablar, caí en la cuenta de que yo estaba conteniendo el aliento. Se expresaba con delicadeza y autoridad. Un hombre de la primera fila no paraba de hablar con la mujer que tenía al lado y Liz se interrumpió en mitad de una frase, se volvió a mirarlo y le pidió que se callara. Lo hizo. Por alguna razón, su manera de hablar, su porte hicieron latir mi corazón a más velocidad de lo habitual. Parecía segura, centrada, libre, relajada. No se sometía y no se rebelaba. Estaba creando algo del todo nuevo. Era *original*. Quise preguntarle: «¿Lo puedes repetir todo?».

A la noche siguiente las oradoras y oradores asistimos a un banquete por todo lo alto en un pabellón de esquí ubicado en la cima de una montaña. Una nieve suave se arremolinaba en el exterior de unos ventanales que se extendían del suelo al techo y la gente también se arremolinaba dentro según trataba de decidir dónde situarse y quién era lo bastante importante como para entablar conversación.

Vi a Liz en una esquina del otro lado del salón, rodeada de gente. Tengo por norma general manifestar mi estima a las personas que admiro dejándolas en paz. Esa noche no lo hice. Me encaminé hacia ella y, cuando me vio, sonrió como otro comienzo. Me acerqué más para unirme al gentío. El corrillo al completo estaba asediando a Liz con preguntas y peticiones de consejo como si fuera una máquina dispensadora. Me entraron ganas de repartir pisotones.

Al cabo de un rato, la anfitriona del evento se acercó y le dijo a Liz:

—Es hora de sentarse a cenar. ¿Me permite que la acompañe a su mesa?

Liz me señaló y preguntó:

—¿Me puedo sentar con mi amiga?

La mujer se mostró nerviosa y luego consternada.

—Lo siento. Hemos prometido a los mecenas que se sentaría con ellos.

—Bien —respondió. Parecía desolada. Me estrechó el brazo y dijo—: Te echaré de menos.

Durante la cena pensé en lo mucho que me gustaba Liz y en lo mal que me sentaba que en realidad no pudiéramos ser amigas. Tratar de trabar amistad con ella sería como pagar adrede con un cheque sin fondos. No soy una buena amiga. Nunca he tenido la capacidad ni la disposición necesarias para sostener el tipo de mantenimiento que requieren las reglas de la amistad. No recuerdo los cumpleaños. No me gusta quedar para tomar café. No tengo intención de organizar fiestas prenatales. No devolveré los mensajes de texto porque el intercambio de mensajes se convierte en una interminable partida de pimpón. Es el cuento de nunca acabar. Siempre termino decepcionando a mis amistades, así que, tras varios fracasos, decidí dejar de intentarlo. No quiero vivir en deuda constante. Estoy bien así. Tengo una hermana, familia y un perro. No se puede tener todo.

Pocas semanas después del evento, Liz me envió un correo electrónico en el que me decía que le gustaría trabar amistad. Incluyó este poema:

Honro a tus dioses,
bebo en tu pozo,
llevo un corazón desarmado a nuestro lugar de encuentro.
No albergo expectativas deseadas,
no negociaré guardándome nada,
no soy susceptible de decepción.

Me ofrecía un nuevo memorando de amistad: para nosotras no habría reglas arbitrarias, obligaciones ni expectativas. No nos deberíamos nada más que admiración, respeto, amor; y todo eso ya venía dado. Nos hicimos amigas.

Algún tiempo más tarde, invité a Liz a pasar unos días conmigo. Fue poco después de que conociera a Abby e iba por la vida alelada. Estaba profundamente enamorada por primera vez en mi vida y no se lo había contado a nadie excepto a mi hermana. La primera noche, Liz y yo nos quedamos levantadas hasta las tantas, hablando de todo lo habido y por haber salvo de mi corazón desesperado, de mi cuerpo doliente y de mi mente embarullada.

Al día siguiente, me sonó el despertador a las cinco y media, cosa que no me importó porque ya no dormía. Me levanté y me acerqué de puntillas a la cocina para no despertar a Liz, que estaba en el piso de arriba. Me llevé el café afuera y me quedé de pie en el jardín. Todavía era de noche y hacía frío, pero el horizonte rosado anunciaba la salida del sol. Me quedé allí, miré al cielo y, como había hecho a diario desde que conocí a Abby, pensé: *Ayuda, por favor.*

En ese instante recordé la historia de una mujer que se había quedado atrapada en la cima de una montaña cubierta de hielo. Frenética, rezó a Dios para que la rescatara antes de que muriera por congelación. Imploró a los cielos: «¡Dios mío, si existes, acude en mi ayuda!».

Pasado un rato, un helicóptero empezó a rondar en lo alto y le lanzó una escalera.

«No —dijo la mujer—. ¡Vete! ¡Estoy esperando a Dios!»

A continuación, un guarda forestal pasó por allí y le preguntó:

«¿Necesita ayuda, hermana?»

«¡No! ¡Márchese! ¡Estoy esperando a Dios!»

La mujer murió por congelación. Al llegar a las puertas del cielo —enfadada— quiso saber: «¿POR QUÉ, DIOS MÍO? ¿Por qué me has dejado morir?».

Dios le respondió: «Cariño, te he enviado un helicóptero. Te he enviado un guarda forestal. ¿Qué diablos estabas esperando?».

Pensé: *Me estoy muriendo por congelación mientras la mismísima Liz Gilbert, una amiga a la que admiro, quiero y en la que confío —que casualmente es una maestra espiritual de renombre mundial— duerme en el piso de arriba. Puede que Liz sea mi guarda forestal.*

Cuando despertó, Liz me encontró en pijama al pie de las escaleras, llorosa, desesperada, escarmentada.

Le confesé:

—Te necesito.

Me dijo:

—Vale, tontorrona.

Nos sentamos en el sofá y lo confesé todo. Le conté cómo nos habíamos conocido Abby y yo, que llevábamos varias semanas intercambiando correos, cada vez más enamoradas, que vivía nuestras cartas como transfusiones de sangre. Cada correo que leía y escribía bombeaba sangre fresca en mis venas. Le confesé hasta qué punto todo eso se me antojaba absurdo e imposible. Era emocionante y aterrador oír esas palabras saliendo de mis labios, como si estuviera cruzando un punto de no retorno. Esperaba que se quedara estupefacta. No fue así. Me miraba con ojos traviesos, amorosamente risueños, suaves, sonrientes. Parecía aliviada de algún modo.

Declaré:

—Es imposible que funcione.

—Puede que no. Es posible que solo sea una puerta en forma de Abby que te invita a abandonar lo que ha dejado de ser auténtico —me respondió.

Añadí:

—Craig se quedará hecho polvo.

Me dijo:

—No existen las liberaciones a una sola banda, corazón.

—¿Te imaginas el daño que esto les causará a mi padre y a mi madre, a mis amistades, a mi carrera? —insistí.

Ella razonó:

—Sí, tus seres queridos se sentirán incómodos una buena temporada, tal vez. ¿Qué es mejor? ¿Una verdad incómoda o mentiras cómodas? Toda verdad es bondad, aunque incomode a los demás. Toda falsedad es mezquindad, aunque reconforte a las otras personas.

—Apenas la conozco —objeté.

—Pero te conoces a ti misma —me dijo.

Seguí insistiendo:

—¿Y si rompo mi matrimonio para estar con ella y esto ni siquiera es real?

Me miró. No dijo nada.

Nos quedamos sentadas en silencio. Me tomó la mano con suavidad, con cariño.

Le dije:

—Soy real. Lo que siento, quiero y sé. Todo eso es real.

—Sí —respondió Liz—. Eres real.

Es una bendición conocer a una mujer libre. A veces pasará por tu lado y sostendrá un espejo para que te mires. Te ayudará a recordar quién eres.

ERIKAS

Hace poco mi amiga Erika me llamó al móvil. Nunca entenderé por qué la gente se empeña en llamarme al móvil. Es un acto tan agresivo: *llamar* a alguien. Cada vez que me suena el teléfono, sufro un ataque cardíaco como si mi bolsillo se hubiera incendiado y una minúscula sirena se hubiera disparado.

También me gustaría aprovechar esta oportunidad para abordar el tema de los chats. Enviar un mensaje = mejor que llamar. *Excepto si...*

Excepto si eres una de esas personas que reparte mensajes de texto como si fueran pagarés. Excepto si piensas que, cada vez que te apetezca, puedes azuzarme, soltarme *pings*, irrumpir en mi día en plan *Hoooola* y creerte con tanto derecho a una respuesta que la próxima vez que te vea pongas cara de ofendida y me digas en voz baja: «Hola. ¿Va todo bien? Como no me contestaste...». En este momento tengo 183 mensajes sin leer. Los chats no mandan en mí como tampoco la persona que envía el mensaje. He decidido, de una vez por todas, que solo porque alguien me envíe un mensaje no estoy obligada a contestar. Si pensara de otro modo, iría por ahí todo el día sintiéndome agobiada y en deuda, contestando en lugar de crear.

Ahora que he aclarado por qué no tengo amigas, volvamos a Erika.

Erika y yo nos conocimos en la universidad. Ella era una artista nata, pero estudió ciencias empresariales porque su madre trabajaba como ejecutiva en una gran corporación y quería que Erika siguiera sus pasos. Erika llevaba mal cada minuto que pasaba en las clases. Es casi imposible encontrar tu propio camino si tienes que seguir los pasos de otro.

Erika volvía a la residencia a diario y pintaba para superar su aburrimiento. Se graduó en empresariales, se casó con un chico fantástico y trabajó en una gran corporación para ayudarlo a sacar adelante los estudios de medicina. A continuación llegaron los bebés y ella dejó su empleo para quedarse en casa para cuidarlos. Mientras tanto, oía una voz que la azuzaba a volver a pintar. Un día me dijo que tenía pensado satisfacer ese anhelo y que se iba a matricular en la facultad de Bellas Artes. Percibí emoción en su voz por primera vez en una década.

Así que respondí la llamada para celebrar el compromiso de Erika y le dije:

—¡Hola! ¿Qué tal van los estudios?

Guardó silencio un momento y luego me respondió:

—Ah, eso. Fue una tontería. Brett está muy ocupado y los peques me necesitan. Estudiar bellas artes me pareció muy egoísta después de un tiempo.

¿Por qué a las mujeres nos parece digno autodescartarnos?

¿Por qué concluimos que negar nuestros anhelos es la opción más indicada?

¿Por qué creemos que lo que nos emociona y nos colma perjudicará a otras personas?

¿Por qué desconfiamos de nosotras mismas de un modo tan absoluto?

Os diré el motivo: porque nuestra cultura se apoya en el control de las mujeres y se beneficia de este. El poder justifica el control de un grupo inculcando en las masas que no se puede confiar en ese grupo. Así que la campaña para convencernos de que desconfiemos de las mujeres comienza en las primeras épocas de la vida y nos ataca por todos los frentes.

Cuando somos niñas, nuestras familias, docentes e iguales insisten en que nuestras protestas, opiniones rotundas y sentimientos intensos son «excesivos» y poco femeninos, así que aprendemos a no confiar en nuestras personalidades.

Los cuentos infantiles nos advierten que las niñas que abandonan el sendero o exploran sufren el ataque de grandes lobos malos o se pinchan con husos letales, así que aprendemos a no confiar en nuestra curiosidad.

La industria de la belleza nos convence de que nuestros muslos, rizos, piel, uñas, labios, pestañas, vello y arrugas son repulsivos y hay que taparlos y manipularlos, así que aprendemos a no confiar en los cuerpos que habitamos.

La cultura de las dietas nos promete que controlar el apetito es la clave de nuestra valía, así que aprendemos a no confiar en el hambre.

El estamento político insiste en que el juicio de las mujeres respecto a su propio cuerpo y futuro no es fiable; de ahí que nuestros sistemas reproductivos deban ser controlados por legisladores que no conocemos desde lugares en los que nunca hemos estado.

El sistema legal nos demuestra una y otra vez que ni siquiera nuestros propios recuerdos y experiencias son de fiar. Si veinte mujeres dan un paso al frente para decir: «Fue él», pero este replica: «No, no fui yo», le creerán a él, mientras que a nosotras nos desdeñarán y nos difamarán cada maldita vez.

Y la religión, santo Dios. La lección sobre Adán y Eva —el primer relato que me contaron en la escuela sobre Dios y una mujer— fue el siguiente: cuando una mujer quiere más, desafía a Dios, traiciona a su pareja, maldice a su familia y destruye el mundo.

No nacimos desconfiando de nosotras mismas ni temiéndonos. Eso fue parte de nuestra domesticación. Nos enseñaron a creer que la persona que somos en estado natural es mala y peligrosa. Nos convencieron de que nos temiéramos. De ahí que no honremos nuestros cuerpos, curiosidad, hambre, juicio, experiencia o ambición. En vez de eso, encarcelamos a nuestro verdadero yo. Las mujeres que mejor ejecutan este truco de desaparición reciben la máxima alabanza: *es tan abnegada...*

¿Os lo imagináis? El paradigma de la feminidad es renunciar al propio yo por completo.

Ese es el objetivo final de toda cultura patriarcal. Porque un modo muy efectivo de controlar a las mujeres consiste en convencerlas de que se controlen a sí mismas.

Intenté controlarme durante largo tiempo.

Pasé treinta años embadurnándome la cara con potingues e inyectándome veneno para arreglarme el cutis. Un día dejé de hacerlo. Y mi piel estaba bien.

Pasé veinte años pegada a un secador y a unas planchas para domar mis rizos. Un día dejé de hacerlo. Y mi pelo estaba bien.

Me di atracones, me purgué e hice dieta durante décadas con el fin de controlar mi cuerpo. Cuando dejé de hacerlo, mi cuerpo se convirtió en lo que siempre estuvo destinado a ser. Y también estaba bien.

Me adormecí con comida y bebida para tratar de controlar la ira. Cuando dejé de hacerlo, descubrí que sentir rabia no implicaba que tuviera un problema. Significaba que había un problema. *Fuera.* Algo que quizá yo tuviera el poder de cambiar. Dejé de ser una guardiana de la paz silenciosa y me convertí en una pacificadora que se hace oír. La ira que sentía era buena.

Fui engañada. El único problema que tenía era el convencimiento de que tenía un problema. Dejé de pasarme la vida tratando de controlarme y empecé a confiar en mí misma. Solo se controla aquello en lo que no se confía. Podemos controlarnos o amarnos, pero no podemos hacer ambas cosas. El amor es lo contrario del control. El amor requiere confianza.

Ahora me amo. Quererme a mí misma significa que mantengo conmigo una relación de confianza y lealtad. Confío en mí para cubrirme las espaldas, así que mi voz interior cuenta con mi lealtad. Renunciaré a las expectativas que cualquiera deposite en mí antes que renunciar a mí misma. Decepcionaré a cualquiera antes que decepcionarme a mí misma. Abandonaré al mundo entero antes que abandonarme a mí misma. Yo conmigo: *hasta que la muerte nos separe.*

Lo que el mundo necesita son más mujeres que ya no se teman a sí mismas y hayan empezado a confiar en ellas.

Lo que el mundo necesita son multitudes de mujeres que estén completamente fuera de control.

CASAS EN LA PLAYA

Hace poco escribí a mi comunidad: *Haz contigo lo que sea que quieras hacer. Puedes confiar en tu yo.* Alguien respondió:

> ¿No te parece una irresponsabilidad sugerir que deberíamos hacer lo que nos venga en gana? Casi todas las noches, cuando por fin llego a casa, me apetece beberme una botella entera de ron Malibu. Estoy casi segura de que no debería confiar en todos mis deseos.

Tengo una amiga que va muy justa de dinero desde hace décadas. Hace poco me dijo que había estado *a esto* de alquilar una casa cara en la playa aunque estaba endeudada hasta las cejas. En el fondo sabía que no podía confiar en ese deseo suyo, pero ansiaba hasta tal punto ofrecer esas vacaciones a su familia que estaba dispuesta a dejar que su anhelo se antepusiera a su Saber.

Cuando le pregunté por qué estaba tan desesperada por alquilar la casa, se miró las manos y respondió:

—Veo en las redes sociales un gran número de fotos de familias en la playa. Se relajan juntos. Desconectan de los malditos teléfonos y disfrutan de la compañía sin más. En mi familia tenemos muy poco contacto ahora mismo. Los peques crecen tan deprisa... Tom y yo ya nunca hablamos de verdad. Tengo la sensación de que lo estoy perdiendo y él a mí. Quiero bajar el ritmo. Quiero hablar más con mis hijos y con mi marido. Quiero saber qué cosas les están pasando. Quiero que volvamos a divertirnos juntos.

En lugar de alquilar la casa de la playa, mi amiga compró una cesta de dos dólares y la colocó en una mesa del recibidor. Les pidió a su marido y a sus hijos adolescentes que dejaran los teléfonos en la cesta durante una hora cada noche entre semana. Su familia empezó a preparar la cena, a cenar y a recoger la cocina en equipo. El nuevo sistema provocó muchas protestas al principio, pero luego llegaron las risas, las charlas y la conexión que ella anhelaba. Su cesta resultó ser una casa en la playa por valor de dos dólares.

Bueno, y ¿qué pasa con el deseo de esa mujer de beberse cada noche una botella de ron Malibu? Solamente era un deseo superficial. Lo tengo claro porque su Saber no confiaba en él. Un deseo superficial es aquel que entra en conflicto con nuestro Saber. Debemos preguntar a nuestros deseos superficiales: *¿Qué anhelo subyace a este? ¿Descanso? ¿Paz?*

Nuestros deseos profundos son sabios, sinceros, hermosos y nos los podemos conceder sin renunciar a nuestro Saber. Seguir el dictado de un deseo profundo siempre nos devuelve a la senda de la integridad. Si tu deseo se te antoja inadecuado, profundiza más. Puedes confiar en ti misma. Solo tienes que sumergirte lo suficiente.

He pasado la última década de mi vida oyendo a las mujeres hablar de lo que más desean. He aquí lo que me han dicho:

Quiero un minuto para respirar hondo.
Quiero descanso, paz, pasión.
Quiero buena comida y sexo sincero, salvaje, íntimo.
Quiero relaciones sin mentiras.
Quiero sentirme cómoda en mi propia piel.

Quiero que me vean, que me amen.

Quiero alegría y seguridad para mis hijos e hijas y para las hijas e hijos de los demás.

Quiero justicia universal.

Quiero ayuda, sentimiento de comunidad y conexión.

Quiero que me perdonen y quiero perdonar por fin.

Quiero suficiente dinero y poder para dejar de estar asustada.

Quiero encontrar mi propósito aquí abajo y vivirlo plenamente.

Quiero mirar las noticias y ver menos dolor, más amor.

Quiero mirar a las personas que forman parte de mi vida y verlas de verdad y amarlas.

Quiero mirarme al espejo y verme realmente y amarme.

Quiero sentirme viva.

Los planos del cielo están grabados en los deseos profundos de las mujeres. Lo que quieren las mujeres es bueno. Lo que quieren las mujeres es hermoso. Y lo que quieren las mujeres es peligroso, pero no para ellas. No para el bien común. Lo que quieren las mujeres constituye una amenaza a la injusticia del *statu quo*. Si nos liberásemos y nos desatásemos:

Las relaciones desequilibradas se equilibrarían.

Los niños tendrían alimentos.

Los gobiernos corruptos caerían.

Las guerras terminarían.

Las civilizaciones se transformarían.

Si las mujeres confiaran en sus deseos y los reivindicasen, el mundo tal como lo conocemos se desmoronaría. Puede que sea precisamente eso lo que deba suceder para que podamos reconstruir vidas, relaciones, familias y naciones más auténticas y hermosas en su lugar.

Puede que el papel de Eva no fuera ponernos sobre aviso. Tal vez estuviera ahí para ser un modelo.

Aprópiate de tus necesidades.

Muerde la manzana.

Deja que arda.

TEMPERATURAS

Una mañana llamé a mi amiga Martha y empecé a recitarle las razones por las cuales no podía romper mi matrimonio. Luego me puse a detallarle las razones por las que no podía seguir casada. Seguí hablando y hablando sin cesar mientras sopesaba cada factor, me metía yo sola en camisa de once varas y luego daba vueltas y más vueltas sobre lo mismo.

Por fin me dijo:

—Glennon, para ya. Hablas desde la cabeza. Esta vez, las respuestas que necesitas no están ahí. Están en tu cuerpo. Intenta bajar al cuerpo. Ahora mismo, mientras hablamos. Desplázate hacia abajo.

Se estaba convirtiendo en un tópico en mi vida, eso de hundirme y descender.

Me preguntó:

—¿Sigues ahí?

—Me parece que sí —respondí.

—Bien, ahora contempla las dos opciones. Habita tu cuerpo y siente. ¿Despedirte de Abby te produce una sensación cálida?

—No. Me produce frío, en realidad. La sensación es gélida. Me siento como si fuera a morir de frío.

—Ahora piensa en estar con Abby. ¿Cómo te sientes?

—Tengo una sensación cálida. Suave. Espaciosa.

—Bien, Glennon. Tu cuerpo es naturaleza y la naturaleza es pura. Ya sé que te cuesta aceptarlo porque has pasado mucho tiempo en guerra con tu cuerpo. Piensas que tu cuerpo es malo, pero no lo es. Es sabio. Tu cuerpo te dirá cosas que tu mente te desaconseja. Te señala la dirección de la vida. Intenta confiar en él. Aléjate de lo que te provoca frío. Ve hacia la sensación de calor.

Ahora, cuando percibo peligro, creo al frío y me marcho. Cuando noto alegría, creo al calor y me quedo.

Últimamente, en las reuniones de trabajo, cuando le pido a alguien que me explique una decisión que ha tomado, las mujeres de mi equipo saben que no busco justificaciones, argumentos ni opiniones. Busco Saber. De ahí que la responsable de la decisión me diga: «Investigué y medité las distintas opciones un rato. Esta opción se me antojaba cálida. La alternativa me producía frío».

Eso pone fin a la conversación. Confío en las mujeres que confían en sí mismas.

ESPEJOS

Durante mucho tiempo fingí no saber que, si bien tenía una sola vida, la estaba desperdiciando en el seno de matrimonio solitario.

Cuando el Saber amenazó emerger, lo empujé de nuevo hacia abajo. No tenía sentido admitir que sabía lo que sabía, porque nunca haría lo que el Saber me requería. Jamás dejaría al padre de mis hijos. Fingiría no saber por siempre. Era madre y tenía responsabilidades.

En los primeros cursos de secundaria, nos enseñaron en qué consistía la crianza mediante el cuidado de un huevo. Para aprobar el tema teníamos que devolverle a la maestra el huevo intacto al final de la semana. Las personas que guardaron el huevo a oscuras en casa durante los siete días sacaron mejor nota; algunas lo trajeron podrido, pero eso no importaba siempre y cuando siguiera intacto.

Yo crie a Tish como si fuera un huevo. Decía: «Es tan sensible, tan frágil...». Me preocupaba por ella y lo consideraba amor. La protegía y lo consideraba cuidados maternales. La habría guardado en casa a oscuras por siempre de haber podido. Mi hija y yo vivíamos en un cuento escrito por mí y yo era la heroína. No permitiría que se rompiese y aprobaría como progenitora.

Estoy bebiendo café en la cama de Tish mientras la observo prepararse para ir al colegio. Ella se cepilla su larguísima melena de Rapunzel.

La veo mirarse al espejo y luego de nuevo a mí. Me dice:

—Mi peinado es demasiado infantil. ¿Me lo puedo cortar como tú?

Nos contemplo a las dos en el espejo. Allí mismo, ante mis ojos, percibo por fin que Tish no es un huevo. Es una niña que se convierte en mujer.

Cada vez que me mira, se ve a sí misma también. Y quiere saber:

Mamá, ¿cómo llevan el pelo las mujeres?
Mamá, ¿cómo aman y son amadas las mujeres?
Mamá, ¿cómo viven las mujeres?

Tish pregunta:

—¿Me haces una cola de caballo, mamá?

Entro en el baño, busco un coletero, vuelvo a salir y me planto a su espalda. Le he recogido el pelo miles de veces pero, de sopetón, es demasiado alta. Ni siquiera le veo la coronilla. Ha crecido dos centímetros y medio como poco de la noche a la mañana. Cuando era pequeña, cada día se me antojaba un año. Ahora, cada mañana, dos centímetros y medio.

Miro a Tish y pienso:

Sigo en este matrimonio por mi hijita.

¿Querría un matrimonio como este para mi hijita?

OJOS

Cuando Craig y yo nos mudamos a nuestra casa de Naples, compramos un gigantesco espejo de plata que encontramos de liquidación. Nunca llegamos a colgarlo. Nos limitamos a apoyarlo contra la pared de nuestro dormitorio con la esperanza de que la ubicación tuviese un aspecto deliberado y bohemio.

El día que mi terapeuta insistió en que mis sentimientos no eran reales, decidí despedirme de Abby y seguir casada con mi marido. Ella era la experta y tenía razón. Las buenas madres no rompen el corazón de su descendencia para seguir el dictado del suyo.

Me senté en la moqueta de mi dormitorio con las piernas cruzadas y me miré a los ojos en ese espejo.

Es importante mirarse detenidamente a una misma de vez en cuando. No como te miras mientras te vistes o te maquillas. No como te miras los muslos, las manchas oscuras provocadas por el sol o los pelos de la barbilla. No de ese modo. Me refiero a que debes mirarte directamente a los ojos: a tu verdadero yo. Tienes que asegurarte de no ver mentiras. Tienes que estar segura de que los ojos del espejo son los de una mujer que respetas.

Mientras sondeaba las profundidades de los ojos, la mujer del espejo y yo ajustamos cuentas.

Me pregunté: *¿De verdad la decisión de seguir renunciando a ti misma es lo que tus hijas y tu hijo necesitan de ti?*

Las madres se han martirizado en nombre de su descendencia desde el principio de los tiempos. Hemos vivido como si aquella que más desaparece fuera la que más ama. Nos han condicionado a demostrar nuestro amor dejando de existir poco a poco.

Qué carga tan terrible para nuestros hijos e hijas: saber que por su causa sus madres han dejado de vivir. Qué terrible carga para nuestras hijas: saber que si deciden ser madres, ese será también su destino. Porque si les enseñamos que ser mártires es la máxima expresión del amor, en eso se convertirán. Se sentirán obligadas a amar como amaron sus madres, a fin de cuentas. Creerán que tienen permiso para vivir plenamente solo en la medida en que sus madres se permitieron vivir.

Si seguimos ofreciendo el legado del sacrificio a nuestras hijas, ¿quién le pondrá fin al ciclo? ¿Qué mujer llegará a vivir? Y ¿cuándo empieza la sentencia de muerte? ¿En el altar? ¿En la sala de partos? ¿Con el nacimiento de quién? ¿De nuestra descendencia? ¿O con el nuestro? Cuando llamamos «amor» al sacrificio, enseñamos a las más jóvenes que allí donde empieza el amor, la vida termina. Por eso Jung escribió: *No hay mayor carga para los hijos que la vida no vivida de un progenitor.*

¿Y si el amor no consistiera en desaparecer por el bien de los seres que amamos sino en *emerger* por el bien de esos mismos? ¿Y si la responsabilidad de una madre fuera enseñar a sus hijas que el amor no encierra a la que ama sino que la libera? ¿Y si las madres responsables no fueran las que enseñan a su descendencia a morir lentamente, sino aquellas que le enseñan a vivir con toda su alma hasta el día de su muerte? ¿Y si el deber de una madre no fuera ser una mártir sino un modelo?

Allí mismo, sentada en el suelo, me miré a las profundidades de los ojos. Dejé que el Saber emergiera y permaneciera.

Mis hijas y mi hijo no necesitan que los salve.
Necesitan ver cómo me salvo a mí misma.

Dejé de usar a mi hijo y a mis hijas como excusa para no ser valiente y empecé a contemplarlas como la razón para ser valiente. Me separaría de su padre y reivindicaría un amor de amistad y llamas o me quedaría sola. Pero nunca volvería a sentirme sola en una relación fingiendo que es amor. Nunca volvería a conformarme con una relación o una vida menos hermosa que la que deseaba para mi descendencia.

Me divorciaría de Craig. Porque soy madre. Y tengo responsabilidades.

Me levanté de la moqueta y llamé a Abby. No habíamos vuelto a vernos desde la noche que nos conocimos en Chicago.

Le dije:

—Estoy enamorada de ti. Voy a dejar a Craig. Se lo diré hoy mismo.

Me dijo:

—Glennon. Ay, Dios mío. Estoy tan enamorada de ti... Soy tan feliz en este momento... Y tengo mucho miedo por ti. ¿Estás segura de que estás lista para hacer eso? Ni siquiera nos hemos acariciado todavía.

Respondí:

—Ya lo sé. Pero no me marcho solo por ti. Me marcho porque ahora que sé que esta clase de amor existe, no puedo seguir fingiendo que no es así. No puedo dejar de saber lo que sé y no puedo dejar de ser la que soy en este momento. Así que me marcho; no solo porque te quiero, sino porque amo a esta versión de mí misma. La que despertó cuando nos conocimos. O lo abandono a él o me abandono a mí. Voy a dejarlo. Ahora que he averiguado esto, tengo que decirle que lo sé. No le debo a Craig el resto de mi vida, pero sí le debo sinceridad. Será duro, pero al final lo será en el buen sentido.

Esa tarde me senté con Craig y le comuniqué —con ternura pero sin disculparme— que me marchaba. Le expliqué:

—Nuestro matrimonio ha terminado. Hemos sido los compañeros de sanación que estábamos destinados a ser para el otro. Nuestro matrimonio ha sido un gran éxito. Y ahora ha llegado a su fin. Estoy enamorada de Abby. Tan pronto como lo he sabido, necesitaba que tú lo supieras también.

Se quedó muy callado y, pasado un largo rato, declaró:

—Hace tres años, fuiste más indulgente conmigo de lo que merecía. Y ahora yo lo voy a ser contigo. Quiero que seas feliz.

La cosa no terminó ahí. Los meses siguientes fueron una montaña rusa. Pero siempre regresábamos a ese punto: indulgencia para mí, indulgencia para ti.

Más adelante, cuando se sintió preparado, nos sentamos para explicárselo a nuestras hijas y a nuestro hijo. He lastimado a muchas personas a lo largo de mi vida, pero aquella fue la peor de todas. Miré directamente a las caras aterrorizadas de los tres y les dije:

—Estoy a punto de romperos el corazón. Con el tiempo reconstruiremos nuestros corazones y serán más grandes y más fuertes. Pero, de momento, solamente os va a doler. A veces tenemos que hacer cosas dolorosas porque son sinceras. Vuestro padre y yo queremos que seáis sinceros con vosotros mismos aunque sea duro o dé miedo o resulte doloroso. Estoy a punto de enseñaros cómo se hace.

Lloraron. La noticia los cambió a los tres, allí mismo en aquel sofá. Vi cómo sucedía. Nos abrazamos mientras dejábamos que ardieran tantas cosas. Craig les dijo:

—Todo irá bien. Abby es una buena persona. Seremos un tipo de familia distinto, pero seguiremos siendo una familia hermosa.

Les dio permiso a nuestras hijas e hijo para amar a Abby y ese fue el mayor regalo que me ha hecho jamás. Puede que el mayor regalo que me han hecho nunca.

Se lo contamos a nuestras familias.
Se lo contamos a nuestras amistades.
Todo eso sucedió en el transcurso de dos semanas.
Cuarenta años, cinco meses y dos semanas.

EDENES

Aprendí muy joven a ser deseable. Aprendí a parecerme a las mujeres que salían en la televisión. Aprendí a hacerme reflejos en el pelo, a rizarme las pestañas, a llevar vaqueros que acentuaran mi trasero y a estar delgada a toda costa. Sabía cómo convertirme en una valla publicitaria de mí misma y, una vez que un chico me elegía, sabía qué hacer a continuación. Tenía claro qué ropa interior llevar puesta, cómo arquear la espalda a la perfección y hacer los sonidos adecuados en el momento preciso. Sabía qué sonidos y movimientos harían que me deseara aún más y le harían creer que lo deseaba. El sexo era un escenario y yo era la actriz.

Sabía cómo ser deseada.

No sabía desear.

Sabía cómo ser querida.

No sabía querer.

Hasta que la conocí.

Después de comunicarle a Craig que nuestro matrimonio se había acabado, Abby viajó a Los Ángeles para recibir un galardón en una entrega de premios. Le iban a dar el Premio Icono del canal deportivo ESPN para conmemorar su carrera de futbolista y su retiro. Para ella, era un final. Yo quería estar allí en calidad de comienzo.

—Voy para allá —le dije.

No habíamos vuelto a vernos desde la noche que nos conocimos. Nunca habíamos estado juntas a solas. No nos habíamos tocado, salvo ese momento en que le cogí el brazo y retrocedí a toda prisa para cortar la descarga eléctrica. A lo largo del último mes, habíamos dejado que nuestras vidas ardieran por la posibilidad de estar juntas. Más exactamente, habíamos prendido fuego a nuestras vidas por la posibilidad de convertirnos en las mujeres que estábamos destinadas a ser.

La mañana del viaje me levanté todavía de noche y preparé dos maletas: una para facturar y otra para llevarla conmigo. En la maleta de mano guardé maquillaje, una plancha para el pelo, unos zapatos de tacón y un vestido blanco. Fui en coche al aeropuerto, suspendida entre una antigua versión de mí misma y otra que todavía no conocía. Cuando el avión despegó, intenté leer. Luego probé a mirar la tele, pero tampoco me podía concentrar en eso. Un pensamiento se repetía en bucle en mi mente: *En cuestión de horas estarás a solas con Abby y nunca antes has besado a una chica*. Recuerdo que me asustaba el contacto visual en particular. Nunca había mirado a los ojos de nadie en una situación de intimidad. Una vez se lo conté a Abby y ella se quedó sorprendida y triste. Al final de aquella conversación, me dijo: «Si alguna vez llegamos a acariciarnos, ten en cuenta que no permitiré que tus ojos se despeguen de los míos». No sabía si yo sería capaz.

A mitad del vuelo, extraje la maleta de debajo del asiento y me encaminé al servicio del avión. Me despojé de los pantalones de chándal y de la sudadera, me enfundé el vestido y los zapatos de tacón, me maquillé y me alisé el pelo. Cuando volví a sentarme, la mujer del asiento contiguo me miró y preguntó:

—Si voy a ese lavabo, ¿me pasará lo mismo?

Cuando el avión aterrizó en el aeropuerto de Los Ángeles, mi primer pensamiento fue: *Ay, Dios mío, por fin estamos en la misma ciudad*. Cogí un taxi para ir al hotel. Cuando el taxi se detuvo ante la puerta, le envié un mensaje: «Estoy aquí». Abby me respondió: «Habitación 1140». Guardé el teléfono. Entré en el ascensor, pulsé el botón y salí en el piso 11. Recorrí el pasillo y me detuve delante de su habitación. Había una nota pegada a la puerta que decía: «Entra».

Inspiré hondo, me retoqué el pelo y elevé una rápida plegaria: *Por favor, acompáñanos.*

Llamé con suavidad y abrí la puerta.

Abby estaba recostada contra el escritorio de enfrente con una pierna apoyada en una silla, descalza. Llevaba una camiseta color antracita, vaqueros azul cielo y una cadena con lo que parecía una chapa de identificación.

Mi primer pensamiento: *Ahí está. Esa es mi persona.*

Me dijo más tarde que su primer pensamiento había sido: *Ahí está. Esa es mi esposa.*

Sonrió. No fue una sonrisa cualquiera. Era una sonrisa que decía: *Aquí estás y aquí estamos, por fin.* Se levantó y caminó hacia mí. Dejé que la puerta se cerrara a mi espalda, dejando las maletas en el pasillo. Me envolvió en un abrazo. Nos fundimos, mi cabeza contra su pecho, su corazón latiendo contra mi piel. Ella temblaba, yo temblaba y las dos, durante largo rato, nos quedamos allí, aspirando el aroma de la otra, abrazadas, y temblamos juntas.

Luego se despegó y me miró a los ojos. Fue entonces cuando nuestras miradas se anclaron.

Entonces

El beso.

La pared.

La cama.

Un vestido blanco en el suelo.

Desnuda. Sin temor.

El plan original.

Así en la Tierra como en el cielo.

No aparté la vista en ningún momento. Ni una sola vez.

Cuanto más tiempo llevamos juntas, más desnuda y menos temerosa me vuelvo. Ya no actúo. Me limito a amar.

PROMESAS

Hace quince años, cuando me quedé embarazada por segunda vez, decidí que quería esperar a conocer el sexo biológico de mi bebé.

Supe el sexo de mi primogénito antes de su nacimiento, pero ya era veterana en la crianza, así que me consideraba infinitamente más madura y disciplinada. Durante la ecografía que me habría permitido conocerlo, me tumbé en la camilla y pasé la vista de la pequeña pantalla verde al semblante de la técnica. Ambos eran indescifrables. Cuando la técnica se marchó y llegó la doctora, tuve que confiar en lo que me decía: que había, de hecho, un ser humano dentro de mí y que parecía estar, según sus palabras, «estupendo, por ahora».

Un ser humano «estupendo, por ahora» era exactamente lo que yo deseaba. Un ser humano «estupendo, por ahora» es lo que he deseado a lo largo de toda mi carrera parental.

Con esa noticia —y nada más que esa noticia— abandoné la consulta de la médica. Cuando llegué a casa me senté en el sofá de la sala de estar, miré la pared y pensé en lo mucho que había mejorado en comparación con la madre primeriza, controladora y melodramática que fui la otra vez.

Mírame, pensé, *aquí aguardando con paciencia a que el universo se despliegue según corresponda.*

Entonces cogí el teléfono y llamé a la consulta de la doctora. Cuando la recepcionista respondió, le dije:

—Hola, soy Glennon. Acabo de estar allí.

—Ah. ¿Te has dejado algo?

—Sí. Me he dejado una información importantísima. Pongamos, de manera hipotética, que hubiera cambiado de idea. ¿Todavía podría conocer el sexo de mi bebé?

—Espera, por favor —me pidió.

Esperé por favor. Volvió y dijo:

—Es una niña. Vas a tener una niña.

Una de mis palabras favoritas es *selah*.

Selah aparece en la Biblia hebrea setenta y cuatro veces. Los estudiosos opinan que cuando aparece en un texto indica a quien está leyendo que interrumpa la lectura para detenerse un momento, porque la idea anterior es lo suficientemente importante como para meditarla en profundidad. Los salmos de las escrituras buscan la transformación, y los autores sabían que el cambio comienza con la lectura, pero solo llegará a ser completo a través de la meditación silenciosa. *Selah* también aparece en la música hebrea. Se cree que es una indicación al director para que silencie al coro un largo instante con el fin de sostener el espacio entre las notas. Es a través del silencio, por supuesto, que la música se asimila.

Selah es el silencio sagrado que se produce cuando la receptora de las palabras transformadoras, la música y la información que le proporciona una recepcionista de radiología hace una larga pausa para ser transformada por siempre.

Selah es el vacío que antecede al *big bang* de una mujer que estalla para generar un nuevo universo.

Vas a tener una niña. Mis ojos se agrandaron como el objetivo de una cámara que se ajusta a una explosión de luz. Me quedé sentada en el sofá, todavía con el teléfono en la mano, sin palabras, inmóvil.

—Gracias —le dije por fin a la recepcionista—. Gracias. Te quiero. Adiós.

Colgué y telefoneé a mi hermana.

—Hermana, vamos a tener una niña. Vamos a tener una *niña*.

—Espera —dijo—. ¿Qué? ¿Cómo lo sabes? ¿Te lo han dicho sin querer?

—Sí. Después de que yo lo preguntara sin querer.

Exclamó:

—Qué fuerte. Es el mejor día de nuestras vidas. Otra más. Vamos a ser tres. Una tercera hermana.

—Ya lo sé. Nunca le digas a Craig que te llamé a ti primero.

—Obvio —respondió.

En ese momento mi hijo de dos años, que acababa de despertarse de la siesta, aulló desde la cuna su anuncio habitual:

—¡TOY DEZPIERTO, GWENNON!

Colgué, subí las escaleras y abrí la puerta de la habitación de Chase. Se sentó en la cama y sonrió. Por primera vez lo vi como el hermano mayor de mi hija. Qué afortunada es, pensé. Besé sus sedosas mejillas y él me siguió al piso inferior aferrado a la barandilla, peldaño a peldaño, con tiento. Lo envolví en un abrigo acolchado, una bufanda y un gorro y lo llevé a dar un paseo alrededor del minúsculo estanque de nuestro barrio. Necesitaba salir. Necesitaba más espacio alrededor de esa gigantesca noticia. Necesitaba cielo.

Recuerdo que Chase y yo estábamos congelados. Recuerdo que el aire era limpio y el cielo estaba despejado. Recuerdo que a mitad del camino que rodea el estanque, cuando nuestra pequeña casa de ciudad se había tornado minúscula en la lejanía, un ganso cruzó la senda por delante y Chase se rio. Recuerdo que el ganso se acercó demasiado, así que levanté a Chase y recorrí el resto del camino con mi hijo en brazos, sus piernas aferradas a mi cintura, mi nariz alojada en su cuello. Tantos años después todavía puedo oler su cuello: a talco y sudor de bebé.

Todavía recuerdo haber pensado: *Voy cargada con mis dos criaturas. Yo sola. La cabeza de mi hijo apoyada en el hombro, el corazón de mi hija latiendo en mi cuerpo. Lo tengo todo.*

Decidimos darle a mi hija el nombre de Patricia, en honor a mi madre. La llamaríamos Tish. Estaría envuelta en la misma piel aceitunada, cabello negro y rasgos japoneses que su hermano mayor había heredado de su padre. Soñaba con ella todo el tiempo, a diario. No veía el momento de que Tish naciera. De hecho, cuando estaba embarazada de treinta y ocho semanas, me metí en la bañera y le dije a Craig que no saldría hasta que encontrara la manera de programar un parto inducido. Encontró la manera. Pocos días después, tenía a mi hija en brazos. Cuando la enfermera me la tendió, susurré:

—Hola, ángel.

Entonces la miré largo y tendido. Me llevé una sorpresa. Era sonrosada, con la piel, el cabello y los ojos claros. Se parecía a mí.

Además de su aspecto, el hermano mayor de Tish heredó de su padre un temperamento tranquilo y complaciente. Cometí el error de novata de atribuir la placidez de Chase a mi virtuosa crianza. Cuando mis amigas se quejaban de lo dura que era la crianza, yo asentía de cara a la galería y pensaba: *Pringadas... ¿Qué tiene esto de difícil?* Entonces nació Tish y de súbito entendí lo que tiene de difícil.

Tish nació angustiada. Cuando era un bebé lloraba constantemente. Cuando empezó a gatear, su estado por defecto era el descontento. Durante sus primeros años de vida, me pasaba todo el tiempo, a diario, tratando de hacerla feliz. Para cuando cumplió seis años, ya había renunciado al asunto de la felicidad. Cada mañana me sentaba en el suelo al otro lado de la puerta de su habitación sosteniendo una pizarra que decía: «¡Buenos días, Tish! ¡Hoy vamos a ser agradables!». Si salía enfurruñada, le señalaba la pizarra y le explicaba lo que significaba «agradable»: compórtate como si estuvieras contenta. Limítate a fingir-

lo. Este es nuestro contrato social con el mundo, nena. COM-
PÓRTATE COMO SI FUERAS FELIZ. Sufre en silencio como
hacemos todas, por el amor de Dios.

Tish rechazó mi memorando. No pensaba fingir. Se negó a
ser agradable. Un día, cuando Craig llegó a casa de la oficina,
acudí a recibirlo a la puerta, hecha un mar de lágrimas. Tish
estaba arriba, hecha un mar de lágrimas. Le dije:

—Es imposible. Incorregible. No puedo con ella. ¿A QUÉ
VIENE TANTO DRAMA?

Debo decir en su favor que no me respondió con palabras. Se
limitó a mirarme mientras yo seguía sentada en el suelo, llorando, y me dio tiempo suficiente para pensar: *Ah. Ya entiendo.
Tish soy yo.*

Mi vecina, que es terapeuta, me advierte que no imponga
esta narrativa limitadora y narcisista a mi hija; insiste en que
los hijos y las hijas no son calcos de sus figuras parentales. A ese
comentario, le digo: *Entiendo, ya veo a qué te refieres. Pero
también veo a mi hija, señorita.*

Cuando comprendí que Tish era yo, recordé que fue com-
portarme *como si fuera feliz* lo que estuvo a punto de acabar
con mi vida. Dejé de esforzarme en hacer de Tish una persona
feliz o agradable y me limité a ayudarla a ser Tish. Ahora tiene
catorce años. Todavía lo exterioriza todo. Lo que siente y
piensa por dentro, el mundo lo oye y lo ve por fuera. Cuando
se disgusta, damos por supuesto que tiene razones válidas para
ello. Así que decimos: «He notado que estás disgustada. ¿Ya
estás lista para buscar una solución? ¿O necesitas sentirte así
un ratito más?». Casi siempre necesita sentirse así un ratito
más, porque se está transformando. Ya no la apremiamos. De
hecho, cuando intentamos pasar a toda prisa por la vida, por
el dolor o la belleza, Tish nos obliga a bajar el ritmo y señala.
Nos muestra lo que debemos tener en cuenta, pensar y sentir
para seguir siendo humanas. Es la persona más amable, sabia
y honesta que conozco. No hay persona en esta Tierra a la que

respete más. Tish es la conciencia y la profeta de la familia. Es nuestra *selah*.

Cuando su padre y yo nos divorciamos, el mundo de Tish se hizo añicos. Día sí y día también, semana tras semana, mes tras mes, nos mantuvo al lado del dolor. Cuando el resto queríamos «superarlo», comportarnos como si fuéramos felices, Tish nos obligaba a practicar la sinceridad. Ella se negaba a fingir. Se negaba a ser agradable. Insistía en que, cuando los mundos se desmoronan, hay que parar el mundo un rato. No nos dejó saltarnos nada y nos obligó a sentirlo todo. Formulaba las preguntas más complicadas. Estuvo llorando a solas cada noche antes de dormirse durante largo tiempo. Era nuestra Juana de Arco que nos conducía directamente a la batalla, todos y cada uno de los días.

Para ella, la guerra se libraba en dos frentes. El primero era el divorcio de su padre y su madre. Pero la segunda transformación familiar la descolocó con la misma intensidad: presenciar cómo me enamoraba. Tish siempre había sabido que su hermano, su hermana y ella eran los amores de mi vida. Su padre y yo éramos compañeros, enamorados de la familia que habíamos creado, pero no mutuamente. Ella veía a su madre, que hasta entonces había existido únicamente para servirla y adorarla, devenir plenamente humana ante sus ojos. Perdía a su madre y lo sabía. Me veía convertirme en una mujer viva y completa. Me veía tornarme compleja. Las cosas habían sido tan sencillas durante tanto tiempo... Según me enamoraba de Abby, Tish tenía la sensación de que me alejaba de ella.

Una noche, en pleno fragor de la batalla, estaba arropando a Tish en la cama. Como conoce sus sentimientos y sabe expresarlos con claridad meridiana, me miró y confesó:

—Mamá, tengo miedo de perderte.

Me senté en su cama y le dije:

—Oh, nena. Nunca me perderás. Nunca me perderás, nena.

—Repítelo —susurró.

Así que lo repetí. Y lo volví a repetir. Y nunca dejé de hacerlo. Tres años más tarde, sigue siendo nuestro ritual de buenas noches.

Se apaga la luz. «Nunca me perderás, nena.»

Eso significa que lo último que le digo a mi hija profeta cada noche es una mentira como una casa. En esta vida repleta de cosas incognoscibles, hay algo que sé de cierto y es que algún día mi hija me perderá.

Antes le mentía a mi hija sin cesar. Le prometía cosas que la deslumbraban temporalmente, la tranquilizaban, la protegían.

Sí, estoy segura de que el cielo es real. ¡Sí, claro que creo en Papá Noel! No, tu mamá y tu papá jamás se divorciarán. Sí, la vida es justa y hay buenos y malos. Mamá sabe lo que te conviene. Todo sucede por una razón. Estás a salvo, cielo. Yo me aseguraré de que estés a salvo.

Eso era cuando pensaba que mi tarea consistía en mantener a Tish a salvo en lugar de enseñarle a ser valiente. Cuando pensaba que debía facilitarle la vida a Tish en lugar de dejar que aprendiera que puede lidiar con los golpes de la vida. Cuando pensaba que había más magia en lo simulado que en lo real. Cuando creía que una madre debía ser la heroína de su hija en lugar de dejar que su hija se convierta en su propia heroína.

Pensaba que mi papel era proteger a Tish del dolor, así que acabé por enseñarle que la calamidad estaba a la vuelta de la esquina. Al convertirme en su escudo constante, le enseñé a tener miedo. Le enseñé a esconderse. Le enseñé que no era capaz de afrontar lo que la vida le trajera al paso. *Ten cuidado, nena, ten cuidado, nena, ven aquí, cielo. Mamá te protegerá.*

Pero entonces, cuatro años atrás, fui yo la que trajo la calamidad y la dejó caer en su regazo.

Rompí el mismo corazón que me habían entregado para que lo protegiera.

Vi llorar a Tish y la vi volver a levantarse.

Aprendí que puedes romper el corazón de una niña sin romperle el alma. Ahora, tres años después del divorcio, Tish ya no va por la vida escondida, pendiente constantemente de un peligro en ciernes. Sucedió lo peor y ella sobrevivió. Es una niña que ya no tiene que evitar los incendios de la vida, porque ha aprendido que es a prueba de fuego. Solo las personas que se internan en el fuego lo saben. Eso es lo único que necesito que mis hijas y mi hijo sepan: son indestructibles. Así que no deseo protegerles de los incendios de la vida. Quiero señalarles el fuego y decir: «Percibo tu miedo y es colosal. También percibo tu valor y es más colosal todavía. Podemos hacer cosas difíciles. Somos a prueba de fuego».

Si pudiera volver atrás, tiraría a la basura el cartel que colgué en la habitación de Tish cuando era bebé, que rezaba: «Todo, por insignificante que sea, saldrá bien». Lo sustituiría por el aforismo de Frederick Buechner: «Este es el mundo. Sucederán cosas hermosas y terribles. No tengas miedo».

Como ya no creo en mentirle a Tish, he estado barajando maneras sencillas de reformular la promesa que le hago cada noche de tal modo que sea verdad. Es complicado. Por ejemplo, podría arroparla, sonreír y decirle: «Apaga la luz, cariño. Ten claro que me vas a perder». Pero eso sería pasarse de la raya, quizá.

He aquí lo que se me ha ocurrido. Esta es la promesa y la esperanza que albergo para Tish, para mí misma, para todas nosotras:

—Buenas noches, nena. A ti nunca te perderás.

ÁRBOLES BASE

Estoy tumbada en el sofá, disfrutando de uno de mis pasatiempos favoritos, que es mirar pésimos programas de televisión. Llevo sobria dieciocho años y en ese tiempo me han sido arrebatados todos y cada uno de mis analgésicos. Ya no bebo ni me drogo ni me doy atracones y luego me purgo. Tampoco hago un comentario sarcástico detrás de otro; ni siquiera compro compulsivamente (no a menudo). Pero os prometo una cosa: me quitarán los canales Bravo y HGTV de mis manos frías y muertas.

Una interesante situación televisada se despliega ante mí. El presentador del programa que estoy mirando es el clásico tipo duro, amante de las actividades al aire libre. Se ha internado a solas en el bosque. Por lo que parece, lo ha hecho adrede, de ahí que comprenda al instante que es un tío raro. El hombre se pierde en el bosque. No sé por qué no ha visto venir que se iba a desorientar, pero se muestra sorprendido, de manera que me preocupo. No parece que haya una posibilidad de rescate a la vista. No parece haber nada a la vista, salvo diversos animales, plantas, barro y otros elementos naturales que tal vez sean típicos de los bosques. No puedo estar segura porque nunca he estado en el bosque, ya que el bosque no es lugar para las personas.

Nuestro Superviviente lleva días sin comer. También se ha quedado sin agua. Mi superpoder es la empatía y eso significa que a menudo soy incapaz de distinguir lo que les pasa a otras personas de lo que me pasa a mí. Así pues, cuando mi esposa entra en la sala de estar, me encuentra acurrucada bajo una manta, agonizando lentamente de malnutrición y sed.

Enarca las cejas.

—¿Te encuentras bien, cariño?

Respondo:

—No. Mira eso. Me parece que va a morir. Se ha perdido en el bosque y se muere de hambre. No sé cómo vamos a salir de esta, la verdad.

Mi mujer me explica:

—Mira, nena. Recuerda lo que hablamos. La telerrealidad funciona de la siguiente manera: si lo estás viendo *aquí*, seguro que hay un equipo de rodaje *allí*. Y eso significa que es probable que haya barritas de proteínas a su alcance. Seguro que no le va a pasar nada, cariño.

Le agradezco que me lo recuerde, porque eso me permite salir de debajo de la manta y ver el resto del programa poniendo algunos límites. Los límites son justo lo que necesito para aprender la lección que el falso Superviviente está a punto de enseñarme.

Dice que si te pierdes en el bosque, el objetivo principal es que te encuentren. El mejor modo de que te encuentren es permanecer en un mismo sitio. Por desgracia, si una se pierde en el bosque, no puede permanecer en el mismo sitio, porque tiene que salir en busca de comida y suministros para sobrevivir.

Lo que he entendido de momento es que, para sobrevivir, una persona perdida debe:

1. Permanecer en el mismo sitio; y
2. No permanecer en el mismo sitio.

Ajá. Por eso el bosque no es lugar para las personas, pienso. Sigo escuchando.

El falso Superviviente tiene la solución. Dice que la estrategia más eficaz que una persona perdida puede adoptar para que la encuentren y sobrevivir es la siguiente:

Buscar un «árbol base».

El «árbol base» debe ser identificable, fuerte y alto, y se convertirá en el campamento base de la persona perdida. Puede internarse en el bosque siempre y cuando regrese a su «árbol base» una y otra vez. Este eterno retorno impedirá que vaya demasiado lejos.

He pasado gran parte de mi vida perdida en el bosque del dolor, las relaciones, la religión, la carrera, el servicio, el éxito y el fracaso. Reflexionando sobre esos tiempos, puedo reconstruir mi deambular en sentido contrario, hasta la decisión de convertir algo externo a mí en mi «árbol base». Una identidad. Un conjunto de creencias. Una institución. Unos ideales a los que aspirar. Un empleo. Otra persona. Una lista de reglas. Aprobación. Una antigua versión de mí misma.

Ahora, cuando me siento perdida, me acuerdo de que no estoy en el bosque. Yo soy mi propio árbol. Así que regreso a mí misma y vuelvo a habitarme. Cuando lo hago, noto que mi barbilla se alza y mi cuerpo se yergue.

Hundo los brazos en el suelo fértil que hay debajo de mí, compuesto de todas las chicas y mujeres que he sido alguna vez, cada rostro que he amado, cada amor que he perdido, cada sitio que he visitado, cada conversación que he mantenido, cada libro que he leído y canción que he cantado, todo, todo, desmenuzado, mezclado y descompuesto debajo. Nada hay desperdiciado. Mi pasado al completo está ahí, sosteniéndome y alimentándome ahora. Todo eso está demasiado soterrado como para que nadie más lo vea, solo existe para que yo lo extraiga. A continuación asciendo cada vez más arriba, hacia mis ramas, mi imaginación, demasiado alta como para que nadie más la vea, alargándose cuanto puede, creciendo hacia la luz y el calor. Por último, el centro, el tronco, la única parte de mí enteramente visible al mundo. Pulposo y blando por dentro, tan solo lo bastante duro por fuera como para protegerme y sostenerme. Expuesta y a salvo.

Soy tan antigua como la tierra en la que estoy plantada y tan nueva como mi más minúsculo brote. Soy mi propio árbol base: fuerte, único, vivo. Todavía en crecimiento.

Tengo todo lo que necesito debajo de mí, encima de mí, dentro de mí.

Nunca voy a perderme.

CUBOS

La otra noche, justo cuando estaba a punto de quedarme dormida, oí que alguien llamaba con suavidad a la puerta de mi habitación.

—Entra —dije.

Tish entró en mi dormitorio y se paró junto a mi cama llorosa, apesadumbrada.

—¿Qué te pasa, nena?

—Tengo miedo.

—¿De qué?

—De todo. Pero de nada. No me pasa nada en realidad. Es que... estoy sola aquí dentro. En mi cuerpo. Me siento... sola. Durante el día me olvido, mientras estoy ocupada, pero por la noche, en la cama, me acuerdo. Estoy sola aquí dentro. Da miedo.

Tish subió a mi cama. Apoyamos las cabezas en una almohada y nos miramos directamente a los ojos. Nos estábamos buscando, tratando de encontrarnos en la otra, intentando difuminar las líneas que nos separan. Llevamos tratando de difuminar las líneas desde que el médico puso a Tish en mis brazos por primera vez y yo le dije: «Hola, ángel». Desde la primera vez que me incliné hacia ella e intenté respirar su olor. Desde la primera vez que puse mi boca junto a la suya e intenté tragarme su aliento cálido y dulce y hacerlo mío. Desde que me entraron ganas de morderla mientras jugaba con los deditos de su pie y entendí por qué algunos animales devoran a sus crías. Tish y yo llevamos tratando de salvar la brecha que su nacimiento creó desde que dejamos de ser un solo cuerpo para convertirnos en dos. Pero nuestra separación se hace más grande con cada paso, cada palabra, cada año que pasa. Se aleja, se aleja. *Dame la mano, cielo. Entra. Tengo miedo, mamá.*

Le aparto un mechón de la mejilla y le susurro:

—Yo también me siento sola en esta piel. ¿Recuerdas cuando estábamos hoy en la playa y mirábamos a esa niña que cogía agua del mar en sus cubitos de plástico? A veces me siento como si fuera un cubo lleno de agua del mar junto a otros cubos. Deseo que pudiéramos verternos los unos en los otros, mezclarnos de algún modo, que no estuviéramos separados. Pero esos cubos siempre se interponen entre nosotras.

Tish siempre ha entendido mejor las metáforas. (Eso que sientes pero no ves, nena, se parece a algo que sí puedes ver.) Me escuchó mientras le hablaba de los cubos y sus ojos de color marrón dorado se agrandaron. Susurró:

—Sí. Es así.

Le dije que quizá cuando nacemos nos vierten de nuestra fuente en esos pequeños cubos. Cuando morimos, nos vuelven a vaciar y retornamos a esa gran fuente y unas a otras. Puede que morir solo sea volver; de nuestros minúsculos recipientes al lugar al que pertenecemos. Tal vez entonces todo ese dolor por separación que sentimos aquí abajo se esfume, porque volveremos a estar mezcladas. Sin diferencias entre tú y yo. Sin cubos, sin piel; todo mar.

—Pero de momento —le dije— tú eres un cubo lleno de mar. Por eso te sientes tan grande y tan pequeña.

Sonrió. Se durmió. La observé un ratito y le susurré una pequeña oración al oído: *Tú no eres el cubo, tú eres el mar. Fluye, nena.*

AUXILIARES DE VUELO

Una mañana, en pleno divorcio, llamé a Liz para pedirle consejo parental. Liz no es madre, de modo que sigue estando lo bastante cuerda como para conservar la perspectiva.

Le dije:

—Ya lo sé, ya lo sé, ya sé que las cosas van bien y todo es estupendo al nivel más profundo y todo ese rollo. Eso ya lo sé. Pero hoy no lo sé. Me preocupa haberles destrozado la vida. Son víctimas de la confusión y tienen miedo y, por el amor de Dios, es lo único que juré que nunca les haría.

—Entiendo, Glennon —me contestó—. Tal como yo lo veo, esto es lo que está pasando: tu familia viaja a bordo de un avión ahora mismo. Tú eres la auxiliar de vuelo y tus criaturas son pasajeros en su primer vuelo. El avión está atravesando una zona de turbulencias severas y se está zarandeando.

—Sí —reconocí—. Eso tiene sentido.

—Vale. ¿Qué hace el pasaje en caso de turbulencias? Miran a las auxiliares de vuelo. Si las auxiliares parecen asustadas, el pasaje entra en pánico. Si las auxiliares permanecen tranquilas y dueñas de sí, el pasaje pronto se siente igual.

»Glennon, tú llevas volando y viviendo el tiempo suficiente como para saber que, si bien las turbulencias dan miedo, el avión no se va a caer por eso. Las turbulencias no son mortales, como no lo es un divorcio. Sobrevivimos a esas cosas. Tus peques aún no lo saben, así que tienen miedo. Van a seguir buscando información en la expresión de tu cara. Tu tarea ahora mismo es sonreírles, permanecer tranquila *y seguir sirviéndoles los puñeteros cacahuetes.*

Eso fue lo que me dije a mí misma todos y cada uno de los días durante el proceso de divorcio y un millón de veces a partir de entonces: *Sigue sirviendo los puñeteros cacahuetes, Glennon.*

Estaba hablando con una amiga sobre este mantra parental y me dijo:

—Sí, las turbulencias no provocan la caída del avión. Pero algunos aviones se estrellan. ¿Y si eso que está zarandeando el avión de tu familia es real? ¿Y si tu familia se está viniendo abajo?

La amiga de una amiga descubrió un año atrás que su hija adolescente se estaba muriendo de cáncer. Eso no es una turbulencia. Ese es el accidente de avión que todas tememos. Eso es una familia que se precipita a sabiendas de que no todos los miembros saldrán vivos.

La mujer empezó a beber y a drogarse y no paró, así que su hija murió mientras ella estaba colocada. Las otras dos hijas vieron morir a su hermana sin que su madre estuviera presente, porque había abandonado el barco. Pienso en esa madre a diario. Empatizo profundamente con ella. También tengo miedo por ella. Temo el día en que se detenga por fin y esa calma esté tan llena de un remordimiento abrasador que le resulte imposible quedarse.

No controlamos las turbulencias ni las tragedias que acontecen a nuestras familias. El argumento de nuestras vidas escapa a nuestro control en buena parte. Solo decidimos la reacción del personaje protagonista. Decidimos si abandonaremos el barco o nos quedaremos y tomaremos el mando.

La parentalidad consiste en servir cacahuetes durante las turbulencias. Y cuando los verdaderos problemas nos salen al paso

—cuando la vida trae muerte, un divorcio, ruina o enfermedad a nuestra familia— la parentalidad consiste en mirar sus caritas y saber que estamos tan asustados como ellos y ellas. La parentalidad es pensar: *Esto me supera. No puedo ponerme al mando. Pero lo haré, aunque me sienta incapaz.*

Así que nos sentamos junto a nuestras criaturas. Volvemos sus caras hacia la nuestra para que aparten la vista del caos y nos miren directamente a los ojos. Tomamos sus manos entre las nuestras. Les decimos: «Mírame. Eres tú y soy yo. Estoy aquí. Esto es más real que nada de lo que hay fuera. Tú y yo. Nos tomaremos las manos, respiraremos y nos querremos. Aunque estemos cayendo del cielo».

Ser una familia significa: tanto si caemos como si volamos, vamos a cuidarnos de las unas y de los otros durante todo el maldito trayecto.

MEMORANDOS

Cada generación de progenitoras recibe un memorando cuando abandona el hospital con su bebé.

El memorando de mis abuelas: Aquí tenéis a vuestra bebé. Llevadla a casa y que crezca. Que hable cuando le hablen. Seguid con vuestras vidas.

El memorando de mi madre: Aquí tienes a tu bebé. Llévala a casa y luego reúnete a diario con tus amigas. Toma bebidas sin alcohol antes de las cuatro y sangría después. Fuma cigarrillos y juega a las cartas. Envía a las criaturas al jardín y déjalas entrar únicamente para comer y dormir.

Las hay con suerte.

Nuestro memorando: Aquí tienes a tu bebé. Este es el momento que llevabas esperando toda tu vida; el instante en que el hueco de tu corazón se llena y por fin te sientes completa. Si, una vez que deje a tu bebé en tus brazos, experimentas algo que no sea plenitud absoluta, busca ayuda de inmediato. Después de hablar con la psicoterapeuta, habla con una profesora particular. Como hace tres minutos que estamos hablando, tu hija ya se está quedando atrás. ¿Ya la has apuntado a clases de chino mandarín? Ya veo. Pobrecilla. Escucha atentamente: ya no hablamos de «crianza»; esos días quedaron atrás. Ahora hablamos de parentalidad, algo que haces sin cesar. Piensa en la parentalidad como sinónimo de *proteger, acorazar, evitar, reparar, planificar y obsesionarte*. La parentalidad te lo exigirá todo; por favor, ejércela con la mente, el cuerpo y el alma, te lo ruego. La parentalidad es tu nueva religión, en el seno de la cual hallarás la salvación. Esta hija es tu salvadora. Conviértete o te condenarás. Te esperamos mientras cancelas cualquier otro proyecto vital. Gracias.

Ahora el objetivo de la parentalidad es el siguiente: nunca dejes que le pase nada malo a tu hija o hijo.

Con ese objeto, tendrá que ganar cualquier competición en la que participe. (Aquí tienes cuatrocientos trofeos de participación, distribúyelos según corresponda.) Debe tener la sensación de que gusta a todo el mundo, de que todos la quieren y desean estar con ella en todo momento. Debe estar constantemente distraída y divirtiéndose; cada día que pase en la Tierra tiene que ser como Disneylandia, pero mejor. (Si acaso vais a Disneylandia de verdad, saca un pase de acceso rápido, porque nunca debería estar obligada a esperar. A nada, jamás.) Si otros niños o niñas no quieren jugar con ella, llama a los adultos al cuidado de esas criaturas, pregunta la razón e insiste en que le pongan solución. En público, camina delante de tu hija para impedir que vea alguna cara larga, no se vaya a entristecer, o alguna cara alegre, no vaya a sentirse excluida. Cuando la castiguen en el colegio, llama a la maestra y explícale a voces que tu hija nunca se equivoca. Insiste en que la maestra se disculpe por su error. Nunca jamás permitas que una gota de lluvia caiga en la frágil cabeza de tu pequeña. Cría a este ser humano sin dejar que sienta ni una sola emoción humana desagradable. Dale la vida sin dejar que la viva. En resumen: tu existencia ha terminado y tu nueva vida consiste en asegurarte de que la suya nunca comience. Buena suerte.

Nos entregan un memorando horrible.

Ese horrible memorando es la razón de que estemos agotadas, neuróticas y nos sintamos culpables.

Ese horrible memorando es también la razón de que nuestras hijas e hijos den pena.

La dan, sencillamente dan pena.

Porque las personas que no dan pena son aquellas que han fracasado, se han sacudido el polvo y han vuelto a intentarlo. Las personas que no dan pena son aquellas que han sentido dolor y, en consecuencia, sienten empatía por las que sufren. Las personas que no dan pena son aquellas que han aprendido de sus errores afrontando las consecuencias. Las personas que no dan pena han aprendido a ganar con humildad y a perder con dignidad.

Nuestro memorando nos empuja a arrebatar a nuestros hijos e hijas lo único que les permitirá convertirse en personas fuertes: esforzarse.

Este memorando tan horrible es también la razón de que estemos pendientes de trivialidades mientras el mundo que la infancia va a heredar se desmorona. Nos obsesionamos por los tentempiés que comen nuestras hijas e hijos mientras ensayan su propia muerte en simulacros de tiroteos escolares. Nos angustiamos por la etapa final de la educación secundaria mientras la Tierra se derrite a su alrededor. No me puedo imaginar que haya existido una generación más sobrecuidada y más desprotegida.

Nuevo memorando:

Aquí tienes a tu bebé.

Quiérela en casa, en las urnas, en las calles.

Deja que le suceda lo que le tenga que suceder.

Quédate cerca.

POEMAS

Cuando Chase era niño, lo encontrábamos en la mesa de la cocina dibujando mapas del mundo y redactando listas de todos los países de la Tierra y sus capitales. Pasaba tardes enteras escribiendo letras de canciones y recogíamos pequeños poemas que dejaba por toda la casa.

Cuando cumplió trece años, le compramos un teléfono móvil porque quería uno a toda costa y deseábamos hacerlo feliz. Lo vimos apagarse poco a poco. Dejó de dibujar mapas, de leer y de escribir, y ya no encontrábamos poemas por la casa. Cuando estaba con nosotras, notaba su necesidad de estar *allí* en vez de aquí. Así que, aunque no anduviera enredando con el teléfono, estaba ausente. Se limitaba a merodear entre nosotras. Le cambiaron los ojos. Se tornaron un poco más opacos y pesados. Antes eran los ojos más brillantes que había visto jamás y entonces, un día, sencillamente no estaban. En su teléfono, Chase había encontrado un lugar en el que le resultaba más fácil existir que en su propia piel.

Fue trágico, porque en el interior algo irritante de nuestra piel descubrimos quiénes somos. Cuando nos aburrimos, nos preguntamos: ¿Qué podría hacer? Nos guían hacia ciertas cosas: un boli y un papel, una guitarra, el jardín trasero, una pelota de fútbol, una espátula. El instante posterior a ese no saber qué hacer es el momento en que nos encontramos a nosotras mismas. Justo después de ese aburrimiento irritante está el autodescubrimiento. Pero debemos permanecer allí el tiempo suficiente sin desfallecer.

Las familias nos preocupamos por muchísimas cosas relacionadas con los teléfonos y la infancia. Nos preocupa estar criando personas con perspectivas mercantilizadas del sexo, incapaces de una conexión real, con conceptos restringidos de lo que significa el ser humano. Pero, a mí, lo que más me preocupa es que cuando les entregamos teléfonos a nuestras hijas e hijos, les estamos arrebatando el aburrimiento. A causa de ello, estamos criando a una generación de seres que nunca empezarán a escribir, artistas que nunca empezarán a dibujar, chefs que nunca dejarán sucia la cocina, deportistas que nunca chutarán una pelota contra la pared, músicas y músicos que nunca cogerán la guitarra de su tía y empezarán a rasguearla.

Una vez hablé con una ejecutiva de Silicon Valley que había tenido un papel esencial en la creación y proliferación de los teléfonos móviles. Le pregunté qué edad tenían sus hijas e hijos cuando les compró teléfonos. Se rio y dijo:

—No, mis hijos no tienen teléfonos.

—Ah —respondí yo. *No dejes que tu familia sea adicta a consumir lo que tú contribuyes a crear.*

Las personas que diseñan los teléfonos son gente creativa, que no se limita a consumir. No quieren que sus hijos e hijas se busquen ahí fuera; quieren que se descubran aquí dentro. Saben que los teléfonos están diseñados para fomentar la adicción a la vida exterior y, si nunca buceamos dentro, jamás nos convertiremos en las personas que estábamos destinadas a ser.

Abby, Craig y yo hablábamos sin cesar del lento declive de Chase, pero no hicimos nada al respecto. En el fondo de mi corazón sabía que Chase se estaba enganchando a su teléfono y que eso turbaba su desarrollo y su paz. Pero temía que, si le quitaba el móvil, se quedara atrás y se sintiera excluido. Sería tan distinto de los demás... Tardé dos años más en recordar que el miedo a ser diferente es una razón nefasta para que una progenitora evite hacer lo que su hijo necesita.

Cuando Chase empezó la secundaria, a los catorce años, le pedí que viniera a dar un paseo conmigo. Mientras recorríamos el camino de acceso a nuestra casa, me volví hacia mi inteligente y precioso hijo y le dije:

—He cometido un montón de errores en tu crianza. Pero solo he sabido que eran errores en retrospectiva. Nunca he tomado una decisión relativa a ti sabiendo, en ese preciso momento, que no te convenía. Hasta ahora. Sé que no te estoy haciendo ningún bien dejando que el teléfono forme parte de tu vida. Sé que, si te lo quitase, recuperarías la alegría. Estarías más presente. Puede que tuvieras menos contacto con tus compañeros, pero disfrutarías de una conexión más real con tus amigos. Seguramente volverías a leer y vivirías dentro de ese cerebro y ese corazón tan hermosos que tienes en lugar de habitar en el cibermundo. Perderíamos menos del precioso tiempo que pasamos en familia.

Lo sé. Sé lo que debo hacer por tu bien y no lo estoy haciendo. Creo que se debe a que todos tus amigos tienen móvil y no quiero obligarte a ser distinto. Es la típica excusa de "pero todo el mundo lo hace". Pero luego pienso que sucede a menudo que todo el mundo haga algo y luego se descubra que es adictivo y mortal. Como fumar; todo el mundo fumaba hace veinte años.

Chase guardó silencio un rato. Seguimos andando. Entonces dijo:

—He leído un artículo que decía que los niños y las niñas están más deprimidos y estresados que nunca por culpa de los teléfonos. También afirmaba que ya no nos comunicamos igual de bien. He notado esas cosas en mí mismo alguna vez últimamente. Y he leído que Ed Sheeran renunció al teléfono.

—¿Por qué crees que lo hizo?

—Dijo que quería crear en lugar de mirar lo que crean otras personas, y que quiere ver el mundo con sus propios ojos y no a través de una pantalla. Pienso que seguramente sería más feliz sin el móvil. A veces tengo la sensación de que estoy obligado a consultarlo, como si me controlase. Es como un trabajo que no quiero tener y por el que no me pagan. A veces me estresa.

—Vale —respondí.

Chase y Tish decidieron abandonar las redes sociales y utilizar el teléfono únicamente para chatear. Vamos a esperar al instituto, a que cumpla catorce años, para comprarle un teléfono a Amma. No queremos ponerla a trabajar siendo tan joven. Preferimos ofrecerle el don del aburrimiento, para que pueda descubrir quién es antes de saber quién quiere el mundo que sea. Hemos decidido que nuestra labor no es hacerla feliz. Nuestra labor es hacer de ella un ser humano.

Este no es un relato sobre teléfonos. Es un relato sobre el Saber.

Una crianza valiente consiste en escuchar al Saber; el nuestro y el de la infancia. Consiste en hacer lo que es auténtico y hermoso para nuestras hijas e hijos, por más contracultural que parezca. Consiste en, cuando sabemos lo que necesita la infancia, no fingir que lo ignoramos.

CHICOS

He criado a mis hijas para que fueran feministas desde que estaban en el útero. Sabía que el adiestramiento del mundo empezaría en el instante en que nacieran y quería que estuvieran preparadas. Estar preparadas significaba contar con una narrativa interna sobre lo que significa ser mujer con la que contrastar la narrativa del mundo. Yo no tuve una narrativa alternativa cuando era joven, de modo que cuando el mundo me dijo que una niña de verdad es poca cosa, silenciosa, guapa, complaciente y agradable, creí que era la Verdad. Me tragué esas mentiras y me enfermaron de gravedad. O bien las niñas aprenden de las adultas que tienen cerca a identificar las jaulas y a resistirse a ellas, o la cultura las adiestrará para que se sometan a ellas. Si las niñas nacidas en una sociedad patriarcal no se espabilan, enferman. O una cosa o la otra.

Yo quería que mis hijas tuvieran conocimiento de esto: eres un ser humano y es tu derecho de nacimiento seguir siendo plenamente humana. Así que puedes serlo todo: escandalosa callada audaz lista cuidadosa impulsiva creativa alegre grande iracunda curiosa voraz ambiciosa. Tienes derecho a ocupar espacio en esta Tierra con tus sentimientos, tus ideas, tu cuerpo. No hace falta que te encojas. No tienes por qué ocultar ninguna parte de ti misma, nunca.

La batalla de una mujer por seguir siendo libre y completa en un mundo empeñado en enjaularla se prolonga durante toda la vida. Yo quería ofrecer a mis hijas lo que sea que les hiciera falta para luchar por su humanidad plena. La verdad es la única arma que puede derrotar las ubicuas mentiras que el mundo les va a contar.

De manera que por las noches me colocaba unos auriculares sobre el barrigón y reproducía audiolibros sobre mujeres valientes y complejas. Cuando nacieron, acunaba a mis hijas para que se durmieran con historias de mujeres que habían roto las jaulas de su cultura para vivir en libertad y ofrecer sus dones al mundo. Cuando crecieron, salíamos a pasear y adivinábamos las profesiones de las mujeres que pasaban: «Me juego algo a que es ingeniera, directora de empresa, atleta olímpica». Cuando otra madre comentaba en broma que mi hija era muy mandona, le respondía: «Es genial, ¿verdad? Tiene madera de líder». Si mis hijas perdían un partido y se ponían furiosas, les decía: «Es normal enfadarse». Cuando empezaron a ir al cole y consideraron la posibilidad de acobardarse y pasar desapercibidas, insistía: «Sigue levantando la mano, cariño. Puedes mostrar tu yo audaz y brillante al mundo. Puedes sentirte segura de ti misma y seguir siendo una chica».

Funcionó. Cuando crecieron, llegaban a casa del colegio y querían saber por qué la persona que ganaba el juego de los cuatro cuadrados recibía siempre el nombre del «rey». Preguntaban a sus maestras por qué la constitución estaba redactada en masculino. Insistieron en que las sacara del colegio cristiano al que asistían porque la maestra se negó a contemplar la idea de referirse a Dios como «ella». Cuando le entregaron a Tish su camiseta de fútbol con las palabras «Lady Bruins», inició una rebelión para exigir, o bien que se quitase *Lady* de las camisetas de las chicas, o bien que se añadiese *Gentleman* a las de los chicos. Amma llevaba traje al colegio y cuando el resto de la clase la llamaba «chico», se encogía de hombros. El día que me quejé porque no podría ir a la peluquería a teñirme las raíces grises, Tish me preguntó: «¿Por qué intentas cambiar quien eres?».

Hace cinco años, estaba limpiando la cocina mientras la CNN parloteaba. Me acerqué a cambiar de canal, pero entonces noté un patrón particular e inquietante en las informaciones.

La primera noticia hablaba de varios altos cargos del Gobierno, varones y blancos, que habían sido atrapados mintiendo y engañando para conservar su poder. La segunda incluía imágenes de un policía propinando una brutal paliza a un adolescente negro desarmado. A continuación, las siguientes noticias:

Un tirador de quince años había matado a tres estudiantes en su escuela, uno de los cuales era una chica que había rechazado sus insinuaciones.

Los miembros de un equipo de lacrosse habían sido acusados de violación en grupo.

Un universitario había muerto asesinado durante una novatada.

Un estudiante gay de los primeros cursos de secundaria se había ahorcado por acoso escolar.

Un veterano condecorado de treinta y cinco años había «sucumbido al trastorno por estrés postraumático».

Miré la televisión boquiabierta y pensé:

Ay, Dios mío.

Esto es lo que piensan los muchachos que deben hacer para cumplir las instrucciones de nuestra cultura.

A ellos tampoco se les permite expresar todo lo que son.

Los chicos también están enjaulados.

Los muchachos que creen que los hombres de verdad son todopoderosos engañarán, mentirán y robarán para reivindicar y conservar su poder.

Los muchachos que piensan que las chicas existen para validarlos tomarán el rechazo de una mujer como una afrenta personal a su masculinidad.

Los muchachos que creen que una conexión franca y vulnerable entre hombres es vergonzosa odiarán a los chicos gays con violencia.

Los muchachos que piensan que los hombres no lloran se convertirán en hombres iracundos.

Los muchachos que aprenden a identificar el dolor con debilidad morirán antes que pedir ayuda.

Ser un chico estadounidense es una trampa. Enseñamos a los niños a pensar que para ser hombres hay que cosificar y conquistar a las mujeres, valorar la riqueza y el poder por encima de todo y reprimir cualquier emoción que no sean la competitividad y la rabia. Luego nos quedamos de piedra cuando nuestros jóvenes se convierten exactamente en lo que les hemos enseñado a ser. Los muchachos no pueden seguir nuestras instrucciones, pero engañan, mueren y matan tratando de hacerlo. Todo lo que hace humano a un chico es el secreto inconfesable de los «hombres de verdad».

Nuestros hombres también están enjaulados. Las partes de sí mismos que deben ocultar para caber en esas jaulas son los atributos humanos que nuestra cultura ha etiquetado como «femeninos». Rasgos como piedad, ternura, suavidad, tranquilidad, bondad, humildad, inseguridad, empatía, conexión. Les decimos: «No seas nada de eso, porque es propio de las mujeres. Sé cualquier cosa menos femenino».

El problema es que esas partes de sí mismos que los chicos tienen proscritas no son rasgos femeninos; son rasgos humanos. No existen cualidades femeninas, porque la masculinidad y la feminidad no existen. La «feminidad» no es más que una serie de características humanas que una cultura agrupa para estamparle después la etiqueta «femenino».

El género no es algo natural; está prescrito. Cuando empleamos expresiones como «las chicas cuidan de los demás y los chicos son ambiciosos. Las chicas son blandas y los chicos son duros. Las chicas son emotivas y los chicos son estoicos» no constatamos una verdad sino que expresamos creencias; creencias que se han convertido en imperativos. Si esas afirmaciones nos parecen ciertas es porque nos han programado de maravilla. Las cualidades humanas no tienen género. Lo que sí tiene género es el permiso para expresar ciertos rasgos. ¿Por qué? ¿Por qué nuestra cultura prescribe unos roles de género tan estrictos? ¿Y por qué razón puede ser tan importante para nuestra cultura etiquetar cualquier muestra de ternura y piedad como *femenina*?

Porque *la manera que tiene el* statu quo *de perpetrar su poder es desaprobar la expresión de esas cualidades*. En una cultura tan desigual como la nuestra —en el seno de la cual unos pocos acumulan miles de millones mientras otros se mueren de hambre, se libran guerras por el petróleo, se dispara y se mata a los niños mientras los fabricantes de armas y los políticos se llenan los bolsillos con dinero manchado de sangre— la piedad, la humanidad y la vulnerabilidad no se pueden tolerar. La compasión y la empatía suponen grandes amenazas para una sociedad injusta.

Así pues, ¿cómo aplasta el poder la expresión de estos rasgos? En una cultura misógina, basta con etiquetarlos como femeninos. Haciéndolo así ya podemos desdeñarlos por siempre en el caso de las mujeres y convertirlos en motivo de vergüenza para los hombres. Tachán: ya no habrá ternura revolucionaria e incómoda con la que lidiar. Podemos seguir adelante sin que nuestra humanidad compartida desafíe al *statu quo* en ningún aspecto.

Me quedé allí plantada mirando la televisión. Recordé que había preparado a mis hijas desde el día uno para luchar por su humanidad. Pensé:

Mierda.

También tengo un hijo.

No recuerdo haber acunado a mi hijo para que se durmiera con historias de hombres tiernos. No recuerdo haber señalado a los hombres que pasaban diciendo: «Me juego algo a que es poeta, maestro, un padre comprometido». Cuando un adulto mencionaba la sensibilidad de mi hijo, no recuerdo haber respondido: «Es genial, ¿verdad? Su sensibilidad es su fortaleza». Cuando empezó a ir al colegio, no recuerdo haberle dicho: «Puedes ser tranquilo, triste, callado, piadoso, poca cosa, vulnerable, amoroso y bondadoso ahí fuera en el mundo. Puedes sentirte inseguro y seguir siendo un chico». No recuerdo haberle dicho: «Las chicas no se conquistan. No existen para representar papeles secundarios en las historias de los hombres. Tienen una existencia propia».

Deseo que mi hijo conserve su humanidad. Deseo que permanezca completo. No quiero que enferme; quiero que sea espabilado. No quiero que se someta a las jaulas en cuyo interior languidecerá ni que aniquile su vía de escape. No quiero que se convierta en otro ladrillo inconsciente que el poder usará para fortificarse. Deseo que conozca la verdadera historia: que goza de libertad para ser plenamente humano, por siempre.

Mi hijo es un estudiante excelente y un gran atleta. Escoge asignaturas difíciles, se queda estudiando hasta las tantas y luego se levanta temprano para entrenar. Hasta hace pocos meses, yo usaba eso como excusa para permitirle remolonear en casa. Le ordenaba la habitación mientras estaba en el colegio, le lavaba la ropa y limpiaba el estropicio que dejaba por la noche en el salón.

Una noche, pidió que le perdonásemos por no limpiar los platos para poder terminar los deberes. Lo dejé marchar mientras Abby, las niñas y yo terminábamos de recoger. Esa noche en la cama, Abby me dijo:

—Nena, ya sé que es por amor, pero se lo haces todo a Chase y él se aprovecha.

—¡No digas tonterías! —repliqué, y luego me tumbé y permanecí una hora mirando el techo.

Al día siguiente encendí el televisor y vi un anuncio sobre una pareja que acababa de tener un bebé. La joven madre dejaba al pequeño con su padre para volver al trabajo por primera vez. La cámara seguía al padre por la casa mientras Alexa recitaba con voz cantarina las constantes advertencias que la madre había programado la noche anterior: «¡No olvides la clase de música de las nueve! ¡Acuérdate de la toma del mediodía, el biberón está en la nevera! ¡Estás haciendo un buen trabajo!». Pretendía que los espectadores quedaran extasiados ante tanta dulzura.

Yo solo podía pensar: ¿Acaso ese padre acaba de aterrizar en la Tierra? ¿Es nuevo en estos lares? ¿Por qué necesita instrucciones al minuto para cuidar de su bebé? ¿Qué preparativos tuvo que hacer la madre para dejarlo todo listo? Además de prepararse para volver al trabajo, esta mamá pasó la noche anterior pensando lo que su marido tendría que hacer cada minuto del día siguiente. Previó cada una de las necesidades de él y del bebé y luego programó a Alexa para que llevara al padre de la mano todo el día y él no tuviera que pensar en nada. Pero el padre parecía un hombre adulto que quería a su hijo. No había razón en el mundo por la que no fuera tan capaz como su esposa de cuidar a su pequeño. Tanto ella como él eran madre y padre primerizos. ¿Cómo había acabado uno de los dos siendo tan incompetente?

Ay, pensé. *AY.*

Al día siguiente le entregué a Chase una lista de tareas pendientes. No las terminó. Cuando se lo señalé, se excusó diciendo:

—Lo siento mucho, mamá. Mañana tengo un examen de física muy importante.

Le contesté:

—No, yo lo siento, Chase. Te he estado enviando un mensaje equivocado. Sin darme cuenta te he enseñado que tener éxito ahí fuera es más importante que servir a tu familia aquí dentro. Te he enseñado a dedicarle al hogar únicamente la energía sobrante y a dar lo mejor de ti mismo en el mundo exterior. Voy a rectificar ese mensaje por completo mediante este otro: me importa un carajo el respeto que te granjees en el mundo exterior si no demuestras respeto por las personas que conviven contigo. Si no te metes eso en la cabeza, nada de lo que hagas ahí fuera tendrá demasiada importancia.

Nuestros muchachos nacen con un gran potencial para criar, cuidar, amar y servir. Dejemos de enseñarles que eso no se hace.

Hace años, mi exmarido salió a cenar con un viejo amigo que acababa de ser padre. Pasaron fuera varias horas y cuando Craig llegó a casa le pedí detalles:

—¡Cuéntamelo todo! ¿Cómo se llama el bebé?

Craig respondió:

—Hum. No lo sé.

—¿Cómo? ¿Qué tal les va en casa? ¿Están muy cansados? ¿Duerme bien el bebé? ¿Cómo se las está apañando Kim?

—No le he preguntado.

—¿Cómo está su madre? ¿El cáncer ha ido a peor?

—No me lo ha comentado.

—Un momento. ¿De qué habéis hablado durante dos horas?

—No lo sé. Del trabajo. De fútbol.

Recuerdo haber mirado a Craig y haber pensado: *No le cambiaría el sitio ni por todo el oro del mundo.* No habría sobrevivido a los primeros años de crianza de no haber contado con amigas sinceras con las que hablar de lo duro que era. Qué solo te debes sentir siendo hombre. Qué difícil debe resultar sobrellevar a solas todas esas cosas que en principio deberían ayudarnos a sobrellevar.

No quiero que se domestique a mi hijo para la soledad. De modo que, cuanto me toca llevar a Chase y a sus amigos en coche por todos los campos del Señor, bajo el volumen de la radio y pregunto:

> ¿Cuál ha sido el momento más embarazoso que habéis vivido esta semana?
>
> ¿Qué es lo que más os gusta de Jeff? ¿De Juan? ¿De Chase?
>
> Eh, chicos, ¿cuál de vuestros compañeros de clase creéis que se siente más solo?
>
> ¿Cómo os sentís encerrados en el armario con vuestros amigos durante los simulacros de tiroteo?

Por el espejo retrovisor los veo mirarse y poner los ojos en blanco. Luego empiezan a hablar y me asombro al comprobar hasta qué punto son interesantes sus pensamientos, sentimientos e ideas más íntimos.

Recuerdo que un día uno de los chicos dijo algo que denotaba una especial vulnerabilidad y los demás se rieron incómodos. Les dije:

—Eh, recordad que cuando os reís de algo que ha dicho otra persona, no dejáis mal al que ha hablado. Os dejáis mal a vosotros. Él ha tenido el valor de ser sincero; tened el valor para afrontarlo. La vida es dura. Los amigos tienen que ser refugios seguros unos para otros.

Los muchachos, como las chicas, necesitan aprobación, oportunidades y entornos seguros en los que compartir su humanidad. Promovamos conversaciones reales con nuestros hijos y sus amigos, en las que puedan exponer su vulnerabilidad. Preguntémosles por sus sentimientos, relaciones, esperanzas y sueños para que no se conviertan en hombres de mediana edad que solo se sienten autorizados a hablar de deporte, sexo, noticias de actualidad y del tiempo. Ayudemos a los chicos a convertirse en adultos que no se sienten obligados a sobrellevar la vida a solas.

Mi amigo Jason me confesó que, a lo largo de toda su infancia, únicamente lloraba en el cuarto de baño porque sus lágrimas molestaban a su padre y a su madre. «Pórtate como un hombre», le decían.

Me contó que su mujer, Natasha, y él estaban intentando criar a su hijo de otro modo. Querían que Tyler se sintiera seguro a la hora de expresar sus emociones, así que Jason le había ofrecido un modelo de vulnerabilidad expresándose de manera más franca delante de su hijo y su esposa. Tras contármelo, me dijo:

—Es posible que sean cosas mías, pero tengo la sensación de que, cuando intento mostrarme vulnerable, Natasha se siente incómoda. Dice que quiere que sea sensible, pero las dos veces que he llorado delante de ella o he reconocido que estaba asustado, he notado su rechazo.

Natasha es una amiga muy querida, así que le pregunté al respecto. Cuando le conté lo que Jason me había comentado, se mostró sorprendida.

—No me puedo creer que lo haya notado, pero tiene razón. Cuando llora, me siento rara. Me avergüenza decir que lo que siento es una especie de repulsión. El mes pasado confesó que el tema del dinero lo asustaba. Le dije que lo superaríamos juntos, pero, por dentro, me sorprendí a mí misma pensando: *Pórtate como un hombre, chaval*. ¿PÓRTATE COMO UN HOMBRE? Soy feminista, por el amor de Dios. Es horrible. No tiene pies ni cabeza.

No es horrible y me parece del todo lógico. Como las mujeres estamos igualmente envenenadas por los cánones culturales de la masculinidad, entramos en pánico cuando los hombres se aventuran a salir de sus jaulas. Nuestro pánico los empuja adentro otra vez avergonzados. Así que debemos decidir si queremos que nuestras parejas, hermanos e hijos sean fuertes y estén solos o sean libres y se encuentren sostenidos.

Puede que parte de la liberación de una mujer requiera liberar a su compañero, a su padre, a su hermano y a su hijo. Cuando los hombres y los niños lloran, no les digamos: «No llores, cielo». Sintámonos cómodas dejando que los hombres expresen despacio, pero sin pausa el dolor de ser humanos, para que un desahogo violento no sea su opción por defecto. Aceptemos nuestra fuerza para que los hombres puedan mostrarse blandos a su vez. Reclamemos —hombres, mujeres y todos los que están en medio o más allá— nuestra humanidad plena.

CHARLAS

C uando Tish tenía nueve años, fuimos juntas a nuestra librería favorita. Al entrar, mi hija se detuvo a mirar el expositor de las revistas: un despliegue de modelos de portada a cual más rubia, delgada y boba que la anterior. Todas eran fantasmas y muñecas. Tish observaba.

Como de costumbre, sentí la tentación de desviar su atención, de meterle prisa para que no se fijara tanto en las portadas. Pero el mensaje que transmiten ese tipo de portadas no se puede ignorar, porque está por todas partes. O bien dejamos a la infancia que extraiga por su cuenta sus propias conclusiones, o bien la acompañamos en la tarea.

Rodeé a Tish con el brazo y observamos las portadas juntas, en silencio, un momento.

YO: Interesante, ¿verdad? ¿Qué relato te cuentan acerca de lo que significa ser mujer?

TISH: Que las mujeres están muy delgadas, supongo. Y son rubias. Y tienen la piel blanca, muy pálida. Y llevan mucho maquillaje, zapatos de tacón y muy poca ropa encima.

YO: ¿Qué opinas de ese relato? Mira por la tienda. ¿Las mujeres que ves por aquí encajan con la idea de mujer que venden estas revistas?

Tish miró alrededor. Una empleada canosa enderezaba libros allí cerca. Una mujer latina hojeaba un volumen en rústica en la mesa de libros testimoniales. Una mujer embarazada de muchos meses con el pelo azul al estilo punk discutía con un niño pequeño que comía galletas.

TISH: No. Para nada.

Volvimos a casa y Tish desapareció en su habitación. Quince minutos más tarde, abrió la puerta y gritó escaleras abajo:
—¡MAMÁ! ¿CÓMO SE ESCRIBE «PETICIÓN»?
Se lo dije.
Pasado un ratito bajó a la cocina con un cartel escrito a mano. Carraspeó y empezó a leer:

CONTRIBUYE A SALVAR A LA HUMANIDAD

Querido mundo: esto es una petición para dejar claro que yo, Tish Melton, creo firmemente que las revistas no deberían mostrar que la belleza externa es más importante. No lo es. Pienso que las revistas deberían mostrar chicas fuertes, bondadosas, valientes y originales. Y enseñar a mujeres con distintos tipos de pelo y de cuerpo. TODAS las mujeres deberían ser tratadas por IGUAL.

Me entusiasmó la idea. No bastaba con que hubiera igualdad entre mujeres y hombres; también necesitábamos igualdad entre las mujeres.
No puedo limpiar el aire de mis hijas y de mi hijo de todas las mentiras que les van a contar sobre lo que significa ser una mujer o un hombre de verdad. Pero puedo enseñarles cómo ser personas críticas con la cultura en lugar de ciegas consumidoras. Puedo prepararles para que detecten esas mentiras y se enfaden en lugar de tragárselas y enfermar.

YO A LOS DOCE AÑOS: Esta es la verdad sobre las mujeres. Me adaptaré.

TISH A LOS DOCE AÑOS: Eso que dicen de las mujeres es mentira. Lo desafiaré.

TISH: Chase quiere que me apunte al mismo club al que pertenecía él a mi edad. No quiero hacerlo.

YO: Pues no lo hagas.

TISH: Es que no quiero decepcionarlo.

YO: Escúchame. Cada vez que puedas elegir entre decepcionar a otra persona o decepcionarte a ti misma, tu deber es decepcionar al otro. Tu trabajo, durante toda la vida, consiste en decepcionar a tantas personas como haga falta para evitar decepcionarte a ti misma.

TISH: ¿Incluso a ti?

YO: Sobre todo a mí.

TISH A LOS OCHO AÑOS: A Keri no le caigo bien.

YO A LOS TREINTA Y OCHO AÑOS: ¿Por qué no? ¿Qué ha pasado? ¿Qué podemos hacer para arreglarlo?

TISH A LOS DOCE AÑOS: A Sara no le caigo bien.

YO A LOS CUARENTA Y DOS AÑOS: Vale. Es un hecho, no un problema.

TISH A LOS DOCE AÑOS: Ya te digo.

BOSQUES

Mi amiga Mimi me contó que estaba preocupada porque su hijo preadolescente pasaba horas con el teléfono, encerrado en su habitación.

—¿Crees que está viendo porno? —le pregunté.

—¡No! —exclamó Mimi—. No puede ser. Es muy joven.

—Acabo de leer que la edad promedio a la que los niños descubren el porno es once años.

—Dios mío. —Mimi negó con la cabeza—. No me parece bien espiarle. Es su teléfono.

—Qué va. Tú pagas la factura. Es tu teléfono, él lo tiene en préstamo.

—Me da miedo lo que pueda descubrir —confesó.

—Ya. A mí también, todo el tiempo —reconocí—. Pero ¿y si ya ve porno? ¿Y si ya se ha perdido en ese mundo? ¿No quieres averiguarlo?

—No tengo ni idea de lo que le diría.

—Mira, conozco a muchas personas adultas que consideran liberador cierto tipo de porno, pero el porno con el que se topa la gente joven en Internet es veneno misógino. Tenemos que explicárselo para que no aprendan que el sexo consiste en violencia. Yo creo que decir algo, lo que sea (aunque nos dé miedo, nos sintamos incómodas y balbuceemos mientras ponen los ojos en blanco), es mejor que no decir nada.

»¿Y si le dijeras...?

»La sexualidad es un aspecto emocionante y maravilloso del ser humano. Es natural sentir curiosidad por el sexo y, cuando sentimos curiosidad, acudimos a Internet en busca de información.

»Sin embargo, recurrir a Internet para saber más de sexualidad plantea un problema: no sabes quién te está dando la información. Hay personas que despojan el sexo de toda vida para empaquetarlo y venderlo en Internet. Lo que venden no es sexo real. Carece de conexión, de respeto y de la capacidad de mostrar emociones, que es lo que hace sexy nuestra sexualidad.

»Este tipo de sexo lo venden personas que se parecen a los traficantes de droga. Venden un producto que provoca a las personas un subidón momentáneo parecido a la alegría, pero que luego mata la verdadera alegría. Mucha gente que empieza a mirar porno de muy joven se engancha a ese subidón. Al final tienen dificultades para disfrutar del sexo real con seres humanos de carne y hueso.

»Tratar de aprender sobre el sexo a través del porno es como tratar de aprender sobre las montañas olisqueando el ambientador que venden en las gasolineras. Cuando por fin llegas a las montañas de verdad y respiras ese aire puro y natural, tal vez te sientas confuso. Podrías desear que oliera como esa versión falsa y prefabricada del ambientador.

»No queremos que te mantengas apartado del porno mientras eres joven porque el sexo sea malo. Queremos que te mantengas alejado del porno porque el sexo de verdad —con la humanidad, emoción y el amor que conlleva— es indescriptiblemente bueno. No queremos que el sexo falso te arruine el auténtico.

—¿Y si le dijeras algo así —le pregunté a Mimi—. No dejes a ese niño tan adorable a solas en el bosque solo porque a ti te da miedo entrar a buscarlo.

No hace falta que tengamos respuestas para nuestras hijas e hijos; es suficiente con que seamos lo bastante valientes como para internarnos en el bosque y formular con ellos y ellas preguntas complicadas.

Podemos hacer cosas difíciles.

CREMAS DE QUESO

Una tarde abrí mi correo y vi un mensaje cuyo asunto rezaba: «Mamá, ¡te toca!».

El correo me informaba de que era mi turno de aportar el almuerzo para el equipo deportivo escolar de mi prole, tras el entrenamiento de primera hora. Cada mañana, una familia se encarga de llevar un derroche de *bagels*, cremas de queso, zumos y plátanos al colegio. Prepara el bufé mientras niñas y niños entrenan para que puedan comer al terminar.

La noche antes de que llevara la comida, recibí un correo de una madre. Tenía una inquietud que quería compartir conmigo. Le preocupaba que otras familias no estuvieran proveyendo suficientes opciones de crema de queso a niños y niñas. Por ejemplo, el viernes anterior solo había dos opciones y varias niñas que no encontraban de su agrado ninguna de las dos se habían tenido que comer los *bagels* sin queso. Proponía una solución: «Hay una tienda de *bagels* cerca del colegio que los prepara con crema de queso de cinco sabores distintos. ¿No podrías llevar unos cuantos de cada?».

Unos cuantos de cada. *Cinco sabores de crema de queso.*

Ofrecer cinco sabores de crema de queso a una criatura no es la manera de conseguir que se sienta amada.

Ofrecer cinco sabores de crema de queso es la manera de conseguir que sea idiota.

Y, a pesar de todo, yo soy madre de crema de queso. Todas mis amigas lo son. Criar a base de crema de queso es consecuencia de obedecer el memorando que dice: una buena parentalidad consiste en *darle a hijas e hijos lo mejor de lo mejor*. Somos familias de crema de queso porque no nos hemos parado a pensar: ¿tener lo mejor de lo mejor te convierte en mejor persona?

¿Y si rectificáramos el memorando? ¿Y si concluyéramos que una buena parentalidad incluye hacer lo posible para que todo el mundo tenga suficiente y no solo las niñas y los niños que están a nuestro cuidado? ¿Y si usáramos nuestro amor materno menos como un láser que crea agujeros en las criaturas a nuestro cuidado y más como el sol, para que su calor irradie a toda la infancia?

BASES

Una mañana me desperté y leí la noticia de algo que estaba sucediendo en la frontera con México. Criaturas de cuatro meses de edad eran separadas de sus familias solicitantes de asilo, cargadas en camiones y enviadas sin la menor explicación a centros de detención. Estuve mirando en Internet las reacciones de la ciudadanía estadounidense a esta noticia, segura de que todo el mundo estaría tan desolado e indignado como yo. Algunas personas lo estaban. Otras se habían insensibilizado. Una y otra vez leía: «Es terrible, pero no deberían haber venido si no querían pasar por eso».

Ser una persona privilegiada equivale a nacer en cuna de oro. Ser una privilegiada ignorante equivale a pensar que naciste así porque te lo mereces. Ser una privilegiada mezquina es quejarse de que las familias que son separadas al cruzar la frontera no tienen la paciencia suficiente para esperar que se produzca la reunificación.

La desesperación me afecta físicamente. Con cada nueva imagen desoladora y reacción desalmada, notaba que la esperanza iba abandonando mi cuerpo. La esperanza es energía. Esa mañana, me quedé sin ninguna de las dos. Apagué el ordenador y me metí en la cama a las tres de la tarde. Abby me arropó, me besó la frente. Oí a mi hija preguntar en el pasillo:

—¿Mamá se encuentra bien?

—Se pondrá bien. Ahora lo está sintiendo todo. Tiene que sentirlo para poder sacarle partido. Tú espera. Deja dormir a mamá. Cuando se levante, sucederá algo increíble.

¿Y si nos concediéramos permiso para sentirlo todo? ¿Y si comprendiéramos que es fortaleza —no debilidad— dejar que el dolor de otras personas penetre en nosotras? Podríamos levantar la mano y preguntar: «¿Nos podemos quedar aquí un momento? Todavía no estoy lista para salir al recreo».

Dormí doce horas y me levanté a las tres de la madrugada rebosante de energía. Cuando Abby se despertó, yo ya había montado una base de operaciones en el comedor. Tan pronto como vio mi semblante, los papeles amontonados y la pizarra apoyada sobre un caballete repleta de números de teléfono e ideas, lo entendió. Me miró y dijo:

—Vale, nena. Hagámoslo. Pero antes, café.

En cuanto salió el sol, llamamos al equipo de Together Rising: mi hermana, Allison y Liz. Una estaba de vacaciones, otra en mitad de un gran proyecto laboral y la tercera cuidando de un pariente enfermo. Pararon sus mundos e instalaron sus propias bases de operaciones en la casa alquilada en la playa, en el despacho y en la habitación del hospital. Comenzamos tal como reaccionamos siempre anteuna gran crisis humanitaria: contactando con las personas que trabajaban sobre el terreno, que conocían la crisis de primera mano y sabían qué organizaciones estaban respondiendo con sabiduría, eficiencia e integridad.

Together Rising existe para convertir nuestro desconsuelo colectivo en acción efectiva. Lo hacemos actuando como un puente que une dos grupos de guerreras: las guerreras cotidianas de todo el mundo que —en sus cocinas, coches y despachos— se niegan a permanecer insensibles ante las crisis de países lejanos y de sus propias comunidades, y las guerreras desplegadas sobre el terreno que dedican la vida a trabajar para sanar el mundo y salvar vidas. La donación más frecuente que recibe la organización es de solo 25 dólares, y Together Rising ha hecho circular más de 20 millones de dólares por ese puente que une el desconsuelo con la acción.

Las personas de Together Rising no somos las guerreras; buscamos a las guerreras. Es un trabajo esencial porque los equipos más eficaces no suelen ser las organizaciones grandes y muy conocidas a las que la gente suele donar. Los grupos más comprometidos con los que hemos trabajado eran equipos más pequeños, peleones, liderados por mujeres; aquellos que ya gozaban de la confianza de las comunidades afectadas y lo bastante ágiles para reaccionar en tiempo real. Nuestro trabajo consiste en buscarlos, preguntarles qué necesitan para proseguir con su lucha y escucharlos atentamente. A continuación se los presentamos a nuestras gentes desconsoladas. Nuestra gente dona con el fin de proporcionar a esas guerreras la ayuda que necesitan para poder continuar con su labor.

De manera que redactamos la historia de la ilícita crueldad gubernamental en la frontera y de las guerreras que trabajaban para ponerle fin. La publicamos en nuestra comunidad y otras artistas valientes y compasivas ayudaron a compartirla a gran escala. En el transcurso de nueve horas, recaudamos 1 millón de dólares para reunificar familias. En el transcurso de pocas semanas, recaudamos 4,6 millones. Pasamos el año siguiente financiando y apoyando a otras organizaciones para exigir responsabilidades al Gobierno y devolver a esos niños y niñas a los brazos de sus familias.

Una mañana publiqué un vídeo de mi hermana acompañando a un niño de seis años llamado Ariel de vuelta con su familia, de la que llevaba diez meses separado. El padre de Ariel lo había llevado a la frontera sur de Estados Unidos para solicitar asilo conforme a la ley. Cuando llegaron, una patrulla fronteriza estadounidense arrancó a Ariel de los brazos de su padre. Este suplicó a las autoridades que se limitaran a deportarlos a ambos; solo quería que le devolvieran a su hijo. Los agentes se negaron. A él lo deportaron y dejaron al niño bajo custodia gubernamental, solo. El padre tuvo que regresar a su comunidad —asolada por la pobreza extrema y la violencia de las bandas de delincuentes— y decirle a su esposa que había perdido a su hijo. La madre de Ariel y él estaban perdiendo la esperanza de volver a ver al niño cuando un equipo financiado por Together Rising contactó con ellos en Honduras. Un mes más tarde, el equipo de Together Rising pasó nueve horas en la frontera de Estados Unidos con México acompañando al padre, la madre y la hermana de Ariel hasta que las autoridades accedieron a cumplir la ley y permitieron que la familia solicitara asilo e hiciera el papeleo necesario para reclamar a su hijo. Una semana después de cruzar la frontera con la madre y el padre del niño, mi hermana recogió a Ariel en Washington y lo llevó al aeropuerto para reunirlo con su familia. El niño le dijo que tenía miedo porque no recordaba el aspecto de su padre y su madre. Cuando mi hermana sacó su teléfono y le enseñó una foto, esbozó una gran sonrisa de alegría, reconocimiento y alivio. Minutos más tarde Ariel corría a los brazos de su madre y su padre; el instante ponía fin a diez meses de espantosa separación. El vídeo que publiqué de la reunión en el aeropuerto te llegaba al alma. Nos llovieron reacciones de gratitud y también de indignación.

Esa tarde, estaba en el pasillo del colegio de mi hija cuando otra madre se acercó y me dijo:

—¿Podemos hablar?

Se me hizo un nudo en el estómago al captar el tono.

—Claro —asentí.

Nos retiramos a un lado.

Empezó:

—Llevo mucho tiempo siguiéndote, pero hoy he dejado de hacerlo.

—Bien —respondí—. Entiendo que has tomado la decisión que te parece más adecuada.

Me dispuse a retirarme.

A pesar de todo, continuó:

—Con el debido respeto, tengo que hacerte una pregunta: ¿por qué no te preocupa tanto proteger a Estados Unidos como proteger a los ilegales? Nosotros cumplimos la ley; ellos también deberían hacerlo. Mira, he leído que muchos de esos padres ya saben que les podrían quitar a sus hijos. Lo saben y vienen de todos modos. Lo siento, pero miro a mi hija y pienso: no me imagino a mí misma haciendo algo así. No me lo puedo IMAGINAR.

La miré y pensé: *¿De veras? ¿No te imaginas a ti misma arriesgándolo todo —haciendo lo que haga falta— por darle a tu hija una oportunidad de seguridad, esperanza y futuro? Puede que no seas tan valiente como esa familia.*

Las personas emplean uno de dos tonos cuando pronuncian las palabras *No me lo puedo imaginar.*

El primer tono es de humildad, reverencia, indulgencia, gratitud. Emana cierta quietud. Un matiz de *Dios nos libre de pasar por eso.*

El segundo tono —el que empleó esa mujer— es distinto. Emana rechazo y crítica. Tiene algo de categórico. Un matiz de *Por favor, yo nunca lo haría.* Usamos ese tono como un conjuro, como un diente de ajo que nos colgamos al cuello para distanciarnos de un horror en particular, no vaya a ser contagioso. Buscamos un motivo, alguien a quien culpar, con el fin de tener la seguridad de que ese horror nunca podría sucedernos y jamás nos sucederá. El juicio de valor es autoprotección; es una jaula que levantamos a nuestro alrededor. Esperamos que deje fuera el peligro, pero solo impide la entrada a la ternura y la empatía.

Lo que comprendí allí mismo, en aquel pasillo, es que cuando las personas emplean el primer tono, lo hacen porque ya se lo están imaginando. Utilizan la imaginación como puente entre su experiencia conocida y la experiencia desconocida. Se imaginan a sí mismas en la piel del otro ser humano y eso las sensibiliza, porque de algún modo son capaces —mediante el salto mágico de la imaginación— de ver y sentir lo que *otro* podría estar viendo y sintiendo. Fue entonces cuando caí en la cuenta de que la imaginación no es solo el catalizador del arte, sino también el catalizador de la compasión. La imaginación es la distancia más corta entre dos personas, dos culturas, dos ideologías, dos experiencias.

Hay un niño en la clase de quinto de mi hija Amma llamado Tommy. Tommy nunca trae hechos los deberes, así que la clase nunca consigue la recompensa prometida para cuando todo el mundo cumpla. Tommy se duerme en clase cada dos por tres y la maestra tiene que parar para despertarlo, cosa que interrumpe la clase y la pone de mal humor. Tommy tiene perpleja a Amma.

El otro día que Amma entró en casa al volver del colegio, tiró la mochila al suelo y protestó:

—¡Otra vez! ¡Ha olvidado hacer los deberes otra vez! ¡Nunca conseguiremos las pizzas, nunca! ¿Por qué no puede hacer lo que le mandan?

Afortunadamente, recordé el poder de la imaginación.

YO: Es frustrante.

AMMA: ¡Ya!

YO: Nena, ¿por qué te imaginas que Tommy podría no hacer los deberes?

AMMA: Porque es un irresponsable.

YO: ¿Tú piensas que eres responsable?

AMMA: Sí. Lo soy. Yo siempre hago los deberes y no me quedo dormida en clase. Yo NUNCA haría eso.

YO: ¿Cómo aprendiste a llevar hechos cada día los deberes?

AMMA: Tú me enseñaste a hacerlos en cuanto llegara del colegio. ¡Y me lo recuerdas cada día!

YO: ¿Tú te imaginas que en casa de Tommy hay un padre o una madre que se sientan con él y se aseguran de que haga los deberes, como hacemos nosotras?

AMMA: Seguramente no.

YO: Y también, nena, ¿por qué imaginas que Tommy está tan cansado durante el día?

AMMA: Debe quedarse despierto hasta muy tarde.

YO: ¿Hasta qué hora imaginas que te quedarías despierta tú si nosotras no estuviéramos en casa para obligarte a ir a la cama?

AMMA: ¡Me quedaría despierta toda la noche!

YO: ¿Y qué imaginas que te pasaría durante el día?

AMMA: Seguramente me quedaría dormida cada dos por tres.

YO: Sí. Puede que Tommy y tú no seáis tan distintos, al fin y al cabo. Eres responsable, Amma. Pero también eres muy afortunada.

Amma todavía se enfada con Tommy, pero cuenta con su imaginación para conservar la sensibilidad y la apertura de miras. Sabe usar la imaginación para ponerse en la piel de ese niño. No tengo claro que importe si lo que imagina es real. Solo sé que es importante que se sensibilice. Está aprendiendo a usar la imaginación para salvar la brecha entre su experiencia y la experiencia del otro, y esta habilidad le servirá a ella, a sus relaciones y al mundo. Pienso que una niña que practica imaginando por qué un compañero de clase olvida una y otra vez hacer los deberes podría convertirse en una adulta capaz de imaginar por qué un padre lo arriesgaría todo por cruzar un desierto sin nada encima salvo su hijo a cuestas.

ISLAS

Querida Glennon:
Mi hija adolescente acaba de llamarnos desde el inter-
nado y nos ha dicho que es gay. Nos alegramos por ella.
Pensamos que el amor es amor. Mi problema es el si-
guiente: mis padres vienen a pasar unos días a nuestra
casa por Navidad. Son fundamentalistas y sé que estarán
todas las vacaciones tratando de abochornarla y de «con-
vertirla». ¿Cómo lidio con esa situación?
Con todo mi respeto,
M

Querida M:
Cuando Abby y yo nos enamoramos, dejamos pasar un tiempo antes de comentarlo con nadie. Más adelante, cuando decidimos construir una vida juntas, empezamos a comunicar nuestra relación a los demás: a nuestras hijas e hijo, a nuestros padres y madres, a las amistades, al mundo. La noticia no dejó a nadie indiferente. En ocasiones sus reacciones hacían que me sintiera asustada, a la defensiva, enfadada o demasiado expuesta.

Una noche, Abby, que sabe que entiendo mejor la vida a través de las metáforas, me dijo lo siguiente:

—Glennon, quiero que pensemos en nuestro amor como en una isla. En nuestra isla estamos tú, yo, las chicas, el chico... y el verdadero amor. La clase de amor del que hablan las novelas y que la gente busca durante toda la vida. El santo grial. Lo más valioso que existe. Lo único. *Nosotras lo tenemos.* Todavía es joven y nuevo, así que vamos a protegerlo. Imagina que hemos construido alrededor de la isla un foso lleno de caimanes. No bajaremos el puente levadizo a nadie que traiga miedo a nuestra isla. Aquí solo estamos nosotras y el amor. Todo lo demás se queda al otro lado del foso. Allí no nos pueden hacer daño. Nosotras estamos aquí, felices en nuestra isla. Que lancen gritos de miedo o de odio, da igual. Ni siquiera los oímos. Hay demasiada música. *Aquí dentro, solo amor, nena.*

Cada vez que un trol de Internet, un periodista o un pastor fundamentalista emitía una crítica mojigata, yo sonreía e imaginaba su cara roja como un tomate gritando al otro lado del foso, mientras Abby, nuestra familia y yo seguíamos bailando en nuestra isla. Nada de eso nos afectaba. Pero las cosas se complicaron más cuando mi mejor amiga, mi ídolo, mi madre apareció al otro lado del foso con miedo para dar y tomar pidiendo que bajáramos el puente levadizo.

Mi madre vive en Virginia y nosotras estamos en Florida, pero hablamos a diario. Estamos estrechamente involucradas en la vida de la otra. Hace poco estábamos charlando antes de acostarnos y ella me preguntó qué planes tenía para la mañana siguiente. Le mencioné que tenía cita en la peluquería y que estaba pensando en dejarme flequillo. Nos deseamos buenas noches. Al día siguiente, me sonó el teléfono a las seis de la mañana.

—Perdona que te llame tan temprano, cariño, pero llevo toda la noche sin pegar ojo de la preocupación. Es el flequillo, cielo. Tú no te apañas bien con el flequillo. Te lo cortas, luego te arrepientes y se convierte en un dolor de cabeza. Tu vida ya es bastante estresante. Me preocupa que llevar flequillo sea una mala decisión para tu familia, cariño.

Si mi decisión de llevar flequillo tuvo a mi madre en vela toda la noche, os podéis imaginar su reacción a mi decisión de divorciarme de mi marido y casarme con una mujer. Percibía su miedo en cada pregunta y en los largos silencios entre preguntas. *Pero ¿y los niños? ¿Qué dirán sus compañeros de clase? La gente puede ser muy cruel.* Estaba alterada y eso empezó a alterarme. ¿Recordáis el día que me dijo que no me dejara flequillo? No lo hice. Mi madre sabe quererme muy, muy bien, así que siempre me he fiado de ella para saber lo que más me convenía.

No son las críticas crueles de personas que nos odian lo que nos aleja de nuestro Saber, sino la preocupación silenciosa de aquellas que nos aman. El miedo de mi madre empezó a separarme de mi Saber. Perdí la paz interior. Me puse a la defensiva y gruñona. Pasé semanas al teléfono con ella, justificándome, tratando de convencerla de que sabía lo que hacía y que todo saldría bien. Una noche estaba hablando con mi hermana, cada vez más alterada según le relataba la conversación más reciente con mi madre. Mi hermana me interrumpió para decirme:

—Glennon, ¿por qué te defiendes tanto? La gente se pone a la defensiva cuando tiene miedo de que le quiten lo que tiene. Tú eres una mujer hecha y derecha. Puedes tener lo que quieras. Nadie te lo va a quitar. Ni siquiera mamá. Esto es tuyo, Glennon. Abby es tuya.

Colgamos y pensé: *Mi madre me quiere. Y disiente conmigo respecto a lo que es mejor para mí. Tendré que decidir en quién confío más, si en mi madre o en mí misma.* Por primera vez en mi vida, decidí confiar en mí misma, aunque eso implicase actuar en oposición directa a mis progenitores. Decidí complacerme a mí misma en lugar de complacer a mis figuras parentales. Decidí hacerme responsable de mi vida, de mi alegría, de mi familia. Y decidí hacerlo con amor.

Fue entonces cuando me convertí en una mujer adulta.

Esa noche le dije a Abby:

—No voy a dedicar ni un segundo más a dar explicaciones ni a justificar nuestra relación. Dar explicaciones no es sino el miedo preparando tu defensa, y no estamos en un juicio. Nadie nos puede quitar lo que tenemos. No voy a convencer a mi padre ni a mi madre de que nos va bien hablando sin cesar de lo bien que estamos. Creo que la única manera de convencer a cualquiera de que todo va bien es seguir estando bien y dejar que lo presencien. No quiero volver a abandonar nuestra isla para predicar nuestro evangelio. Es demasiado agotador y cada vez que me empeño en convencer a otras personas de que estamos estupendamente, no estoy aquí, contigo... *estupendamente*. Así que voy a añadir otro cartel a nuestra isla. Este no mira hacia fuera, al mundo, sino que señala hacia dentro, hacia nosotras, para que nos acordemos. Dice: «Fuera, solo amor».

Nada de miedo dentro. Nada de miedo fuera.

Dentro, solo amor. Fuera, solo amor.

Al día siguiente, cuando estaba a la sombra de un árbol mientras mi hijo participaba en una carrera a campo través, buscando alivio a un calor que alcanzaba los treinta y siete grados, mi madre me llamó por teléfono y me dijo que quería visitar a sus nietas y nieto. Su tono era tenso, ansioso, tembloroso. Seguía preocupada y lo atribuía al «amor». Aún no era capaz de confiar en mi Saber. Pero, por primera vez, yo sí confié.

Esta es la parte de la historia en la que una madre y una hija se convierten en dos madres.

Le dije:

—Mamá, no. No puedes venir. Sigues asustada y no puedes traer eso a casa porque tus nietas no están asustadas ni tampoco tu nieto. Les hemos enseñado a entender que el amor y la verdad —en todas sus expresiones— se deben aceptar y celebrar. No conocen ese miedo que tú albergas y no dejaré que se lo enseñes cuando les hablas y les miras. Tu miedo a que el mundo rechace a nuestra familia te induce a crear el mismo rechazo que temes que exista. Nuestras hijas e hijo no albergan el miedo que tú albergas; pero si lo traes aquí, lo compartirán contigo, porque confían en ti. No quiero que les traspases ese peso innecesario.

»¿Es el camino más fácil para mí, para Abby, para Craig, para tus nietas y tu nieto? Claro que no. Pero es el más auténtico. Estamos construyendo una familia y un hogar verdaderos y hermosos, y espero de todo corazón que algún día, muy pronto, seas capaz de venir a disfrutar de todo ello. Pero no podemos ser nosotras las que te enseñemos que puedes amarnos y aceptarnos. Tengo que decirte algo que te dolerá y es que tu miedo no es mi problema ni el de Abby ni el de Tish, Chase o Amma. Mi deber como madre es asegurarme de que nunca sea su problema. Nosotras no tenemos un problema, mamá. Quiero que vengas tan pronto como tú no lo tengas tampoco.

»Esta es la última conversación que vamos a mantener sobre tu miedo por nosotras. Te quiero muchísimo. Resuélvelo, mamá. Cuando estés preparada para venir a nuestra isla con nada que no sea pura aceptación, alegría y celebración para nuestra familia verdadera y hermosa, bajaremos el puente levadizo para que lo cruces. Pero ni un segundo antes.

Mi madre guardó silencio un buen rato. Tras lo cual, me contestó:

—Entendido. Voy a pensar en todo esto. Te quiero.

Cortamos la llamada. Abandoné la sombra del árbol para reunirme con mi familia.

M, escúchame.

Tienes una hija en tu isla que está haciendo lo que pocas adolescentes son capaces de hacer: vivir desde su Árbol Base. Su árbol es pequeño, tan solo una plántula en tu isla. No abras la puerta y cedas el paso a la tormenta que la arrancará antes de que haya tenido tiempo de echar raíces.

Protege tu isla para ella. Todavía no ha madurado lo suficiente como para ser la guardiana del puente levadizo: ese sigue siendo tu deber. No bajes el puente levadizo de tu familia para franquear el paso al miedo; ni siquiera si procede de personas a quien ella ama. En particular, no si ese miedo enarbola el nombre de Dios.

Una mujer se convierte en madre responsable cuando deja de ser hija obediente. Cuando por fin entiende que está creando algo distinto de lo que crearon sus progenitores. Cuando empieza a construir su isla no desde las especificaciones de su madre y de su padre, sino desde las suyas propias. Cuando por fin entiende que no está obligada a convencer a quien llega a su isla que la acepten y respeten al igual que a su progenie. Su deber es permitir la entrada a su isla únicamente a aquellas personas que la aceptan y respetan y que cruzan el puente levadizo como las invitadas queridas y respetuosas que son.

Esta noche siéntate con quien te ayuda a construir y decidid qué queréis en vuestra isla y qué no. No *quiénes* son vuestros innegociables sino *cuáles* son. No bajéis el puente levadizo para franquear el paso a nada salvo a aquello que hayáis decidido dar cabida en vuestra isla, lo traiga quien lo traiga.

En este momento se te pide que escojas entre seguir siendo una hija obediente o convertirte en una madre responsable.

Escoge ser madre. De ahora en adelante, escoge ser madre cada maldita vez.

A tu madre y a tu padre les tocó construir su propia isla en su momento.

Es tu turno.

ESCOLLOS

Querida Glennon:

Acabo de llegar a casa del hospital con mi recién nacida. Cuando la dejé en el suelo acostada en su portabebés, me quedé sin resuello. Me había olvidado de cómo respirar. Estoy aterrada. Mi madre no me amaba. Una vez al día, como poco, pienso: ¿Por qué no fue capaz de amarme? ¿Tenía ella algún problema... o yo? ¿Y si era yo? ¿Cómo voy a saber cuidar de mi hija si nunca he conocido el amor materno?
H

Querida H:
Esto es lo que yo sé.

Los padres y las madres aman a sus criaturas. Nunca me he encontrado con ninguna excepción.

El amor es un río y en ocasiones algún impedimento detiene el flujo del amor.

Una enfermedad mental, una adicción, remordimientos, narcisismo, miedo transmitido por instituciones religiosas y culturales... Esos son los escollos que interrumpen el flujo del amor. A veces se produce un milagro y el escollo desaparece. Algunas familias tienen la suerte de experimentar esa Desobstrucción Milagrosa. Muchas otras no. Sucede por las buenas. Ninguna familia se lo gana a pulso. La sanación no es la recompensa para aquellas que aman más o mejor.

Cuando una madre o un padre recuperan la salud, la hija vuelve a sentir su amor. Cuando el escollo desaparece, el agua vuelve a fluir. Así son los ríos, así es el amor parental.

El amor de tu progenitora —de tu hermana, de tu amiga, de la persona que no puede amarte— estaba obstruido. Ese amor estaba ahí; arremolinado, infecto, rabioso en su desesperación por ser liberado. Estaba ahí, está ahí, todo para ti. Ese amor existe. Sencillamente no podía fluir más allá del escollo.

Puedes creer lo que te digo, porque yo he sido un río obstruido. El escollo de la adicción bloqueó mi amor y lo único que mi familia recibía por mi parte era dolor y ausencia. Mi padre me preguntaba: *¿Por qué, Glennon? ¿Por qué me mientes a la cara y nos tratas tan mal? ¿Nos quieres un poco?*

Los quería. Sentía todo ese amor arremolinado y pútrido, y tenía la sensación de que tanta presión acabaría conmigo. Pero ellos no notaban nada de eso. Para ellos mi amor no existía.

Entonces mi Desobstrucción entró en escena, la sobriedad, que fue un milagro espontáneo y un trabajo atroz al mismo tiempo. Al final mi amor fue capaz de fluir hacia mi gente. Porque yo siempre fui el río, no la roca.

Algunas personas desesperadas a menudo me preguntan: «¿Cómo? ¿Qué hiciste para mantenerte sobria? ¿Qué hizo tu familia?».

Lo intentaron todo y nada de lo que hicieron contribuyó a mi recuperación. Todo el amor del mundo no puede mover una roca, porque la Desobstrucción no es algo que suceda entre la persona obstruida y aquellos que la aman. La Desobstrucción sucede estrictamente entre la persona obstruida y su Dios.

Cuánto lo lamento, H.

Merecías recibir el amor que tu madre te profesaba. Merecías empaparte hasta los huesos de su amor cada día y cada noche.

Pero ahora necesito que me escuches.

El milagro de la gracia reside en que puedes dar lo que nunca has recibido.

Una no hereda la capacidad de amar de sus figuras parentales. Ellas no son tu fuente. Tu fuente es Dios. Tú eres tu propia fuente. El río es poderoso.

Empapa a esa niña tuya hasta los huesos, día y noche.

Fluye libremente.

BAÑOS DE SANGRE

Durante la gira de presentación de mi libro *Guerrera del amor*, miles de lectoras de todo el país acudieron esperando que hiciera lo que hacía siempre: contar la verdad acerca de mi vida. Sin embargo, por primera vez en una década, no conocían la verdad de mi vida. Había comentado que Craig y yo nos estábamos divorciando, pero no les había contado que me había enamorado de Abby.

Tenía que tomar una decisión: revelar mi nueva relación aunque aún no me sintiera preparada o plantarme delante de mis lectoras y ocultarles el acontecimiento más importante de mi existencia. La primera opción me aterraba pero también era la más natural a causa de mi Circunstancia. Mi Circunstancia es la sobriedad. Para mí, estar sobria no consiste únicamente en dejar de hacer algo; consiste en adoptar una manera determinada de vivir. Esta manera requiere existir con integridad: segura de que mi yo interior y mi yo exterior se encuentran integrados. La integridad significa tener un único yo. Estar dividida en dos yoes —el que muestras y el que escondes— conlleva fractura, así que haré lo necesario para permanecer completa. Me niego a amoldarme al mundo para complacerlo. Soy yo misma allá donde voy y dejo que el mundo se amolde.

Nunca prometeré ser así o asá, tan solo prometeré dar la cara, tal como soy, dondequiera que esté. Es lo que hay. Gustaré a la gente o no, pero gustar no es mi Circunstancia; la integridad, sí. Así que debo vivir y contar mi verdad. Las gentes acudirán o dejarán de acudir. Sea como sea, me parece maravilloso. Si pierdo algo o a alguien por decir la verdad, significa que nunca fueron míos en cualquier caso. Estoy dispuesta a perder lo que sea que me obligue a ocultar cualquier parte de mí misma.

Así que decidí contarle al mundo que estaba enamorada de Abby. La víspera de mi anuncio, una de mis compañeras de equipo comentó:

—Allá vamos. Mañana será el baño de sangre.

Entendí la inquietud. Sabía que el público se sorprendería y habría un montón de preguntas y sentimientos.

Algunas mujeres dirían en tono de admiración: «Te respeto muchísimo. ¿De dónde has sacado las agallas para hacer lo que haces?». Otras me espetarían con desdén: «Te respetaba infinitamente. ¿Qué derecho tenías a hacer eso?».

Sabía que mi respuesta sería la misma en ambos casos.

Dejé a mi marido para construir una vida con Abby por la misma razón que dejé de beber para ser madre hace dieciocho años. Porque de súbito fui capaz de imaginar una existencia más sincera, más hermosa para mí misma que esa que estaba viviendo. Y mi forma de vida consiste en imaginar la existencia, la familia y el mundo más auténticos y hermosos... y luego reunir el valor para hacer realidad lo que he imaginado.

A los treinta y tantos años, descubrí que había un tipo de dolor existencial que quería sentir. Es el dolor inevitable, insoportable y necesario de perder cosas hermosas: confianza, sueños, salud, animales, relaciones, personas. Este tipo de dolor es el precio del amor, el coste de optar por una vida valiente y franca; y lo pagaré.

Hay otro tipo de dolor que no procede de perder cosas hermosas, sino de no haber apostado nunca por ellas.

He sentido ese tipo de dolor a lo largo de mi vida. Lo reconozco en el rostro de las demás. Veo la nostalgia en los ojos de las mujeres que están junto a sus amantes, pero se sienten infinitamente solas. Veo la rabia en los ojos de las mujeres que no son felices, pero sonríen de todos modos. Veo la resignación en los ojos de las mujeres que mueren poco a poco por su descendencia en lugar de vivir por ella. Y lo oigo. Lo oigo en la amargura de las mujeres que describen cómo fingen para poder levantarse y terminar de doblar la ropa limpia. Lo oigo en el tono desesperado de las mujeres que tienen algo que decir, pero nunca lo han dicho. En el cinismo de las mujeres que han aceptado la injusticia que podrían contribuir a cambiar si fueran más valientes. Es el dolor de una mujer que poco a poco ha renunciado a sí misma.

Tengo cuarenta y cuatro años ahora y antes muerta que volver a escoger ese tipo de dolor.

Dejé a mi marido y estoy construyendo una vida con Abby porque ya soy una mujer hecha y derecha y hago lo que me da la gana. Lo digo con profundo respeto y amor; y con el deseo de que tú también hagas lo que te dé la gana con tu propia, preciosa y única vida.

La verdad es que no importa nada lo que pienses de mi vida; pero importa enormemente lo que pienses de la tuya. Un juicio de valor no es sino otra jaula en la que vivimos para no tener que sentir, saber e imaginar. El juicio de valor es autoabandono. No estás aquí para perder el tiempo juzgando si mi vida es lo bastante sincera y hermosa para ti. Estás aquí para juzgar si tu vida, relaciones y mundo son lo bastante sinceros y hermosos para ti. Y si no lo son y te atreves a admitirlo, debes decidir si tienes las agallas, el derecho —quizá incluso el deber— de quemar hasta los cimientos todo lo que no sea suficientemente sincero y hermoso, y ponerte a construir algo que sí lo sea.

Ese es el ejemplo que deseo ofrecer ahora, porque eso es lo que quiero para todas nosotras. Quiero que todas nos sintamos tan cómodas con nuestros sentimientos, Saber e imaginación que nuestro compromiso con la alegría, la libertad y la integridad sea mayor del que tenemos con manipular lo que otros piensan de nosotras. Quiero que nos neguemos a traicionarnos. Porque lo que necesita el mundo en este momento para seguir avanzando es presenciar como las mujeres, una, otra y otra más, viven su vida más sincera y hermosa sin pedir permiso ni dar explicaciones.

Así que al día siguiente me levanté, me serví un café, abrí el ordenador y respiré hondo. Luego publiqué —para una comunidad de un millón de personas— una foto en la que aparecíamos Abby y yo acurrucadas en el columpio del porche delantero, ella tocando la guitarra, las dos mirando directamente a cámara. Se nos veía convencidas. Contentas. Instaladas. Aliviadas. Escribí que Abby y yo estábamos enamoradas y planeábamos construir una vida en común, junto con mis hijas, mi hijo y su padre. No añadí mucho más. Tuve cuidado de no pedir disculpas, dar explicaciones ni justificarme. Sencillamente lo dejé ahí. Luego me alejé y me recordé que era responsable de contar la verdad pero no de la reacción de nadie a esa verdad. Yo había cumplido mi parte.

Mi hermana me llamó una hora más tarde. Le temblaba la voz.

—Hermanita —empezó—. No te vas a creer lo que está pasando. Por favor, siéntate y lee lo que dice nuestra gente. Lo que están haciendo. Mira cómo esta comunidad da la cara por ti y por Abby.

Cargué la página y vi miles de comentarios maravillosos, bondadosos, graciosos, inteligentes, abiertos, amables y sutiles. Procedían de una comunidad de personas que entendían que no hace falta comprenderme para amarme. No fue un baño de sangre. Fue más bien un bautismo. Parecían decir: «Bienvenida al mundo, Glennon. Te sostenemos».

Esa noche, una amiga me llamó y me dijo:

—Glennon, me he pasado todo el día pensando lo siguiente: creaste esta comunidad para otras mujeres. Pero quizá era para ti en realidad. Todo este tiempo has estado creando la red que algún día necesitarías como sostén.

Que todas vivamos en comunidades en las que nuestro yo más sincero sea libre y tenga un sostén al mismo tiempo.

RACISTAS

Tenía once años cuando inicié el tratamiento para la bulimia. En aquel entonces, el mundo de la salud mental no trataba los trastornos alimentarios como lo hace ahora. Cuando una niña enfermaba, se daba por supuesto que estaba rota por dentro. Todavía no entendíamos que muchas niñas enfermas son canarios en minas de carbón que inhalan pasivamente toxinas en el ambiente de sus familias, sus culturas o ambas. Así que me segregaban y me enviaban a psicólogos y médicos que trataban de curarme en lugar de curar las toxinas que estaba respirando.

Cuando estudiaba secundaria, una psicoterapeuta pidió por fin que mi familia asistiera a una de mis sesiones. Pasados unos minutos, se volvió hacia mi padre y le preguntó:

—¿Se le ocurre de qué modo podría estar contribuyendo sin darse cuenta a la enfermedad de Glennon?

Mi padre se enfadó muchísimo. Se levantó y abandonó la consulta. Entendí sus razones. Su máxima prioridad era ser un buen padre. Se aferraba con tanta fuerza a su identidad de buen padre que no era capaz de concebir que hubiera podido infligir algún daño a su hijita. Desde su punto de vista, los buenos padres no contribuyen a la disfunción familiar. Lo hacen, por supuesto, constantemente, porque los buenos padres también son humanos. En retrospectiva, advierto que nuestra familia albergaba ideas sobre la comida, el control y los cuerpos que habría sido saludable escarbar, sacar a la luz y sanear. Pero la negativa de mi padre a mirar hacia dentro dio como resultado que estuve sola mucho tiempo. Nadie más iba a abrirse en canal excepto yo.

Décadas después de aquel día en la consulta de la psicoterapeuta, Donald Trump fue electo presidente de Estados Unidos. Una amiga me llamó y me dijo:

—Esto es el apocalipsis. Es el final de nuestro país tal como lo conocemos.

Le respondí:

—Eso espero. Apocalipsis significa revelación. Hay que escarbar para poder recuperarse.

Exclamó:

—Ay, por Dios, no me hables más de recuperación. Ahora no.

—No, escucha… ¡Tengo la sensación de que hemos tocado fondo! Tal vez eso signifique que por fin estamos listas para el programa de recuperación. Quizá reconozcamos que nuestro país se ha vuelto inmanejable. Puede que hagamos inventario moral y afrontemos nuestro secreto familiar a voces: que esta nación, basada en «libertad y justicia para todos», se construyó al mismo tiempo que se asesinaba, esclavizaba, expoliaba y oprimía a millones de personas. Quizá admitamos que la libertad y la justicia para todos siempre significó libertad para los hombres blancos, heterosexuales y ricos. Entonces tal vez podamos sentar a la mesa a toda la familia (las mujeres, el colectivo gay, la población negra y de piel oscura, y también las personas que ostentan el poder) para poder iniciar el largo y arduo trabajo de reparar los daños. He presenciado la sanación de personas y familias mediante este proceso. Quizá nuestra nación pueda recuperarse también por este método.

Estaba convencida de tener razón. Pero olvidaba que los sistemas enfermos están compuestos de personas enfermas. Personas como yo. Para recuperar la salud, todo el mundo tiene que quedarse en la sala y abrirse en canal. Ninguna familia se recupera hasta que todos y cada uno de los miembros lo hacen.

Poco después de aquella conversación con mi amiga, me senté en el sofá de la sala y señalé con unas palmadas los sitios libres a mi izquierda y a mi derecha. Les dije a mis hijas:

—Venid aquí, chicas.

Tomaron asiento y me miraron. Les conté que, mientras estaban durmiendo, un hombre que era blanco había entrado en una iglesia y había matado a tiros a nueve personas que eran negras.

Luego les hablé a mis hijas de un chico negro de la edad de su hermano, que fue perseguido y asesinado cuando volvía andando a casa. El asesino alegó que pensaba que el chico llevaba un arma, pero lo que el muchacho sostenía era una bolsa de caramelos de fruta. Amma preguntó:

—¿Por qué pensó ese hombre que los caramelos de Trayvon eran un arma?

Le respondí:

—No creo que lo pensase. Me parece que solo necesitaba una excusa para matar.

Le dedicamos un rato a todo eso. Formularon más preguntas. Yo hice lo que pude. Entonces decidí que ya habíamos hablado suficiente de villanos. Teníamos que hablar de héroes.

Me encaminé a mi despacho en busca de un libro en particular. Lo cogí del estante, volví al sofá y me senté de nuevo entre las dos. Abrí el libro y leímos acerca de Martin Luther King, Jr., Rosa Parks, John Lewis, Fannie Lou Hamer, Diane Nash y Daisy Bates. Miramos fotos de las marchas por los derechos civiles y hablamos de los motivos por los que la gente marchaba.

—Alguien dijo una vez que marchar es rezar con los pies —les expliqué.

Amma señaló a una mujer blanca que portaba una pancarta entre un mar de personas de piel negra y morena. Agrandó los ojos y dijo:

—¡Mamá, mira! ¿Nosotras también habríamos marchado con ellos? ¿Como ella?

Me disponía contestarle:

—Pues claro. Pues claro que habríamos marchado, nena.

Pero antes de que pudiera hablar, Tish intervino:

—No, Amma. No habríamos marchado con ellos en aquel entonces. O sea, no lo estamos haciendo ahora.

Me quedé mirando a mis hijas que alzaban la vista hacia mí. Me acordé de mi padre en la consulta de la psicóloga tantos años atrás. Fue como si mis hijas se hubieran vuelto hacia mí para preguntarme: «Mamá, ¿se te ocurre de qué modo podríamos estar contribuyendo sin darnos cuenta a la enfermedad de este país?».

Una semana más tarde, estaba leyendo el famoso ensayo «Carta desde la cárcel de Birmingham», de Martin Luther King, Jr. y llegué al siguiente párrafo:

Tengo que confesar que en los últimos años he quedado profundamente desencantado con los blancos moderados. Casi he llegado a la triste conclusión de que el gran palo en las ruedas en el tránsito de los negros a la libertad no es el Consejo de Ciudadanos Blancos ni el Ku Klux Klan, sino los blancos moderados, que sienten más devoción por el «orden» que por la justicia; que prefieren una paz negativa, que supone ausencia de tensión, a una paz positiva, que entraña la presencia de justicia; que dicen continuamente: estoy de acuerdo con el objetivo que usted plantea, pero no puedo aprobar sus métodos de acción directa.

Por primera vez había dado con un lenguaje que definía el tipo de persona que yo era en relación con el mundo. Era una mujer blanca que imaginaba estar del lado de los derechos civiles, porque soy una buena persona que cree firmemente en la igualdad por principio. Pero la mujer blanca que Amma había señalado en la fotografía no se quedaba en casa limitándose a creer. Ella daba la cara. Cuando miré su semblante, no me pareció en absoluto *agradable*. Parecía una radical. Enfadada. Valiente. Asustada. Fatigada. Apasionada. Resuelta. Majestuosa. Y daba un poco de miedo.

Creía ser el tipo de persona blanca que habría apoyado a Martin Luther King porque ahora lo respeto. Cerca del 90 por ciento de los estadounidenses blancos están a favor de Martin Luther King en la actualidad. Sin embargo, cuando todavía vivía y exigía cambios, tan solo alrededor del 30 por ciento lo apoyaba; el mismo porcentaje de blancos americanos que hoy secunda a Colin Kaepernick.

Así pues, si quiero saber qué habría sentido respecto a Martin Luther King, Jr. en aquel entonces, no puedo preguntarme qué pienso ahora de él. En vez de eso, tengo que plantearme: ¿qué sentimientos me inspira Kaepernick en la actualidad? Si quiero saber qué habría pensado de los Viajeros de la Libertad en aquel entonces, no puedo preguntarme qué sentimientos me inspiran ahora; en vez de eso, debo plantearme: ¿qué pienso ahora del movimiento Black Lives Matter?

Si quiero saber cómo me habría significado en las luchas por los derechos civiles en el pasado, tengo que preguntarme: ¿de qué modo me estoy significando ahora, en esta época?

Decidí leer todos los libros que cayeran en mis manos sobre el tema de la raza en Estados Unidos. Inundé mis canales de redes sociales de escritoras y activistas de color. Me quedó muy claro, en un periquete, la gran influencia que esas fuentes ejercían en mi visión del mundo. Con unas fuentes de noticias repletas de voces blancas, caras que se parecían a la mía y artículos que reflejaban vivencias similares a las que yo tenía, era fácil pensar que las cosas iban bien en líneas generales. Una vez que me comprometí a comenzar cada jornada leyendo las reflexiones de personas negras y morenas, descubrí que las cosas no iban, y nunca habían ido, ni remotamente bien. Supe de la desenfrenada violencia policial; de la conocida como «vía directa de preescolar a la cárcel», en referencia a la escasez de oportunidades que ofrece la escuela pública a ciertos grupos de bajos recursos; de las condiciones infrahumanas que imperan en los centros de detención de inmigrantes; del espolio de los territorios indígenas. Mis miras empezaron a ampliarse. Estaba desaprendiendo la versión blanqueada de la historia estadounidense que me habían enseñado a creer a base de adoctrinamiento. Estaba descubriendo que yo no era la persona que creía ser. Estaba aprendiendo que mi país no era lo que me habían enseñado.

Esta experiencia de aprendizaje y desaprendizaje me recordó al proceso de recuperarse de una adicción. Cuando empecé a escuchar a fondo y a reflexionar en profundidad sobre las experiencias de las personas de color y otras minorías en Estados Unidos, me sentí igual que cuando dejé de beber: cada vez más incómoda, según la verdad perturbaba el cómodo aturdimiento en el que estaba instalada. Me sentí avergonzada cuando empecé a comprender de cuántas maneras mi ignorancia y mi silencio habían perjudicado a otras personas. Estaba agotada porque había mucho que desaprender, mucho daño que reparar y mucho trabajo por hacer. Igual que en mis primeros tiempos de sobriedad, cuando decidí dejar de beber, en cuanto empecé a tomar conciencia de lo que implicaba la supremacía blanca, me sentía temblorosa, propensa a los sobresaltos y agitada según renunciaba despacio al privilegio de no saber.

Por fin llegó el momento de alzar la voz. Empecé a compartir las voces que estaba leyendo y a pronunciarme contra el racismo del pasado estadounidense y la intolerancia y el divisionismo estratégicos de la administración Trump. Cada vez que lo hacía, la gente se enfadaba. A mí ya me parecía bien porque, por lo visto, estaba irritando a las personas adecuadas.

Mucho más tarde me pidieron que colaborara con un grupo activista liderado por mujeres de color. Una de las líderes negras nos encargó a otra mujer blanca y a mí la tarea de preparar un seminario *online* para motivar a otras mujeres blancas a trabajar por la justicia racial. Nuestra misión era doble: empezar a concienciar a otras mujeres blancas y pedir donativos para costear las fianzas y el amparo legal de las activistas negras que se dejaban la piel día tras día.

La otra mujer blanca y yo aceptamos el trabajo. En las conversaciones que mantuvimos para organizar el seminario *online*, decidimos que ella se centraría en la historia de la complicidad de las mujeres blancas y yo me enfocaría en mi experiencia personal como mujer blanca que cobra conciencia de su papel en el seno de la supremacía blanca. Pensaba que si explicaba a las mujeres blancas que la confusión, el bochorno y el miedo que experimentarían durante los primeros días de enfrentarse al racismo eran efectos predecibles del proceso de rehabilitación, aumentarían las posibilidades de que perseverasen en la causa antirracista. Además, contarían con más recursos para confrontar su propio racismo en privado, en lugar de pensar equivocadamente que debían compartir en público sus sentimientos. Eso me parecía importante, porque las líderes negras me decían que la ignorancia y la emotividad de las mujeres blancas bienintencionadas constituían un escollo importante en el camino hacia la justicia.

Sabía a qué se referían. Lo había presenciado innumerables veces. Si las mujeres blancas no aprendemos que nuestras experiencias en los primeros días de enfrentarnos al racismo son predecibles, pensamos que nuestras reacciones son únicas. Así que entramos en el diálogo racial demasiado pronto y nos significamos con nuestros sentimientos, confusión y opiniones. Cuando lo hacemos, nos estamos atribuyendo protagonismo y es inevitable que nos pongan en nuestro sitio, que no es precisamente el papel protagonista. Y eso nos perturba todavía más. Estamos acostumbradas a que los demás agradezcan nuestra presencia, así que la falta de reconocimiento hiere nuestros sentimientos. Nos obcecamos. Decimos cosas como: «Al menos lo intento. Nadie me lo agradece siquiera. Lo único que recibo son ataques». Y la gente se molesta, porque decir «me están atacando» no describe con exactitud lo que está pasando. Sencillamente nos están señalando la verdad por primera vez. Y esa verdad se vive como un ataque, porque llevamos mucho tiempo protegidas por cómodas mentiras.

No entendemos nada. Tenemos la sensación de meter la pata cada vez que abrimos la boca y de que la gente se toma mal todo lo que decimos. Pero yo no creo que nadie se moleste sencillamente porque no demos con la palabra adecuada. Pienso que se molestan —y nos ponemos a la defensiva, nos sentimos heridas y frustradas— porque hemos caído en la trampa de creer que cobrar conciencia sobre el racismo consiste en decir lo correcto en lugar de *ser* lo correcto; de pensar que significarse implica *actuar* en lugar de *transformarse*. Nuestra manera de alzar la voz revela que todavía no hemos llevado a cabo los estudios y la escucha necesarios para transformarnos antes de tratar de decir lo correcto.

Somos tazas llenas a rebosar y no paramos de recibir golpes. Si estamos llenas de café, será café lo que derramemos. Si estamos llenas de té, será té lo que vertamos. Recibir golpes es inevitable. Si queremos cambiar lo que derramamos, tenemos que trabajar para cambiar lo que llevamos dentro.

«¿Cómo empiezo a participar en el diálogo racial?» no es la pregunta adecuada en los primeros días de enfrentarse al racismo. No hablamos tanto de un diálogo en el que participar públicamente como de una conversación que mantener en privado. Si estamos en él para figurar o para transformar se torna evidente por nuestra manera de ocupar el espacio. Cuando una mujer blanca se significa en público, lo hace con un respeto humilde, y eso implica una actitud discreta, serena y flexible. No se dedica a machacarse, porque la autoflagelación solo es otra forma de pedir atención. Tiene sentimientos, pero se interroga sobre ellos en lugar de imponérselos a las demás, porque tiene interiorizado que sus emociones son irrelevantes cuando la gente está muriendo.

Había pensado compartir todo eso en el seminario *online*. Albergaba la esperanza de poder preparar a las participantes para las primeras fases de enfrentarse al racismo y que esa preparación contribuyese al trabajo por la justicia social a mayor escala de nuestro grupo activista. Enviamos las propuestas para el seminario *online* a las líderes del grupo para que nos devolviesen sus comentarios y nos dieran el visto bueno. Incorporamos sus sugerencias y anunciamos el seminario en Internet. Se apuntaron miles de personas. Me fui a la cama.

Cuando desperté al día siguiente, me encontré con un mensaje de una amiga que decía: «G, solo para saber cómo estás. Estoy viendo la que se ha organizado en Internet. Dime que estás bien».

Se me cayó el alma a los pies cuando entré en Instagram. Había cientos —al final miles— de comentarios, muchos de ellos de personas que me acusaban de racista.

Lo que no sabía en aquel entonces es que hay varias escuelas de pensamiento, válidas y contradictorias, acerca de cómo las mujeres blancas deberían dar la cara en el movimiento por la justicia racial. Un punto de vista: las mujeres blancas —siempre y cuando rindan cuentas a las mujeres de color y dirigidas por ellas— deberían usar sus voces y plataformas para animar a otras mujeres blancas a unirse a la causa antirracista. Otro punto de vista: las mujeres blancas solo deberían alzar la voz para señalar a otras gentes de color que ya están haciendo el trabajo. Las que suscribían la segunda filosofía estaban furiosas conmigo por el seminario.

¿Por qué intentas enseñar en lugar de señalar a las mujeres de color que ya están haciendo ese trabajo? ¿Por qué ocupas espacio en este movimiento cuando tantas mujeres de color llevan una eternidad haciendo este trabajo? Ofrecer un curso gratuito implica reducir el presupuesto de las educadoras negras. Ofrecer un «espacio seguro» para que las mujeres blancas hablen sobre racismo está mal; las mujeres blancas no necesitan sentirse seguras, necesitan que las eduquen. Quedas cancelada. Eres una racista. Eres una racista, Glennon. No eres nada más que una racista. Por todas partes, la palabra «racista».

Me quedé anonadada.

Las críticas no son nuevas para mí. Soy una mujer que anunció su compromiso con otra mujer durante una gira de charlas cristianas de alcance nacional. He sufrido escarnio público y he sido excomulgada de confesiones religiosas enteras. Estoy acostumbrada a que me odie «el otro lado»; considero esa clase de contragolpe una medalla honorífica. Pero el fuego amigo era nuevo y humillante. Me sentía una idiota y tenía remordimientos. También sentía una envidia tremenda de cada una de las personas que habían decidido no participar en esto. Recordé el refrán «es mejor guardar silencio y pasar por tonta que abrir la boca y demostrarlo». Estaba a la defensiva, dolida, frustrada y asustada. No se me ocurría ni una sola cosa que me aterrorizara más que ser tildada de racista. Había tocado fondo.

Afortunadamente, soy una mujer que sabe por experiencia que, si bien tocar fondo parece el final, siempre es el principio de algo. Sabía que ese era el momento en que podía, bien recaer con un par de tragos de autocompasión y resignación, bien reafirmarme en mis ideas antirracistas y seguir adelante. Me dije: Respira. No seas presa del pánico ni huyas. Sumérgete. Siéntelo todo. Quédate quieta. Imagina. Deja que arda.

Al final, empecé a recordar.

Cada noche, durante toda mi infancia, mi familia se sentaba en el sofá del sótano a mirar reunida las noticias. Era la época de la Lucha Contra la Droga. Yo vivía en las afueras, pero la drogadicción en las ciudades estaba alcanzando cotas espantosas. Las noticias insistían en que el crack estaba por todas partes, así como los llamados «hijos del crack» y «reinas de la beneficencia». Noche tras noche veíamos jóvenes negros empujados al suelo, rodeados en tropel y metidos a rastras en coches patrulla. Después de las noticias nocturnas emitían el programa sobre policías *Cops*. Al igual que millones de familias estadounidenses, mi familia se sentaba reunida a mirar *Cops*. Cada noche veía a policías mayoritariamente blancos arrestar a hombres pobres mayoritariamente negros. Por entretenimiento. Comíamos palomitas mientras lo mirábamos.

Treinta años más tarde, tras la masacre de la iglesia de Charleston, en la ciudad de la Virginia rural de mis padres, todo el mundo hablaba de cómo responder a los problemas raciales que sacudían la conciencia de Estados Unidos. Una iglesia de la localidad invitó a la comunidad a reunirse y abordar el problema. Mis padres decidieron asistir.

Se sentaron en una gran sala con otro centenar de personas blancas. Una mujer se levantó para moderar la reunión. Anunció que ella y otras mujeres habían decidido reaccionar enviando provisiones al colegio mayoritariamente negro del otro lado de la ciudad. Sugirió que se dividieran en grupos y escogieran artículos para recaudar. La sala respiró aliviada. ¡Sí! ¡Acción de puertas afuera! ¡Actuación en lugar de transformación! ¡Nuestras almas están a salvo!

Mi padre se sintió confuso y frustrado. Levantó la mano. La mujer le dio la palabra.

Mi padre se puso en pie y dijo:

—No he venido a preparar paquetes. He venido a hablar. Me crie en un pueblo racista del sur. Me enseñaron muchas cosas sobre los negros que he llevado en la mente y el corazón durante décadas. Empiezo a entender que no solo eran mentiras, sino también mentiras letales. No quiero legar ese veneno a la generación de mis nietos. Quiero quitarme todo eso de encima, pero no sé cómo arrancármelo. Lo que estoy diciendo, me parece, es que hay racismo en mi interior y quiero desaprenderlo.

Mi padre es un hombre que ha pasado toda su vida profesional en los colegios, defendiendo a niños y niñas que no tenían el mismo aspecto que yo. Nos enseñó, un día sí y otro también, que ser racista está mal. Pero ahora mi padre había entendido que una persona puede ser buena y estar enferma de todos modos. Había entendido que en Estados Unidos existe algo que se puede considerar un racismo altamente funcional. Había adquirido la humildad suficiente como para comprender que podemos ser buenas personas, bondadosas y defensoras de la justicia de mente y de corazón; pero, si vivimos en Estados Unidos, estamos envenenadas por el aire racista que respiramos. Se atrevió a imaginar que tenía un papel en esa familia enferma que es la sociedad estadounidense. Estaba dispuesto a dejar que ardiera su preciosa identidad de «buena persona blanca». Estaba listo para quedarse en la sala y abrirse en canal.

Soy feminista, pero me crie en una cultura sexista. Me crie en un mundo que intentaba convencerme a través de los medios de comunicación, las organizaciones religiosas, los libros de historia y la industria de la belleza de que los cuerpos femeninos valen menos que los cuerpos masculinos y que ciertos tipos de cuerpos femeninos (delgados, altos, jóvenes) valen más que otros tipos de cuerpos femeninos.

Las imágenes de cuerpos femeninos que se anuncian, la agresión de presentar cuerpos femeninos esqueléticos como el máximo logro de una mujer y el ubicuo mensaje de que las mujeres existen para complacer a los hombres constituyen el aire que he respirado. Vivía en una mina y la toxina era la misoginia. Enfermé. No porque sea una persona malvada y sexista sino porque respiraba aire misógino.

Desarrollé bulimia y he tardado toda una vida en recuperarme. Es más difícil desaprender el odio a una misma que aprenderlo. Resulta complicado para una mujer estar sana en una cultura que sigue estando tan enferma. La victoria definitiva de una mujer es encontrar la manera de amarse y amar a las otras mujeres en un mundo que insiste en que no tiene derecho a hacerlo. Así que trabajo mucho por la salud y la completitud a diario. Soy una defensora de la igualdad femenina porque, en el fondo de mi corazón, conozco la verdad. Sé para qué tengo un cuerpo. No existe para que los hombres lo utilicen. No existe para vender cosas. Lo tengo para amar, aprender, descansar y luchar por la justicia. Sé que cada uno de los cuerpos que hay en la Tierra posee un mismo valor infinito.

Y sin embargo...

El veneno todavía está dentro de mí. Aún albergo los prejuicios que me han sido inculcados a lo largo de décadas. Todavía me cuesta amar mi cuerpo a diario. El cincuenta por ciento de mis pensamientos diarios giran en torno a mi cuerpo. Aún me subo a la báscula para medir mi autoestima. De forma inconsciente, es probable que todavía conceda a una mujer joven y delgada más valor que a una mayor con más peso. Sé que a menudo mis reacciones automáticas no vienen dictadas por mi yo salvaje sino por el domesticado. Gracias a eso soy capaz de corregir ese primer juicio erróneo, pero me exige un esfuerzo deliberado. Somos el aire que respiramos.

Cuando tenía treinta y cinco años, noté que las arrugas de la frente se me estaban acentuando y acabé por desplazarme a la consulta de un médico y pagar cientos de dólares para que me pusieran dolorosas inyecciones de un veneno llamado bótox con el fin de que mi rostro tuviera tanto valor como los rostros más jóvenes y tersos que aparecían en la tele. Era mucho más sabia que todo eso. Pero mi subconsciente no lo era. Mi subconsciente todavía no se había puesto a la altura de mi mente y de mi corazón, porque estaba (aún está) envenenado. Tomé la decisión consciente de dejar de envenenarme. De no volver a pagar para que me inyectaran misoginia debajo de la piel. Soy feminista radical, por siempre. Pero el sexismo y la misoginia todavía corren por mis venas. Puedes ser algo y que tu subconsciente sea otra cosa.

Hablo constantemente a las mujeres de cómo nos afecta a niveles profundos la misoginia que nuestra cultura insufla en el aire. De que corrompe las ideas que nos formamos sobre nosotras y nos enfrenta unas a otras. De que esa programación venenosa nos enferma y nos torna mezquinas. De que todas tenemos que esforzarnos al máximo para desintoxicarnos y dejar de lastimarnos a nosotras mismas y a otras mujeres. Las mujeres lloran, asienten y dicen: «Sí, sí, también es mi caso. Hay misoginia en mí y quiero librarme de ella». A nadie le aterra reconocer que tiene la misoginia internalizada porque la admisión no pone tu moral en entredicho. Nadie te va a decir que arrastrar cierto grado de misoginia te convierte en una mala persona. Cuando una mujer afirma querer trabajar para desintoxicarse de la misoginia, nadie la tilda de misógina. Se entiende que hay una diferencia entre ser misógina y ser una persona afectada por la misoginia que se esfuerza de manera activa por desintoxicarse. Ambas arrastran misoginia, programada por el sistema, pero la primera la usa para ejercer un poder que perjudica a otras personas y la segunda trabaja para desembarazarse de ese poder y dejar de perjudicar a otras personas.

Sin embargo, cuando saco a colación el tema del racismo, las mismas mujeres objetan: «Pero yo no soy racista. No tengo prejuicios. En mi casa no los había».

No nos libraremos del racismo hasta que empecemos a pensar en él del mismo modo que pensamos en la misoginia. Hasta que tengamos en cuenta que el racismo no solo es una falla moral personal sino también el aire que hemos estado respirando. ¿Cuántas imágenes de cuerpos negros empujados al suelo hemos ingerido? ¿Cuántas fotografías de cárceles atestadas de cuerpos negros hemos visto? ¿Cuántos chistes racistas nos hemos tragado? Nos han inundado con noticias e imágenes que buscaban convencernos de que los hombres negros son peligrosos, las mujeres negras son prescindibles y los cuerpos negros valen menos que los cuerpos blancos. Esos mensajes están en el aire que ahora mismo respiramos. Debemos darnos cuenta de que admitir que el racismo nos ha envenenado no es una falla moral; pero negar que llevamos dentro ese veneno sí lo es.

La revelación debe preceder a la revolución. Estar sobria —dejar el alcohol, el patriarcado, la supremacía blanca— se parece un poco a tomarse la píldora azul y observar cómo la matriz deliberada e invisible en la que hemos estado viviendo se torna visible poco a poco. En mi caso, el proceso de desintoxicación de la bebida incluyó cobrar conciencia de que la matriz de la cultura consumista me había lavado el cerebro para que creyera que debía anestesiar el dolor mediante el consumo. Desintoxicarme del trastorno alimentario implicó percibir la red patriarcal que me había enseñado a creer que no tenía permitido sentir hambre u ocupar espacio en el mundo. Y desintoxicarme del racismo me requiere abrir los ojos a la intrincada red de la supremacía blanca que existe para convencerme de que soy mejor que las gentes de color.

En Estados Unidos no hay dos tipos de personas, racistas y no racistas. Hay tres tipos: las envenenadas por el racismo que escogen difundirlo activamente; las envenenadas por el racismo que intentan desintoxicarse activamente; y las envenenadas por el racismo que niegan la presencia del mismo en su interior.

He concluido que las personas que me llamaban racista tenían razón.

Y se equivocaban.

Pertenezco al segundo grupo de personas. Soy una mujer blanca que ha llegado a la conclusión de que si algunos me acusan de racista cuando me significo para hablar de racismo es porque me muestro tal como soy y albergo racismo dentro de mí. Por lo que digo y lo que no digo, por mi manera de decirlo, la gente percibe mi racismo intrínseco desde el exterior. Lo que ven y lo que señalan es la pura verdad.

A todas las personas blancas que den la cara y digan la verdad —porque es su deber como miembro de nuestra familia humana— les van a señalar su racismo. Tendrán que aceptar que otras puedan no estar de acuerdo con su manera de significarse y que tendrán todo el derecho a disentir. Deberán aprender a aguantar la ira de otras personas, sabiendo que en buena parte es real, sincera y necesaria. Deberán aceptar que uno de los privilegios a los que deben renunciar es su comodidad emocional. Deberán recordarse que ser tildada de racista no es lo peor en realidad. Lo peor es ocultar el propio racismo para permanecer a salvo, para gustar a las demás y sentirte cómoda mientras otras sufren y mueren. Hay cosas peores que encajar las críticas; como ser una cobarde.

Me asusta consignar estos pensamientos en un libro que no llegará a manos de las lectoras hasta dentro de un año a contar desde ahora. Sé que más adelante leeré estas líneas y detectaré racismo en ellas que no puedo detectar ahora. Pero pienso en las palabras de Maya Angelou: «Haz todo lo que puedas hasta que seas más sabia. Y cuando seas más sabia, hazlo mejor». Hacer todo lo que se puede es una postura activa, como también lo es ser más sabia. No nos significamos y luego esperamos a ser más sabias por arte de magia. Nos significamos y luego, cuando nos corrigen, seguimos trabajando. Escuchamos con atención para · ser más sabias la próxima vez. Buscamos maestras para ser más sabias la próxima vez. Dejamos que ardan nuestras ideas acerca de lo buenas que somos y las buenas intenciones que tenemos para poder ser mejores la próxima vez. Aprender a ser más sabias es un compromiso. Solo seremos más sabias si seguimos dejando de ser otras cosas.

Así que me comprometo a alzar la voz con profunda humildad y a hacer todo lo que pueda. Seguiré entendiéndolo mal, que es lo más cerca que puedo estar de entenderlo bien. Cuando me corrijan, seré abierta de miras y seguiré aprendiendo. No porque pretenda ser la más concienciada de entre las concienciadas, sino porque hay niñas y niños que están muriendo por culpa del racismo, y las hijas e hijos de otras personas también nos importan. El racismo oculto está destruyendo vidas y acabando con ellas. Provoca que la tasa de hombres negros muertos a manos de agentes policiales sea el triple que la de hombres blancos. Permite que los legisladores restrinjan los presupuestos para agua potable y la infancia se envenene. Provoca que la tasa de mujeres negras a las que la profesión médica deja morir durante o después del parto sea el triple que la de mujeres blancas. Permite que la tasa de alumnado negro expulsado temporal o definitivamente por los centros escolares sea el triple que la de alumnado blanco. Provoca que la judicatura encarcele seis veces más consumidores de drogas negros que blancos. Y mi complicidad con este sistema que deshumaniza a los demás me deshumaniza. Puede que no tengamos la culpa de que el veneno programado del racismo nos haya sido inoculado, pero tengo clarísimo que librarnos de él es responsabilidad nuestra.

Así pues —tanto si afecta a mi familia como a mi comunidad o a mi país—, cuando llegue el momento de que la atención recaiga sobre mí y se me formule la pregunta: «¿Cómo imaginas que podrías estar contribuyendo a nuestra enfermedad?», quiero quedarme en la sala, quiero sentir, imaginar, escuchar, trabajar. Quiero abrirme en canal para contribuir a limpiar nuestro aire.

PREGUNTAS

Hace poco di una charla en un acto tipo asamblea municipal en el Medio Oeste. Había un millar de mujeres en la concurrencia, cuatro hombres mal contados, unos cuantos bebés balbuceantes. Cuando abrimos el turno de preguntas, reparé en que una mano se levantaba despacio al fondo de la sala. La ayudante encargada del micro se apresuró hacia las últimas filas, se deslizó entre los bancos y le pidió a la propietaria de la mano que se levantara. Una mujer de cabello corto y canoso con un rostro afable y serio surcado de arrugas se puso en pie con lentitud. Llevaba una sudadera con una bandera de Estados Unidos y la palabra ABUELA escrita sobre la misma con pintura en relieve casera. Le temblaba la mano una pizca cuando sostuvo el micro. Me enamoré de ella al instante. Dijo:

—Hola, Glennon. Llevo diez años siguiendo tu obra y he venido a hacerte una pregunta que no me atrevo a formular a nadie más. Estoy… confusa. Mi sobrino ahora es mi sobrina. Lo adoro…, perdón, la adoro. Mi nieta llevó a un chico al baile de bienvenida del año pasado y a una chica este año. Y ahora… ¿tú también eres gay? No pretendo ofender a nadie, pero… ¿por qué todo el mundo es tan gay de repente?

De súbito, la quietud y el silencio se apoderaron de la sala. El mar de cabezas que se había vuelto hacia esa mujer giró despacio hacia mí. Noté el estrés colectivo de la concurrencia. Por ella, por mí, por todas nosotras. (Oh, Dios mío, ¿ha sido ofensivo? ¿Estaba fuera de lugar? ¿Se ha enfadado Glennon? Pero sí, ¿por qué todo el mundo es tan gay de repente?) Les preocupaba que acabáramos de estrellarnos y estallar en llamas. Yo sabía que por fin habíamos despegado. Bienaventuradas sean las que tienen el valor de incomodarnos, porque ellas nos despertarán y nos harán avanzar.

Respondí:

—Gracias por hacer una pregunta que a la mayoría le da miedo reconocer que se plantea. Las preguntas no formuladas se convierten en prejuicios. Su sobrina y su nieta tienen suerte de contar con usted. ¿Me dice su nombre, por favor?

—Joanne.

—Yo sé por qué todo el mundo es tan gay de repente. Son esos malditos transgénicos, Joanne.

Una marea de carcajadas de alivio inundó la iglesia al completo. Algunas señoras reían con tantas ganas que les rodaban las lágrimas por las mejillas mientras todas participábamos en un bautismo inmenso, colectivo, orgánico. Cuando las risas se apagaron sugerí que respirásemos profundamente. Qué bien nos sentó reír y luego respirar juntas. No todo tiene que ser aterrador, a fin de cuentas. Esto es la vida nada más y solo somos personas que tratamos de descifrarnos unas a otras. Que tratamos de descifrarnos a nosotras mismas. Después de la respiración conjunta, comenté algo parecido a lo siguiente:

Hay fuerzas salvajes y misteriosas en el interior de los seres humanos y entre ellos que nunca hemos sido capaces de entender. Fuerzas como la fe. Como el amor. Como la sexualidad. Nos sentimos incómodas con nuestra incapacidad para comprender o controlar esos misterios.

Así que tomamos la fe salvaje —ese flujo misterioso e indefinible, en transformación constante, entre los seres humanos y la divinidad— y la empaquetamos en forma de religiones.

Tomamos la sexualidad —ese flujo misterioso e indefinible, en transformación constante, entre los seres humanos— y la empaquetamos en forma de identidades sexuales.

Se podría comparar a un vaso de agua.

La fe es el agua. La religión es el vaso.

La sexualidad es el agua. La identidad sexual es el vaso.

Creamos esos vasos para tratar de contener fuerzas incontenibles.

Y luego les dijimos a las personas: escoge un vaso, hetero o gay.

(Por cierto, si escoges el vaso gay seguramente quedarás desprotegida ante la ley, condenada al ostracismo por tu comunidad y desterrada por Dios. Escoge con sabiduría.)

Así que las gentes vertían sus seres vastos y fluidos en esos vasos angostos y arbitrarios porque eso era lo que se esperaba que hicieran. Muchas vivían en un estado de silenciosa desesperación y se ahogaban lentamente al contener el aliento para caber en esos vasos.

En alguna parte, en algún momento, alguien —por la razón valiente y milagrosa que fuera— por fin reconoció la existencia de su dragón. Decidió confiar en lo que sentía, reconocer lo que sabía y atreverse a imaginar un orden invisible en el que pudiera ser libre. Se negó a seguir reprimiéndose. Decidió expresar su mundo interior en el exterior y, sencillamente, Dejar que Ardiera. Levantó la mano y dijo: «A mí esas etiquetas no me parecen auténticas. No quiero entrar a presión en ninguno de esos vasos. Para mí, la cosa no funciona exactamente así. Todavía no tengo claro cómo funciona, pero no es así».

Alguien más oyó hablar a esa valiente pionera y notó una esperanza eléctrica corriendo por sus venas. Pensó: *Un momento. ¿Y si no estoy solo? ¿Y si no estoy dañado, en absoluto? ¿Y si lo que está dañado es el sistema de los vasos?* Notó que su mano se levantaba y su voz se alzaba para decir: «¡Yo también!». Y entonces otra persona levantó la mano despacio y luego otra, y otra, hasta que hubo un mar de manos, algunas temblorosas, otras puños cerrados; una reacción en cadena de autenticidad, esperanza y libertad.

Yo no creo que la homosexualidad sea contagiosa. Pero estoy segura de que la libertad sí lo es.

En nombre de la libertad, añadimos más vasos. Dijimos: «Vale, entendido. No encajas en esos otros vasos. ¡Pues mira, tenemos un vaso bisexual para ti! Y para ti, ¿qué te parece un vaso pansexual?». Seguimos añadiendo vasos etiquetados para cada letra de las siglas LGBTQ hasta que tuvimos la sensación de haber agotado todas las letras del alfabeto. Eso estaba mejor. Pero no estaba del todo bien, porque algunos vasos todavía conllevaban menos derechos y mayores cargas. Y algunas personas, como yo, seguíamos sin encontrar un vaso a nuestra medida.

Yo presiento que las personas siempre han sido cincuenta sombras de gay. Me pregunto si en lugar de añadir más vasos no deberíamos dejar de intentar contener en su interior a las personas. Tal vez, al final, nos libremos del sistema de los vasos por completo. La fe, la sexualidad y el género son fluidos. Sin vasos; todo mar.

No obstante, dejar que se quemen las viejas estructuras puede resultar incómodo y desorientador. El runrún de la libertad asusta porque al principio recuerda al caos. Pronombres, baños y chicas que llevan a chicas al baile, ¡santo cielo! Pero el «progreso» consiste sencillamente en desarticular los sistemas que ya no se nos antojan lo bastante auténticos con el fin de crear otros nuevos que se adapten mejor a las personas *tal como son*. La gente no está cambiando, al fin y al cabo. Sucede que, por primera vez, hay libertad suficiente para que las personas dejen de cambiar lo que son. El progreso consiste en reconocer lo que hay y lo que hubo en todo momento. El progreso siempre es un retorno.

Tal vez podamos dejar de empeñarnos en comprender el maravilloso misterio de la sexualidad y, en vez de eso, limitarnos a escucharnos a nosotras mismas y a las demás personas con curiosidad y amor, y sin miedo. Podemos dejar que cada cual sea la persona que es y creer que, cuanto más libres seamos cada una de nosotras, mejores seremos todas. Tal vez nuestro concepto de la sexualidad pueda devenir tan fluido como la sexualidad misma. Podemos recordar que, por más que nos perturbe dejar que otros emerjan de sus vasos y fluyan, merece la pena. Nuestra buena disposición a sentirnos confusas, abrir la mente y ser bondadosas salvará vidas.

Puede que el valor no consista únicamente en negarse a tener miedo de una misma sino también en negarse a temer al otro. Tal vez podamos dejar de buscar territorios comunes y permitir a todo el mundo ser el mar. Ya lo es, en cualquier caso. Que así sea.

AUTORIZACIONES

Una organización de cristianos fundamentalistas anunció recientemente que me excomulgaba de la «iglesia evangélica». Me hizo mucha gracia enterarme de eso. Me sentí como Kramer en la serie *Seinfeld* cuando su jefe intenta despedirlo de un empleo que nunca desempeñó. «No me puede despedir —replica Kramer, perplejo y desafiante—. En realidad ni siquiera trabajo aquí.»

Estaba hablando del tema con una amiga y me dijo:

—Es tan horrible... ¿Por qué no pueden entender que tú naciste así? ¡No puedes evitarlo! Es una crueldad castigarte por algo que ni siquiera puedes cambiar.

Hummmmm, pensé. *No es exactamente así.*

En ocasiones decimos cosas que creemos cariñosas cuando en realidad están revelando nuestro adoctrinamiento.

Las cosas que no puedes evitar son cosas que evitarías si pudieras.

Tengo clarísimo que, aunque pudiera cambiar mi sexualidad, no lo haría. Santo cielo, me encanta compartir mi vida con una mujer. Me encanta que nunca cejemos en el ansia de comprendernos mutuamente y el hecho de que ninguna se rinda hasta que lo conseguimos. Me encanta que ya nos entendamos tan bien, porque somos dos mujeres que intentan abandonar las mismas jaulas. Me chifla que nuestra vida en común sea una conversación eterna que solo interrumpimos para dormir.

Me encanta tener relaciones con mi mujer. Adoro las caricias que son invitaciones y adoro el momento en que nuestras miradas se anclan y lo tenemos claro. Adoro lo bien que una entiende el cuerpo de la otra y adoro el terciopelo líquido de su piel. Me encanta la suavidad, la intensidad, la paciencia y la generosidad del entretanto y el amor del después —el tiempo fuera del tiempo— cuando yacemos en mutuo abrazo sin decir nada y sonreímos al techo de puro alivio y gratitud. Me encanta que una de las dos acabe por soltar una risita en todas las ocasiones y diga: *¿De verdad esta es nuestra vida?*

He estado casada con una persona de otro género y con una de mi mismo género. El matrimonio entre personas del mismo género se me antoja mucho más natural, porque carece del esfuerzo constante por salvar la brecha entre dos géneros que, a causa del adiestramiento cultural, aman y viven de manera muy distinta. Mi mujer y yo ya estamos al mismo lado del puente. Estar casada con Abby es llegar a casa tras un viaje largo, frío y agotador. Ella es la chimenea que chisporrotea, la alfombra de pelo largo, el sofá en el que me desplomo, la manta que me envuelve y la música de jazz sonando de fondo que me hace estremecer bajo mi manta.

Lo que quiero decir es lo siguiente: ¿y si no nací así en absoluto? ¿Y si me casé con Abby no solo porque sea gay sino porque soy lista? ¿Y si escogí mi sexualidad y mi matrimonio, y estas decisiones son sencillamente las más sinceras, sabias, hermosas, leales y divinas que he tomado en toda mi vida? ¿Y si he acabado por considerar el amor entre personas del mismo género una decisión inteligente? ¿Sencillamente una idea genial? ¿Algo que recomendaría sin reservas?

Y ¿qué pasa si reivindico la libertad no porque «naciera así» o porque «no pueda evitarlo» sino porque puedo hacer lo que me apetezca con mi amor y con mi cuerpo de un año para otro, de un momento para otro? ¿Porque soy una mujer adulta que no necesita excusas para vivir como le plazca y amar a quien le parezca?

¿Qué pasa si no necesito vuestro permiso porque ya soy libre?

CONCESIONES

Hace poco, Abby y yo, en compañía de mis hijas y de mi hijo, estábamos tumbadas en el sofá viendo una de nuestras series familiares favoritas. Durante una escena muy emotiva, quedó claro que la hija adolescente se disponía a decirle a su familia que era gay. Los adultos y ella estaban en torno a la mesa de la cocina cuando la hija anunció: «Os tengo que decir una cosa. Me gustan las chicas».

En el silencio que se hizo a continuación, tanto los adultos de la televisión como nosotras cinco en el sofá contuvimos colectivamente el aliento.

La madre tomó la mano de la hija y le dijo: «Te queremos...».

Yo susurré:

—No lo digas, no lo digas, no lo digas.

«...en cualquier caso.»

Maldita sea. Lo había dicho.

Yo sabía que la serie intentaba ser progresista, demostrar que ese padre y esa madre aceptaban la homosexualidad de su hija tanto como aceptarían su heterosexualidad. No obstante, me pregunté si, de haber dicho la hija a su familia que le gustaban los chicos, la madre habría respondido: «Te queremos en cualquier caso». Pues claro que no. Porque decimos «en cualquier caso» cuando alguien nos ha decepcionado.

Si pillaran a mi hijo copiando en un examen, habría consecuencias y luego le aseguraría que lo quiero en cualquier caso. Si mi hija me dijera que acaba de atracar un banco, le tomaría la mano y le diría que la quiero en cualquier caso. Ese «en cualquier caso» implicaría que si bien mi hija había hecho algo que defraudaba mis expectativas, mi amor seguía siendo tan fuerte como para apoyarla.

En lo que concierne a la identidad de mi descendencia, no quiero ser una Figura Parental con Expectativas. No quiero que mis hijas y mi hijo se esfuercen en cumplir una lista arbitraria de objetivos preconcebidos que he creado para ellas. Deseo ser una Figura Parental de Caza del Tesoro. Quiero animar a mi descendencia a pasar la vida excavando, descubriendo cada vez más quiénes son y luego compartiendo lo que han descubierto con quien tenga la suerte de merecer su confianza. Cuando encuentren una gema en su interior y la saquen para que la vea, quiero agrandar los ojos, contener el aliento y aplaudir. En otras palabras, si mi hija me dijera que es gay, no la querría a pesar de eso. La querría por eso.

¿Y si la parentalidad consistiera menos en decirles a nuestros hijos e hijas quiénes deberían ser y más en preguntarles una y otra vez y por siempre quiénes son? Entonces, cuando nos lo dijeran, lo celebraríamos en lugar de condescender.

No se trata de decir: te quiero tanto si cumples mis expectativas como si no.

Se trata de decir: mi única expectativa es que seas tú misma. Cuanto más profundamente te conozco, más hermosa te vuelves a mis ojos.

Si alguien te comunica quién es, plantéate lo afortunada que eres de que te conceda ese don.

No respondas con una notificación de desahucio, una autorización o una charla condescendiente.

Desdivinízate.

Contén el aliento sobrecogida y aplaude con ganas.

NUDOS

Para Abby

Esta noche tú y yo estamos en un despacho parroquial de algún lugar de Texas. Conversamos antes de que salga a ofrecer una charla a la multitud que aguarda. No te gustan estas salas abovedadas y retumbantes. Me acompañas de todos modos. Te sientas en la primera fila y me escuchas hablar sobre Dios y las intuiciones que albergo respecto a ella.

Piensas que me equivoco al creer en la existencia de Dios. Pero para eso me amas y me necesitas. Tomas prestada mi fe igual que tomamos prestado el wifi del vecino de al lado.

Esta pastora dijo algo que te hizo sentir segura. Te miraste las manos. Comentaste:

—No me siento cómoda en las iglesias. De niña sabía que era gay. Tuve que elegir: o la iglesia, mi madre y Dios, o yo. Y me escogí a mí.

—Bien dicho —terció la pastora. Carraspeó. Yo le sonreí. Pero «bien dicho» no expresaba la idea exacta.

Me volví hacia ti. Te acaricié la mano. Dije:

—Nena, espera. Sí. Cuando eras niña, tu corazón se apartó de la iglesia para protegerse. Permaneciste indemne en lugar de dejar que te desmembraran. Te aferraste a la persona que estabas destinada a ser en lugar de hacer contorsiones para encajar en aquella que te dijeron que fueras. Permaneciste fiel a ti misma en lugar de abandonarte.

»Cuando cerraste tu corazón a aquella iglesia lo hiciste para proteger a Dios en ti. Lo hiciste para seguir siendo pura. Pensaste que esa decisión te hacía mala. Pero esa decisión te hizo sagrada.

»Abby, lo que intento decir es que cuando eras niña no te escogiste a ti en lugar de optar por Dios y la iglesia. Te escogiste a ti y a Dios en lugar de elegir la iglesia. Al escogerte a ti misma, escogías a Dios. Cuando te alejaste de aquella iglesia, te llevaste a Dios contigo. Dios está en ti.

»Y esta noche —tú, yo y Dios— solo estamos de visita en el templo. Hemos venido de visita las tres para ofrecer esperanza a esas gentes contándoles historias sobre personas valientes como tú que lucharon toda su vida para mantenerse tan íntegras y libres como Dios las creó. Cuando hayamos terminado esta noche, tú y yo nos marcharemos, y Dios se marchará con nosotras.

Pensaba que me habías mirado de todas las maneras posibles. Pero esa vez... Tu manera de mirarme, en el despacho parroquial, es nueva. Me miras con los ojos llorosos y enrojecidos. La pastora se marchó cuando me miraste así. Solo tú, yo y Dios estábamos allí.

—Hala —dijiste.

Igual que aquella vez, cuando se te enredó la gargantilla de la G.

Te quedaste ahí, junto a la cama, refunfuñando.

Amenazando con tirarla a la basura.

Te pedí la cadena. La sostuve en mi mano.

Casi invisible; delicado oro blanco, imposible.

Te marchaste.

Yo le dediqué un buen rato.

Admirada de mi propia paciencia.

Y entonces —un tirón en el lugar adecuado— el nudo se deshizo.

Entraste en el dormitorio.
Yo la sostuve en alto, orgullosa.
—Hala —dijiste.
Te inclinaste y cerré el broche en tu nuca.
Te besé la mejilla.

Coloquemos más ideas elegantes en torno al cuello de nuestras criaturas.

CALCOMANÍAS

Cuando era una joven madre, agotada y aislada, recibí una tarjeta postal de una iglesia de la zona que ofrecía servicio gratuito de guardería durante el culto. Quien era entonces mi marido y yo acudimos al culto el domingo siguiente y encontramos café, desayuno, música, una guardería, charlas inspiradoras y parejas acogedoras por todas partes. La iglesia en cuestión había identificado todos los desafíos de la vida de una joven pareja y les había buscado solución durante una hora. Me sentí en el cielo. Al principio.

Entonces, un domingo, el predicador se puso a sermonear sobre los «pecados» de la homosexualidad y el aborto como si fueran los pilares sobre los que se erigía esa iglesia. Me ardieron las entrañas. Después del culto, me dirigí el predicador y le dije que quería hablar con él. Le pregunté:

—Si su iglesia se basa en el Jesús que hablaba sin cesar de huérfanos y de viudas, de desmilitarización, de migrantes, de personas enfermas, marginadas y pobres, ¿por qué razón escoge el aborto y la homosexualidad como temas para su sermón?

Después de un rato mareando la perdiz, me miró, suspiró y sonrió. Dijo:

—Es usted una mujer inteligente. Lo que dice tiene lógica, desde un punto de vista mundano. Pero los caminos de Dios no son los nuestros. No debe apoyarse en su entendimiento. Parece usted una persona de buen corazón; pero el corazón es caprichoso. La fe consiste en confiar,

No pienses. No sientas. No sepas. Desconfía de tu corazón y de tu mente, y confía en nosotros. Eso es la fe.

Pretendía hacerme creer que confiar en él era confiar en Dios. Pero él no era mi conexión con Dios. Mi corazón y mi mente eran mis conexiones con Dios. Si cerraba ese canal, estaría confiando en el hombre que lideraba esa iglesia en lugar de confiar en Dios. Estaría dependiendo en *su* entendimiento.

Si hay algo que me induce a pensar y a cuestionarme las cosas a fondo es un líder que me advierte de que no piense y no me haga preguntas. No externalizaré pasivamente mi fe y la de mi familia en favor de otros. Soy madre y tengo responsabilidades. Para con toda la infancia, no solo para con mis hijas e hijo.

Cuando nuestras instituciones religiosas fomentan el odio o la división, tenemos tres opciones:

1. Guardar silencio, que equivale a estar de acuerdo.
2. Desafiar al poder de viva voz y trabajar con ahínco para obrar cambios.
3. Largarnos con nuestras familias.

Pero se acabó lo de disentir en silencio mientras bombean veneno desde los púlpitos y lo instilan bajo la piel de nuestras progenies.

Muchas progenitoras han acudido a mí para explicarme: «Mi hija acaba de decirme que es gay. Llevamos viniendo a esta iglesia una década. ¿Cómo se habrá sentido al oír lo que nuestros líderes pensaban de ella y dando por supuesto que su madre estaba de acuerdo? ¿Cómo la convenzo de que nunca he estado de acuerdo con nada de eso y de que la considero perfecta tal como es?».

Llevamos tallados en el corazón los memorandos divinos que recibimos de niñas. Es dificilísimo librarse de ellos.

Cada mujer se debe a sí misma, a su gente y al mundo, analizar lo que le han enseñado a creer, en particular si va a optar por creencias que condenan a otros. Tiene que formularse preguntas como ¿a quién beneficia que yo crea esto?

Después de que el predicador me pidiera que dejara de pensar, me puse a pensar con más ganas. Investigué. Resulta que el memorando que intentaba colarme —«la fe de una buena cristiana se cimienta en la censura a las personas gays y al aborto»— empezó a emitirse hace tan solo cuarenta años. En la década de 1970, a unos cuantos hombres ricos, poderosos, blancos y (aparentemente) heteros les inquietó la posibilidad de perder su derecho a seguir segregando a los alumnos por razas en sus escuelas privadas cristianas y no poder conservar sus ventajas fiscales. Esos hombres pensaban que el movimiento por los derechos civiles amenazaba su dinero y su poder. Para recuperar el control, tenían que identificar un asunto que fuera lo bastante sensible y motivador como para unir y movilizar políticamente a todos sus seguidores evangélicos por primera vez.

Decidieron centrarse en el aborto. Antes de eso —seis años después del caso Roe contra Wade, por el cual la Corte Suprema de Estados Unidos despenalizó el aborto— la postura evangélica dominante era que la vida comienza con el primer aliento del bebé, en el nacimiento. La mayoría de los líderes evangélicos se tomó con indiferencia la decisión de la Corte Suprema en el caso Roe y hay constancia de que algunos apoyaron el fallo. Pero eso se acabó. Redactaron un nuevo memorando recurriendo a indignación y retórica fingidas y recién acuñadas en el que llamaban a una «guerra santa (...) para guiar a la nación de vuelta a la postura moral que hizo grande a Estados Unidos de América». Patrocinaron un encuentro de 15.000 pastores —llamado la Mesa Redonda Religiosa— para formarlos en cómo convencer a sus congregaciones de que votaran a candidatos contrarios a la libre elección y al colectivo gay. Así diseminaron su comunicado entre los pastores evangélicos, que a su vez lo difundieron por las iglesias de Estados Unidos. El memorando rezaba: *Para estar en armonía con Jesús, cultivar los valores familiares y defender la moral, hay que oponerse al aborto y a las personas gays y votar a un candidato que sea antiaborto y antigay.*

El candidato a la presidencia Ronald Reagan —que, como gobernador de California, había ratificado una de las leyes del aborto más liberales del país— empezó a emplear el lenguaje del nuevo memorando. El grupo evangélico lo apoyó en masa y votaron en bloque por primera vez para hacerlo presidente. La «derecha religiosa» había nacido. La cara del movimiento era la postura provida y provalores familiares de millones de personas, pero la sangre que corría por sus venas eran el racismo y la codicia de unos pocos.

Así fue como las gentes evangélicas blancas se convirtieron en el bloque de votantes más poderoso e influyente de Estados Unidos y en la gasolina del motor de la supremacía blanca estadounidense. Así es como los líderes evangélicos se van de rositas con la flagrante hipocresía de conservar su dinero, racismo, misoginia, clasismo, nacionalismo, armas, guerra y corrupción al mismo tiempo que dicen actuar en nombre de una persona que dedicó la vida a poner fin a la guerra, ayudar a las huérfanas y a las viudas, sanar al enfermo, acoger a la inmigración, valorar a las mujeres y a la infancia y proporcionar poder y dinero a las personas pobres. Esa es también la razón de que lo único que un candidato político precisa para conseguir el apoyo del bloque evangélico sea proclamarse antiabortista y antigay; aunque el candidato sea un hombre que odia y maltrata a las mujeres, acumula dinero y rechaza la inmigración, que incita al racismo y a la intolerancia, y cuya ética contradice en todos los sentidos las enseñanzas de Jesús. Jesús, la cruz y la identidad «provida» solo son relucientes calcomanías que los líderes evangélicos adhieren a sus propios intereses. Siguen vendiendo el memorando que dice: «No pienses, no sientas, no sepas. Rechaza el aborto y a la gente gay y sigue votando. Es la forma de vivir como Jesús». Al diablo, para vencer, le basta convencerte de que es Dios.

Mis amigas evangélicas insisten en que su oposición al aborto y a la homosexualidad es algo innato. Son sinceras y están convencidas. Todos creemos que nacimos con nuestras creencias religiosas escritas en el corazón y en las estrellas. Nunca nos paramos a pensar que la mayoría de los memorandos conforme a los cuales vivimos fueron escritos en realidad por hombres muy interesados.

No sé si todavía me considero cristiana. La etiqueta sugiere certidumbre y yo carezco de ella. Sugiere el deseo de convertir a otras personas y eso es lo último que deseo hacer. Sugiere pertenencia exclusiva y no tengo claro que pertenezca a nada. Una parte de mí desea desprenderse de la etiqueta, dejarla de lado y tratar de que cada encuentro sea de alma a alma, sin capas que se interpongan.

Sin embargo, me siento incapaz de renunciar del todo, porque lavarme las manos en relación con la historia de Jesús sería dejar algo hermoso en manos de piratas ávidos de dinero. Sería como ceder el concepto de belleza a la industria de la moda o la magia de la sexualidad a los traficantes de porno de Internet. Quiero belleza, quiero sexo, quiero fe. Sencillamente rechazo las versiones mercantilizadas y venenosas de los piratas. Y tampoco quiero identificarme con los piratas.

Así que diré lo siguiente: todavía me motiva el relato de Jesús. No como historia elaborada para contar lo sucedido hace mucho tiempo, sino como poesía que pretende iluminar una idea revolucionaria, lo bastante poderosa para sanar y liberar a la humanidad en la actualidad.

Hubo una época en la Tierra —como cualquier otra época en este planeta— en que la humanidad se volvió contra sí misma. Unos pocos acumulaban riquezas inenarrables mientras la infancia se moría de hambre. La gente expoliaba, robaba y esclavizaba a sus semejantes y se declaraban guerras por poder y dinero.

Unas pocas personas (siempre hay unas pocas) eran lo bastante sabias como para darse cuenta de que esta situación era injusta y horrible, en absoluto auténtica. Entendían que matarse unos a otros por dinero es absurdo porque lo que cada cual lleva dentro es más valioso que el oro. Advertían que la esclavitud y las jerarquías están mal porque ninguna persona nace mereciendo más poder y libertad que otra. Comprendían que la violencia y la codicia destruyen al poderoso tanto como a sus víctimas, porque deshonrar la humanidad ajena es enterrar la propia.

Entendieron que la única esperanza de salvación para la humanidad era un sistema más sincero, más hermoso.

Se preguntaban:

¿Qué clase de historia ayudaría a la gente a ver más allá de la mentira que nos han enseñado a creer de que unas personas valen menos y otras más?

¿Qué clase de historia devolvería a la gente a su estado natural, a lo que sabían sobre el amor antes de que a las personas se las adiestrase para odiarse mutuamente?

¿Qué clase de historia inspiraría a la gente a rebelarse y a ver más allá de un sistema jerárquico controlado desde la religión, que la está matando?

Esto fue lo que pensaron esas pocas personas:

Vamos a reconsiderar los relatos que hemos contado sobre Dios. Atrevámonos a imaginar que Dios se parece menos a los hombres poderosos que gobiernan el mundo. Imaginemos que Dios es en realidad la persona a la que esos hombres acaban de asesinar. Imaginemos a Dios como una criatura vulnerable, nacida de una madre soltera en el seno del grupo más despreciado por la élite religiosa y política. Estaba en las antípodas de ambas en aquel entonces. Lo señalaron. Dios está en él, dijeron.

De haber vivido esas personas sabias en los Estados Unidos actuales, tal vez habrían señalado a una mujer transgénero negra y pobre o a un niño que pide asilo aislado en un centro de detención y dirían: Dios está en estas personas.

En esta, que ocupa el escalafón más bajo de la jerarquía que hemos confeccionado sobre quién importa. En este, el más alejado de aquellos que hemos colocado en el centro.

Esta comparte nuestra misma carne, sangre y espíritu.

Cuando la lastimamos a ella, nos estamos haciendo daño a nosotras.

Es una de nosotras.

Es nosotras.

Así que vamos a protegerla. Vamos a llevarle regalos y arrodillarnos ante ella. Vamos a luchar para que ella y su familia tengan todo lo bueno que deseamos para nosotras y nuestras familias. Amémosla como nos amamos a nosotras mismas.

El sentido de esta historia nunca fue afirmar que Esta persona sea más Dios que el resto. La intención es que si somos capaces de ver el bien en aquellas personas a quienes nos han enseñado a mirar mal, si somos capaces de considerar valiosas a las que nos han enseñado a considerar superfluas, si podemos vernos a nosotras en aquellas que estamos adoctrinadas para considerar «el otro o la otra», seremos incapaces de hacerles daño. Cuando dejamos de hacerles daño, dejamos de lastimarnos a nosotras. Cuando dejamos de lastimarnos, empezamos a sanar.

Jesús, como idea, significa que la justicia arroja una red lo más grande posible, de tal modo que todas las mujeres quedamos dentro de ella. Cuando eso sucede, solo existimos nosotras. Dentro de una única red somos libres de las jaulas del miedo y del odio y, en vez de eso, nos apoyamos mutuamente. Es la idea revolucionaria de que todas las mujeres sean libres y estén protegidas al mismo tiempo. Esa es nuestra salvación.

DIOSES CHICA

Glennon, te refieres a Dios como «ella»; ¿por qué piensas en Dios como una mujer?

No lo pienso. Me parece absurdo atribuir a Dios ningún género. Pero en la medida en que referirse a Dios en femenino resulte inconcebible para muchas personas, mientras que hablar de Dios en masculino les parece perfectamente aceptable —y en la medida en que las mujeres sigan estando infravaloradas, maltratadas y controladas aquí en la Tierra— seguiré empleando el femenino.

CONFLICTOS

Recientemente recibí un correo electrónico de una antigua conocida de esa iglesia que abandoné.

Decía: «¿Te puedo preguntar una cosa? Ya sé que Abby y tú os queréis muchísimo. Es fantástico. Al mismo tiempo, sigo pensando que la homosexualidad está mal. Quiero ser capaz de amarte sin reservas; pero para ello tendría que abandonar mis creencias. ¿Qué se supone que debería hacer respecto a este... conflicto con Dios?».

Lo sentí por ella. Me estaba diciendo: «Quiero ser libre para amarte, pero estoy enjaulada en mis creencias».

Le respondí lo siguiente:

En primer lugar, gracias por reconocer que tienes una elección que hacer. Gracias por no quedarte con: *Te quiero, pero...* Sabemos que el amor no admite «peros». Si pretendes cambiarme, no me quieres. Si sientes cariño por mí, pero también piensas que voy a arder en el infierno, no me quieres. Si me deseas lo mejor, pero votas en contra de que mi familia esté protegida por la ley, no me quieres. Gracias por entender que amarme como a ti misma significa querer para mí y mi familia todo lo bueno que deseas para ti y tu familia. Todo lo que no sea eso no es amor. En consecuencia, sí. Tienes una elección que hacer. Tienes que escoger entre quererme o mantener tus creencias. Gracias por tu honestidad intelectual al respecto.

En segundo lugar, entiendo el conflicto porque lo he experimentado. Todavía lo experimento. Durante un tiempo estuve asustada, porque pensaba que el conflicto con Dios significaba que estaba desafiando a Dios. Ahora sé que era la Dios que hay en mí desafiando a la religión. Era mi verdadero yo, que despertaba y decía: *Espera un momento. Eso que me han enseñado a creer sobre Dios, sobre mí misma, sobre los otras personas… no concuerda con lo que yo sé, en el fondo de mi corazón, acerca del amor. ¿Qué hago? ¿Rechazo lo que sé en el fondo de mi corazón o lo que me han enseñado a creer?*

Solo te puedo decir lo que he llegado a saber por mí misma.

Retornar a nuestro yo resulta desconcertante al principio. No es tan sencillo como escuchar nuestras voces internas. Porque, en ocasiones, las voces internas, que consideramos en posesión de la Verdad, solo son las voces de seres humanos que nos dijeron lo que debíamos creer. A menudo la voz interna que nos dice quién es Dios y lo que aprueba no es Dios, sino nuestro adoctrinamiento. Es el eco de la voz de un docente, una figura parental, un predicador; alguien que afirmó representar a Dios ante nosotras. Muchas de esas personas tenían buena intención y otras tan solo pretendían controlarnos. Sea como sea, ni una sola de esas personas ha sido designada por Dios como su portavoz. Ni una sola lleva dentro más Dios que tú. Dios no pertenece a ninguna iglesia. Dios no pertenece a ninguna religión. No hay centinelas. Nada de esto es tan fácil. La fe no se externaliza. Solo estáis tú y Dios.

Parte del trabajo más difícil e importante de la vida consiste en aprender a separar las voces docentes de la verdadera sabiduría, la propaganda de la verdad, el miedo del amor y, en este caso, las voces de quien se autodesigna representante de Dios de la voz de la propia Dios.

Cuando tengas que elegir entre algo que Sabes y algo que otras personas te han enseñado a creer, escoge lo que Sabes. Como dijo el poeta Walt Whitman: «Replantéate todo lo que te han dicho en el colegio, en la iglesia o en cualquier libro y descarta lo que sea un insulto para tu alma».

Tener el valor de descartar lo que insulta al alma es cuestión de vida o muerte. Si quien afirma hablar en nombre de Dios o de la Verdad te puede convencer de que *creas en lugar de Saber,* de que vivas a partir de sus reglas y no desde tu corazón, de que confíes en las voces de los intermediarios y no en la vocecilla tranquila que llevas dentro, te están controlando. Si logran convencerte de que desconfíes de ti misma —que dejes de sentir, saber e imaginar— y en vez de eso solo confíes en ellos, entonces podrán convencerte de que actúes contra tu propia alma. Si eso sucede, te podrán convencer de que los sigas, votes por ellos, te condenes por ellos e incluso mates por ellos; todo en nombre de un Dios que te susurra constantemente: *Las cosas no son exactamente así.*

Puede que el conflicto con Dios no solo involucre a Dios. Puede que *sea* Dios. Escucha con suma atención.

CORRIENTES

El arte, cuando es bueno, no surge del deseo de alardear sino del deseo de dejarse ver. El arte, cuando es bueno, siempre procede de nuestro deseo desesperado de respirar, ser vistas, ser amadas. En la vida cotidiana, estamos acostumbradas a ver únicamente la luminosa capa exterior de la gente. El arte consigue que nos sintamos menos solas, porque siempre procede del centro desesperado de la artista; y hay desesperación en el centro de cada una. Por eso el arte, cuando es bueno, supone un alivio tan grande.

Las mujeres a menudo me comentan que mi obra les supone un alivio. Lo que sienten a continuación es el deseo de responder a mi ofrenda contándome su propia historia. Durante muchos años me quedaba horas después de una charla mientras una mujer tras otra me tocaba el brazo diciendo: «Necesito contarte esto...».

Al final alquilé un apartado de correos y prometí a las mujeres que si me enviaban sus historias, las leería todas. Cada semana, las cartas llegaban a raudales. Cajas de cartas se amontonan en mi dormitorio y en mi despacho. Imagino que las estaré leyendo hasta que cumpla noventa años. Unas cuantas veces a la semana, desconecto el teléfono, el ordenador y la tele, me acurruco en la cama y leo cartas. Siempre me aporta un alivio inmenso. *Ah, sí.* Así somos. Estamos todas tan hechas polvo y somos tan mágicas... La vida es tan brutal y tan bella... La vida es *brutella*. Para todas nosotras. Ahora me acuerdo. Si quieres acabar harta y adormecida, mira las noticias. Si quieres seguir siendo humana, lee cartas. Cuando quieras entender a la humanidad, busca relatos de primera mano.

Una noche, rodeada de las cartas que mi hermana y yo llevábamos horas leyendo, miramos el montón y pensamos: Muchas de estas personas tienen más de lo que necesitan. Muchas no tienen suficiente. Todos estos seres están ávidos de sentido y conexión. Convirtámonos en el puente que las une. Decidimos crear Together Rising. Así fue como me convertí en lo que llaman una filántropa.

Desde que fundamos Together Rising hace ocho años, nuestro consejo de cinco mujeres y nuestras aguerridas voluntarias han pasado día y noche conectando frenética e incansablemente a personas que sufren con todos los recursos que tenemos a nuestro alcance: dinero, ayuda, sororidad, esperanza. Como conectamos con cada una de las personas a las que servimos, hemos aprendido por experiencia directa que, por lo general, la gente hace todo lo que puede. Sin embargo, sigue habiendo infinidad de personas que no tienen comida para llevar a la mesa ni pueden conseguir atención médica para sus madres enfermas ni encender la calefacción ni contar con un espacio seguro donde criar a su familia. Cada noche nos íbamos a dormir pensando: ¿Por qué? ¿Por qué todas estas personas que se esfuerzan tanto... lo pasan tan mal a pesar de todo?

Y entonces, un día, leí lo siguiente:

> Llega un momento en que tenemos que dejar de rescatar a la gente que ha caído al río. Hay que subir aguas arriba y averiguar por qué caen.
>
> *Arzobispo Desmond Tutu*

Cuando empecé a mirar corriente arriba, descubrí que allí donde hay un gran sufrimiento, a menudo alguien está obteniendo un gran beneficio. Ahora, cuando encuentro a alguien que lucha por mantenerse a flote, sé que debo empezar preguntando: «¿Cómo te puedo ayudar ahora mismo?». Luego, cuando esa persona está seca y a salvo, le pregunto: «¿Qué institución o persona se está beneficiando de tu sufrimiento?».

Toda filántropa, si está atenta, acaba por pasarse al activismo. De no hacerlo así, nos arriesgamos a ser codependientes del poder: a salvar a las víctimas del sistema mientras el sistema recoge los beneficios y luego nos da unas palmaditas en la cabeza por nuestro servicio. Nos convertimos en soldados de la injusticia.

Para evitar ser cómplices de quienes están corriente arriba, debemos convertirnos en personas de «y también». Debemos comprometernos a rescatar a nuestros hermanos y hermanas del río y también a subir aguas arriba para identificar, confrontar y hacer responsables a quienes los están empujando al agua.

Ayudamos a padres y madres a enterrar a la juventud que ha sucumbido a la violencia por armas de fuego. Y también nos desplazamos corriente arriba para enfrentarnos a los fabricantes de armas y a la clase política que saca provecho de las muertes de los más jóvenes.

Llenamos vacíos para sostener a las madres que crían a su familia mientras el padre está encarcelado. Y nos desplazamos corriente arriba para desmantelar la injusticia de los encarcelamientos masivos.

Financiamos programas de recuperación para quienes sufren de adicciones a los opiáceos. Y nos desplazamos corriente arriba para despotricar contra el sistema que permite a las grandes compañías farmacéuticas y a los médicos corruptos enriquecerse cada vez que una persona joven se engancha.

Ofrecemos refugio y orientación a la juventud LGBTQ sin hogar. Y nos desplazamos corriente arriba para renegar de la intolerancia con base religiosa, el rechazo familiar y las políticas homófobas que hacen que la juventud LGBTQ tenga el doble de probabilidades de convertirse en sintechos que las chicas o chicos heteros o cisgénero.

Ayudamos a los veteranos de guerra en apuros a conseguir el tratamiento para el trastorno por estrés postraumático que necesitan y merecen, y nos desplazamos corriente arriba para desafiar al «complejo militar industrial» que con tanto fervor envía a nuestros soldados a la guerra y con tanta facilidad los abandona a su regreso.

Si queremos crear un mundo más auténtico y hermoso Sigamos rescatando por siempre a quienes arrastra el río. Y subamos corriente arriba a diario para hacer la vida imposible a quienes empujan al agua a esas personas.

MENTIRAS

Una amiga mía y yo estamos tiradas en el sofá, asombradas, llorando y riendo de todo lo que hemos dejado arder y reconstruido durante el último par de años de nuestras vidas. Cuando digo «Y entonces abandoné a mi familia» deja de reír.

Me reprocha:

—No digas eso. No digas cosas de ti misma que no son verdad. No abandonaste a tu familia. Ni por un momento. Ni siquiera abandonaste a tu marido, por el amor de Dios. Abandonaste tu matrimonio. Nada más. Fue lo único que abandonaste. Y eso era lo que tenías que dejar atrás para crear tu verdadera familia. Por favor, que no te vuelva a oír decir «abandoné a mi familia» nunca más. Ten cuidado con las historias que cuentas sobre ti misma.

ENTREGAS

Soy una mujer sensible e introvertida. Eso significa que amo a la humanidad, pero los seres humanos de verdad se me antojan terreno resbaladizo. Me encanta la gente pero no *en persona*. Por ejemplo, daría la vida por ti... pero no quedaría contigo para tomar café. Me hice escritora para poder quedarme en casa a solas en pijama, leyendo y escribiendo sobre la importancia de la conexión y la comunidad humanas. Es una existencia casi perfecta. Salvo que, de tanto en tanto, mientras estoy sumida en mis pensamientos, escribiendo mis palabras, viviendo en mi paraje favorito —que son las profundidades de mi mente— sucede algo pasmoso: un ruido parecido a una sirena irrumpe en mi casa. Me quedo helada.

Tardo un minuto entero en descifrarlo: la sirena es el timbre. Una *persona* está llamando a mi puerta. Salgo a toda prisa de mi despacho y encuentro a mis hijas y a mi hijo también estupefactos, paralizados y esperando instrucciones sobre cómo reaccionar a esta inminente invasión del hogar. Nos miramos, hacemos recuento de cuerpos y atravesamos colectivamente las cinco etapas del duelo del timbre:

1. Negación: Esto no puede estar pasando. TODAS LAS PERSONAS QUE TIENEN PERMITIDO ESTAR EN

ESTA CASA YA ESTÁN EN ESTA CASA. Tal vez haya sido la tele. ¿ESTÁ ENCENDIDA LA TELE?

2. Ira: ¿QUIÉN OSA HACER ALGO ASÍ? ¿QUÉ CLASE DE AGRESOR IRRESPETUOSO CON LOS LÍMITES LLAMA AL TIMBRE DE OTRA PERSONA A PLENA LUZ DEL DÍA?

3. Negociación: No os mováis, no respiréis... Puede que se marchen.

4. Depresión: ¿Por qué? ¿Por qué nosotras? ¿Por qué la vida es tan dura?

5. Aceptación: Maldita sea. Tú —la pequeña—, te nombramos voluntaria. Ponte unos pantalones, actúa con normalidad y abre la puerta.

Es un drama, pero la puerta siempre acaba por abrirse. Si mi progenie no está en casa, incluso abriré yo misma. ¿Lo hago porque recuerde que ser adulta requiere abrir puertas? Pues claro que no. Abro la puerta por el atisbo de esperanza en mi corazón de que si lo hago pueda encontrar un paquete esperándome. ¡Un paquete!

Cuando dejé de beber, descubrí que los sentimientos difíciles de gestionar eran timbres que irrumpían en mi conciencia, me hacían entrar en pánico y luego me dejaban en posesión de un emocionante paquete. La sobriedad es la decisión de eliminar el aturdimiento de tu vida y de desprenderse de los resentimientos, y empezar a abrir la puerta. Así pues, cuando me volví abstemia, empecé a permitir que mis sentimientos me perturbaran. Daba miedo, porque siempre había dado por supuesto que mis sentimientos eran tan intensos y poderosos que permanecerían por siempre y al final acabarían conmigo. Pero mis sentimientos complicados no permanecieron por siempre ni acabaron conmigo. En vez de eso, iban y venían, y cuando desaparecían yo estaba en posesión de algo que no tenía antes. Ese algo era el *autoconocimiento*.

Los resentimientos llamaban a mi puerta y al marcharse me dejaban un paquete repleto de flamante y asombrosa información sobre mí misma. Esta nueva información siempre era exactamente lo que necesita saber acerca de mí para dar el siguiente paso en mi existencia con seguridad y creatividad. Resultó que lo que más necesitaba estaba en el interior del único lugar del que llevaba huyendo toda la vida: el dolor. Todo lo que necesitaba saber *a continuación* estaba dentro del malestar del *ahora*.

Mientras practicaba el ejercicio de dejar que mis resentimientos llegaran y se quedaran todo el tiempo que hiciera falta, me iba conociendo a mí misma. La recompensa por soportar los resentimientos era descubrir mi potencial, mi propósito vital y a mi gente. Qué agradecida estoy. No me puedo imaginar una tragedia mayor que seguir siendo por siempre una desconocida para mí misma. Eso sería el autoabandono máximo. De manera que he perdido el miedo a mis sentimientos. Ahora, cuando un resentimiento toca el timbre, me pongo mis pantalones de chica mayor y abro la puerta.

Ira

Años después de descubrir la infidelidad de mi marido, seguía muy furiosa.

Él hizo todo lo que se le puede pedir a una persona que ha herido a otra. Se disculpó por activa y por pasiva, se sometió a terapia y tuvo una paciencia infinita. Yo también hice lo que tenía que hacer. Acudí a terapia, recé, me comprometí conmigo misma a tratar de perdonarlo. En ocasiones, cuando lo veía con nuestra progenie, la ira se disipaba y yo experimentaba alivio y esperanza ante el futuro. Pero cada vez que me exponía a que Craig me hiriera a resultas de un comportamiento mío vulnerable, la rabia inundaba mi cuerpo. La tomaba con él y luego me retiraba y me encerraba en mí misma. La dinámica resultaba agotadora y deprimente para ambos, pero yo no sabía qué hacer aparte de esperar a que el cielo me concediera por fin la capacidad de perdonarlo como recompensa a mi constante sufrimiento. Daba por supuesto que el perdón era cuestión de tiempo.

Una noche, Craig y yo estábamos sentados en extremos opuestos del sofá de la sala de estar. Él miraba la tele feliz y contento mientras yo rabiaba contra él en silencio. De algún modo fui capaz de ampliar mi perspectiva y mirarnos a los dos. Ahí estaba yo, ardiendo de furia, y ahí estaba Craig, impertérrito y del todo ajeno al hecho de que yo era desgraciada. Todo el fuego estaba en mí. En él, nada de nada. Pensé: *¿Cómo es posible que esta rabia le concierna? Ni siquiera la nota.* De súbito experimenté un sentimiento de pertenencia y protección hacia mi propia ira. Me dije: *Esto sucede dentro de mi cuerpo. Si la rabia está en mí, voy a suponer que va dirigida a mí.* Decidí dejar de sentirme avergonzada y asustada de mi ira, dejar de sentirme avergonzada y asustada de mí misma.

A partir de aquel momento, cada vez que aparecía la ira, me aseguraba de abrir la mente y mirarla con curiosidad. Me sentaba a observarla. La dejaba existir. Mi ira y yo pasábamos un rato juntas y nos escuchábamos. Le formulaba preguntas a mi ira del estilo: «¿Qué intentas decirme? No sobre él, sino sobre mí». Empecé a prestar atención a los patrones de mi cuerpo, porque mi cuerpo a menudo me aclara lo que mi mente está demasiado embrollada y esperanzada como para aceptar. El cuerpo no miente por más que le supliquemos que lo haga. Caí en la cuenta de que la rabia inundaba mi cuerpo cada vez que me abría emocional o físicamente a Craig. La rabia desaparecía por completo cuando lo veía en compañía de nuestra progenie. Antes de que empezara a observar con atención, lo atribuía al hecho de que yo era inestable. Sin embargo, con el tiempo, empecé a entender que mi rabia no era arbitraria sino sumamente específica. Mi ira repetía: para ti, la intimidad familiar con Craig es segura. La intimidad física y emocional no lo son.

Yo lo sabía. Mi cuerpo lo sabía. Y yo había estado ignoran-
do lo que sabía. Por eso estaba tan enfadada: *estaba enfadada
conmigo misma*. Era Craig el que me había traicionado, sí, pero
era yo la que había decidido, un día sí y otro también, seguir
casada, exponerme a ser vulnerable y continuar enfadada. Estaba desoyendo lo que sabía y lo estaba castigando a él por obligarme a saberlo. Él no podía hacer nada para cambiar lo que yo
sabía. Puede que la pregunta ya no fuera: «¿Cómo pudo hacerme eso?», sino: «¿Cómo puedo seguir haciéndome esto a mí
misma?». Tal vez en lugar de repetir por siempre: «¿Cómo pudo
abandonarme?», tuviera que preguntarme: «¿Por qué sigo aban-
donándome a mí misma?».

Al final, decidí dejar de abandonarme… y eso significaba
aceptar mi rabia. No tenía que demostrarle a nadie más si separarme estaba bien o mal. Ya no tenía que justificar mi ira. Lo
que debía hacer era perdonar al padre de mi progenie. Pude
hacerlo tan pronto como me divorcié de él.

Tras una sesión de mediación previa al divorcio, Craig y yo
estábamos codo con codo en un ascensor, viendo iluminarse los
números de las plantas de uno en uno mientras descendíamos.
Volví la vista hacia Craig y, por primera vez en años, experimenté verdadera empatía, ternura y cariño hacia él. Volví a verlo como un buen hombre del cual me gustaría ser amiga. Sentí
que lo perdonaba de veras. Sucedió porque, por primera vez en
años, me sentía a salvo. Había restaurado mis propios límites.
Había empezado a confiar en mí, porque me había convertido
en una mujer que se niega a renunciar a sí misma por mantener
una falsa paz.

Tengo amigas que hallaron seguridad y un perdón duradero
en el seno de su matrimonio después de una infidelidad. Lo que
sucede tras una traición no puede implicar esfuerzo o sufrimiento en aras de una idea arbitraria de lo que está bien o mal. Lo
que sucede a continuación debe hacer honor al yo. Debemos
dejar ahí fuera el *deber* y afrontar lo que es real aquí dentro. Si

la realidad aquí dentro es una ira constante, tenemos que abordarla, tanto por nosotras como por el otro. Porque no hay nada bondadoso en seguir cerca de las personas a las que no podemos perdonar y castigarlas por siempre. Si no somos capaces de perdonar y pasar página, tal vez tengamos que empezar por pasar página, y el perdón llegará a continuación. El perdón no significa acceso. Podemos ofrecer a la otra persona el don del perdón y a nosotras el don de la seguridad y la libertad al mismo tiempo. Cuando las dos personas pierden el miedo y dejan de ser castigadas, la despedida es sana. La desaparición de la ira no es algo que nos sea concedido; a menudo debemos forjar el alivio.

La rabia nos ofrece importante información acerca de cuál de nuestros límites ha sido traspasado. Cuando abrimos la puerta y aceptamos la entrega, empezamos a conocernos mejor. Cuando restauramos el límite que se ha traspasado, nos honramos a nosotras mismas. Cuando nos conocemos y nos honramos, vivimos con integridad, paz y poder personal, sabiendo que somos la clase de mujer que posee suficiente sabiduría y valentía como para cuidar de sí misma. Buen asunto.

Y aún hay más. Suceden cosas todavía mejores cuando seguimos profundizando. Decimos: «Entiendo que este es uno de mis límites». Pero, ¿qué es un límite?

Un límite es el margen de una de nuestras creencias más arraigadas sobre nosotras mismas y el mundo.

Somos como ordenadores y nuestras creencias constituyen el software que tenemos programado. A menudo la cultura, la comunidad, la religión y la familia nos programan creencias sin que lo sepamos. Aunque no escogemos esos programas inconscientes, gobiernan nuestras vidas. Controlan nuestras decisiones, puntos de vista, sentimientos e interacciones y por tanto deciden nuestro destino. Somos lo que creemos. Nada es tan importante como descubrir aquello que consideramos verdadero sobre nosotras mismas y el mundo; y nada lo revela con tanta rapidez como examinar lo que nos pone de mal humor.

Mi rabia hacia mi exmarido era un timbre que sonaba sin cesar para avisarme de que se había cruzado un límite importantísimo para mí. Mi límite era el margen externo de la siguiente creencia arraigada: *los valores más importantes de un matrimonio son la honestidad, la lealtad y la fidelidad y, cuando estos desaparecen, yo ya no estoy a salvo.*

Esa creencia mía no estaba bien ni mal. Las creencias no tienen nada que ver con la moral objetiva universal pero sí con la personal y específica de cada persona. En este caso, decidí aceptar y conservar esta creencia arraigada sobre el matrimonio y la lealtad porque me ayudaba, hacía que me sintiera segura y se me antojaba auténtica. Acepté la entrega y me la llevé al segundo matrimonio.

Sin embargo, en ocasiones la ira deja en mi puerta una creencia arraigada que no deseo conservar.

Abby trabaja con ahínco y descansa con abandono. A menudo, en mitad de la semana, se tumba en el sofá a mirar series de zombis. Cuando lo hace, me pongo tensa y crispada. Me agito y luego me enfado porque *se me está relajando.* Empiezo a recoger la casa haciendo mucho ruido y con actitud agresiva en las inmediaciones del sofá. Ella oye mi violenta limpieza y pregunta: «¿Qué pasa?». Yo respondo: «Nada» con un tono que sugiere: «Algo». La dinámica se repite una y otra vez: Abby se relaja en el sofá, yo me enfado y Abby se enfada porque yo estoy enfadada.

Lo hablamos hasta la saciedad. No has visto hablar a dos personas hasta que no has presenciado la conversación incesante de dos mujeres casadas comprometidas con la búsqueda espiritual introspectiva y que además están sobrias, así que no tienen nada mejor que hacer. Nos adoramos. Nunca nos haríamos daño. Queremos entender a la otra y a nosotras mismas, así que hacemos lo posible por llegar al fondo de las cosas. De manera que hablamos y hablamos y siempre llegamos a esta conclusión: Abby es una mujer adulta y nadie le dice lo que debe hacer. Glennon debería dejar de enfadarse por las decisiones de Abby.

Yo estoy de acuerdo con esta conclusión en todas las ocasiones. O, al menos, mi mente lo está. Pero ¿cómo le hago llegar este memorando a mi cuerpo? ¿Qué hago con el *deber*? El *deber* nunca me ayuda porque yo estoy lidiando con *lo que es*. Tender un juicio de valor encima de un sentimiento no transforma el sentimiento. ¿Qué puedo hacer para no enfadarme? ¿Cómo consigo no... encenderme?

Un día entré en la sala de estar y vi a Abby levantarse del sofá a toda prisa y empezar a enderezar almohadones en un intento de parecer ocupada y productiva para que no me enfadase. Me detuve en seco y la miré mientras un recuerdo de infancia flotaba en mi mente. Cuando era joven, si estaba en casa descansando en el sofá y oía detenerse el coche de mis padres en la entrada, me levantaba de un salto aterrada e intentaba parecer ocupada antes de que abrieran la puerta. Tal como había visto hacer a Abby ahora mismo.

Fue entonces cuando dejé de mirar a Abby y pensé: *¿Qué me dice la ira acerca de ella?* Y empecé a preguntarme: *¿Qué me dice la ira sobre mí misma?* La ira me estaba entregando un paquete que contenía una de mis creencias arraigadas, una convicción que me programaron en la infancia: *el descanso es pereza y la pereza es falta de respeto. La valía y la bondad se obtienen a través de la actividad.*

Cuando Abby descansaba delante de mí —fuera de las horas permitidas y destinadas al descanso familiar— estaba desafiando esa creencia arraigada. La activaba, la desenterraba y la sacaba a la luz donde yo pudiera verla. No obstante, a diferencia de mi creencia arraigada sobre la honestidad y la fidelidad, esta no me gustaba. No se me antojaba auténtica. Porque cuando veía a Abby relajándose, mi rabia era casi un anhelo amargo.

Debe de ser agradable.

Debe de ser agradable descansar en mitad del puñetero día.

Debe de ser agradable sentir que mereces el espacio que ocupas en el mundo sin tener que andar de acá para allá cada minuto para ganártelo.

Debe de ser agradable descansar y sentirte valiosa igualmente.

Yo también quiero poder descansar y sentirme valiosa igualmente.

No quería cambiar a Abby. Quería cambiar mi creencia sobre la valía.

La ira llama a nuestro timbre y nos entrega una de nuestras creencias arraigadas. Es una información útil, pero lo que viene a continuación no solo es informativo; es transformador. Todas las creencias que nos entrega la ira llegan con una etiqueta de devolución.

Hay un adhesivo en el paquete que dice: «¡Aquí tienes una de tus creencias fundamentales! ¿Te gustaría conservarla, devolverla o intercambiarla?».

Miré la creencia arraigada sobre la valía que mi rabia hacia Abby me había entregado. Pensé: No. *Esta no la quiero conservar. La heredé, no fui yo quien la creó. La he superado. Ya no es mi creencia más auténtica y hermosa sobre la valía. Ahora soy más sabia que esta creencia. Chirría y nos está haciendo daño a mí y a mi matrimonio. No quiero legárselas a mis descendientes. Pero tampoco deseo devolverla. Prefiero cambiarla por otra corregida y mejorada.*

Trabajar con ahínco es importante. También lo son el juego y la improductividad. Mi valía no está ligada a mi productividad sino a mi existencia. Merezco descanso.

Cambiar mi creencia arraigada sobre la valía ha transformado mi vida. Me quedo durmiendo un rato más. Incluyo en mi horario ratos para leer, pasear y hacer yoga y a veces (durante el fin de semana) incluso miro una serie de televisión en mitad del día. Es divino. También es un proceso en desarrollo: todavía ahora, cuando veo a Abby relajándose, mi reacción automática es enfadarme. Pero entonces me observo. Pienso: *¿Por qué me he encendido? Ah, sí, esa vieja creencia. Ah, espera, da igual. La he cambiado por otra.* Y cuando Abby me pregunta: «¿Qué pasa?», puedo decirle: «Nada, cariño», y lo digo en serio, la mayoría de las veces.

La ira nos entrega en mano nuestros límites. Nuestros límites nos entregan nuestras creencias. Nuestras creencias determinan cómo experimentamos el mundo. De manera que, aunque dé miedo, lo más sabio es abrir la puerta.

Un corazón roto

Tras una década escuchando a las mujeres, estoy convencida de que nuestros miedos más profundos son:

1. Vivir sin encontrar nunca nuestro propósito vital.
2. Morir sin haber experimentado la auténtica pertenencia.

Una y otra vez, las mujeres me preguntan: «¿Cómo encuentro mi propósito? ¿Cómo encuentro a mi gente?».

Mi mejor consejo: cuando el sufrimiento de un corazón roto llame al timbre, abre la puerta.

Negarse a abrir la puerta suena del modo siguiente:

Ojalá pudiera aprender más sobre esa injusticia… Ojalá pudiera visitar a esa amiga enferma… Ojalá pudiera implicarme en esa causa… Ojalá pudiera leer ese artículo… Ojalá pudiera dar la cara por esa familia… pero no puedo hacerlo porque se me rompería el corazón.

Es como si en verdad creyésemos que nos dotaron de un corazón para esconderlo, envolverlo en papel de burbujas y guardarlo bajo llave. Como si el objetivo de la vida fuera *no conmoverse.* Ese no es el objetivo. Cuando nos permitimos conmovernos, descubrimos lo que nos mueve. El sufrimiento de un corazón roto no es algo que se deba evitar; es algo que se debe buscar. Un corazón roto es una de las mayores pistas que nos ofrece la vida.

La magia de un corazón roto es que el timbre de cada persona suena en respuesta a algo en concreto. ¿Qué hace sonar tu timbre? ¿La injusticia racial? ¿El abuso? ¿La crueldad hacia los animales? ¿El hambre? ¿La guerra? ¿El medio ambiente? ¿Las criaturas enfermas de cáncer? ¿Qué te afecta de manera tan profunda que, cada vez que te topas con ello, sientes la necesidad de mirar a otra parte? Mira en esa dirección. ¿Dónde está el dolor del mundo que no puedes soportar? Quédate ahí. Lo mismo que te rompe el corazón es aquello que naciste para contribuir a remediar. El trabajo de todas las personas que cambian en el mundo comienza con un corazón roto.

Conocí a un grupo de mujeres en Iowa que habían perdido a sus bebés por muerte fetal o neonatal. Formaron una sororidad y juntas, mediante la formación y otros tipos de apoyo, han contribuido a disminuir la tasa de muertes fetales de manera tan significativa que la profesión médica se rasca la cabeza con incredulidad y gratitud. En lugar de aislarse o desconectar de su sufrimiento, corrieron directamente hacia él. Su dolor compartido se convirtió en su vínculo y su combustible. Ahora, juntas, están salvando a otras de sufrir el mismo desconsuelo que las unió.

El sufrimiento de un corazón roto te entrega en mano tu propósito. Si eres tan valiente como para aceptar la entrega y buscas a las personas que están realizando ese trabajo de transformación universal en concreto, encontrarás a tu gente. No hay vínculo que se pueda comparar al que se forja entre personas unidas por una misma causa de sanación universal.

La desesperanza dice: «El sufrimiento de un corazón roto es abrumador. Estoy demasiado triste y soy demasiado insignificante; el mundo es demasiado grande. No puedo hacerlo todo, así que no haré nada».

El valor dice: «No permitiré que el hecho de no poder hacerlo todo me impida hacer lo que pueda».

Todas deseamos propósito y conexión.

Dime lo que te rompe el corazón y te señalaré dónde se encuentran ambas cosas.

Aflicción

Hace catorce años, estaba sentada en el dormitorio de mi hermana, en la casa que compartía con el que entonces era su marido. Tish, de pocos meses de edad, estaba acostada en su sillita del coche sobre el suelo de tarima, donde se chupaba los dedos y hacía gorgoritos. Mi hermana y yo guardábamos silencio. Ella y su marido estaban atravesando una crisis matrimonial y todo era confuso y complicado hasta lo indecible.

Mientras estábamos allí sentadas, su móvil emitió un aviso y ella miró la pantalla. Luego dejó caer el teléfono y se deslizó de la silla al suelo. Recogí el móvil del piso y vi que su marido acababa de enviarle un correo para decirle que su matrimonio había terminado. Despegué la vista de la pantalla para mirar a mi hermana, que parecía exangüe, como si todo lo que la había mantenido con vida y a flote hasta entonces hubiera desaparecido, igual que los restos de un globo pinchado. Entonces empezó a gemir. Conozco a mi hermana desde pocos momentos después de su nacimiento y nunca la había oído emitir un ruido como ese. Era un gemido animal y me asustó. La toqué, pero no reaccionó. Las tres estábamos en esa habitación, pero ya no estábamos juntas. El dolor se había llevado a mi hermana a un lugar donde nadie más podía entrar. Tish estaba totalmente inmóvil, con los ojos muy abiertos y llorosos, pasmada ante el volumen y la intensidad del gemido. Recuerdo haberme preguntado cómo afectaría a una bebé ser expuesta a un dolor tan puro, tan pronto.

A lo largo del año siguiente, mientras el resto del mundo vivía su vida, mi hermana, Tish y yo nos convertimos en un pequeño ejército que trataba de abrirse paso unido entre el fango de la aflicción. A veces pienso que aquel primer año moldeó la profundidad y la ternura de Tish. Todavía se queda inmóvil, con los ojos muy abiertos y llorosos, en presencia del dolor ajeno.

Mi hermana dejó la casa que había creado con mucho esfuerzo para su futura familia y se mudó a una pequeña habitación de invitados en mi sótano. Yo quería decorarla, convertirla en un espacio bonito para ella, pero se opuso. No quería crear un hogar en el interior de mi sótano, en el interior de su aflicción. Deseaba dejar claro que solo estaba de paso en ese lugar. Lo único que colgó en la pared fue una pequeña cruz azul que le regalé con la inscripción: «Porque yo sé los planes que tengo para vosotros. Planes para daros un porvenir y una esperanza».

Cada noche volvía a casa del trabajo, cenaba con nosotras y hacía lo posible por sonreír y jugar con mis hijos. Luego bajaba a su habitación a pasar la noche. Un día, la seguí al sótano y me quedé parada delante de su puerta. Cuando me disponía a llamar, la oí llorar en tono quedo. En ese momento comprendí que, donde ella estaba, yo no podía seguirla. La aflicción es una solitaria habitación de invitados en un sótano. Nadie, ni siquiera tu hermana, puede entrar allí contigo.

Así que me senté en el suelo de espaldas a la puerta de su habitación. Recurrí a todo lo que tenía, mi cuerpo y mi presencia, para velarla, custodiar su proceso, interponerme entre ella y cualquiera que pudiera molestarla o lastimarla. Me quedé horas allí. Estuve volviendo a su puerta para celebrar esa vigilia nocturna durante mucho tiempo.

Un año más tarde, mi hermana abandonó aquella habitación, subió las escaleras y cruzó la puerta principal de nuestra casa. Poco después dejó su trabajo como abogada corporativa y se marchó a vivir a Ruanda para ayudar a llevar a juicio a los agresores sexuales de menores y devolver las tierras robadas a las viudas. La vi partir con miedo y reverencia. Más tarde la vi volver para casarse con un hombre que la amaba con ternura, con el que construyó una familia auténtica y hermosa.

En ocasiones, en los años que siguieron, bajaba al sótano, miraba la puerta de aquella habitación de invitados y pensaba: *Es como si ese cuarto pequeño y oscuro hubiera sido un capullo de seda. Todo ese tiempo estuvo ahí dentro experimentando una metamorfosis completa.*

La aflicción es un capullo de seda del que emergemos renovadas.

El año pasado el amado compañero de Liz se puso enfermo de muerte. Yo estaba lejos, de modo que cada día le enviaba mensajes que decían: «Estoy sentada al otro lado de tu puerta».

Un día mi madre llamó y preguntó:

—¿Cómo está Liz?

Medité un momento qué responder. Comprendí que no podía contestar porque se había equivocado de pregunta.

Le dije:

—Mamá, creo que la cuestión no es cómo está Liz. La pregunta debería ser: «¿Quién es Liz? ¿Quién será cuando emerja de esta aflicción?».

La aflicción nos destroza.

Si te das permiso para destrozarte y luego te recompones, pedazo a pedazo, despiertas un día y te das cuenta de que estás completamente recompuesta. Vuelves a estar de una pieza, y eres fuerte, pero de súbito tienes una nueva forma, una nueva dimensión. El cambio que experimentan las personas que de verdad pasan un tiempo con su dolor, ya sea un resquicio de envidia que solo dura una hora como un desfiladero de pena que se alarga durante décadas, es revolucionario. Cuando se produce esa clase de transformación, una ya no cabe en las antiguas conversaciones, relaciones, dinámicas, pensamientos o vida. Eres como una serpiente que tratara de volver a meterse en su muda seca y muerta o como una mariposa que intentara arrastrarse de vuelta al capullo. Miras alrededor y lo ves todo como por primera vez, con los nuevos ojos que te has ganado. No hay vuelta atrás.

Tal vez lo único que haga la aflicción más llevadera sea rendirse a ella por completo. Resistir la tentación de aferrarnos a algún aspecto del yo que existía antes de que sonara el timbre. En ocasiones, para volver a vivir, debemos permitirnos morir por completo. Debemos darnos permiso para ser completa, absolutamente nuevas.

Cuando la aflicción llame a la puerta, ríndete. No cabe hacer otra cosa. El paquete que te entregue será una transformación absoluta.

INTRUSOS

Cuando empecé la recuperación, pensaba que mi problema era que comía, bebía y me drogaba demasiado. Descubrí que comer en exceso, beber y consumir drogas no eran los problemas en realidad, sino soluciones ineficaces. Mis verdaderos problemas eran la depresión clínica y la ansiedad. Sufrir depresión y ansiedad al mismo tiempo se parece un poco a ser Ígor y Tigger a la vez. Es como vivir siempre un poco demasiado abajo y un poco demasiado arriba. Es estar luchando siempre por estar al nivel en el que se despliega la vida, que es aquí y ahora.

La depresión y la ansiedad no son sentimientos. Los sentimientos me devuelven a mí misma. La depresión y la ansiedad son ladrones de cuerpos que me sacan de mí misma de tal modo que parezco estar presente pero en realidad estoy ausente. Los demás todavía me ven, pero nadie puede *sentirme*, ni siquiera yo. Para mí, lo trágico de mi enfermedad mental no es que esté triste, sino que no estoy. La enfermedad mental consigue que eche en falta mi vida.

La depresión, para mí, es un olvidar, un borrarse, un desvanecerse despacio en la nada. Es como si Glennon se consumiera y no quedara nada salvo el terror a que esta vez me haya marchado para siempre. La depresión me quita mis colores vibrantes y los espachurra hasta que soy gris, gris, gris. Al final estoy demasiado baja de moral como para funcionar pero, cuando empiezo a desvanecerme, suelo ser capaz de llevar a cabo tareas pequeñas: fregar los platos, llevar a mis hijas e hijo al colegio, sonreír cuando me parece que la situación lo requiere. Solo que tengo que obligarme a ello. Estoy actuando en lugar de reaccionar, porque he olvidado qué sentido tiene. Tal vez sea por eso por lo que tantas personas depresivas se dedican al arte, para recuperar la capacidad de responder a la pregunta: ¿qué sentido tiene *esto?* Nos agarramos al suelo con el papel y el bolígrafo mientras nos ahogamos en arenas movedizas.

Si la depresión se parece a hundirse, la ansiedad es un tembloroso planear por encima. Ahora mismo, mientras escribo esto, estoy sumida en un periodo de ansiedad que dura ya unas cuantas semanas. Sé que floto en la ansiedad cuando me sorprendo a mí misma obsesionándome. Me obsesiono con la próxima charla, mis hijas, la casa, mi matrimonio, mi cuerpo, mi pelo. La ansiedad es estar aterrada porque carezco de control sobre nada y la obsesión es mi antídoto. Escribir es aferrarme al suelo cuando me hundo demasiado abajo y la obsesión es agarrarme al suelo cuando planeo demasiado alto.

Pensaba que había conseguido ocultar mi ansiedad hasta que mi esposa me tocó el brazo y me dijo:

—Te echo de menos. Llevas un tiempo ausente.

Como es de suponer, habíamos estado juntas prácticamente todo el tiempo. Lo que pasa es que vivir con ansiedad —vivir en estado de alarma— me impide ocupar el momento, aterrizar en mi cuerpo y quedarme ahí. No puedo vivir el momento porque me asusta demasiado lo que pueda ocurrir en el instante siguiente. Tengo que estar preparada.

El otro día una amiga estaba describiendo cómo se siente cuando va al dentista a que le pongan un empaste y dijo:

—Ni siquiera es el dolor lo que más detesto; es anticiparme al dolor. Empiezo a sudar, entro en pánico, esperando que me duela horrores. Ese no es el caso nunca, pero tengo la sensación de que siempre está a punto de suceder.

Mi respuesta fue:

—Sí. Así me siento yo todo el tiempo.

Cuando una vive en estado de alerta constante y algo realmente va mal, apaga y vámonos. Pánico total. De quince a cien en dos segundos pelados.

¿Mis hijas se retrasan dos minutos?

Todo el mundo ha muerto.

¿Mi hermana no me responde un mensaje a los treinta segundos?

Seguro que ha muerto.

¿El perro tose?

Casi muerto.

¿El avión de Abby se retrasa?

Sí, todo era demasiado bueno para ser verdad, la vida nunca permitirá que sea feliz, con tanta muerte.

La buena noticia es que he discurrido numerosas maneras de burlar a los ladrones de cuerpos. ¿Queréis pruebas de mi pericia al respecto? Soy una oradora de inspiración espiritual clínicamente deprimida. Soy una persona a la que han diagnosticado ansiedad que se gana la vida convenciendo a las demás de que todo va bien. Por favor, tomad nota de que si yo puedo ser eso, cualquiera puede ser lo que se proponga.

Cinco consejos de experta para aquellas que viven demasiado arriba y demasiado abajo

1. TOMA LA MALDITA MEDICINA

Yo me medico con Escitalopram y considero que este medicamento, junto con toda la historia del crecimiento personal, es la razón de que ya no tenga que automedicarme con vino y Oreos.

Mi canción favorita reza así: «Jesús me ama, lo sé porque me proporcionó el Escitalopram».

Una vez, mientras jugábamos en familia a un juego de mesa, Chase le leyó esta pregunta al que entonces era mi marido:

—Si fueras a quedarte atrapado en una isla desierta, ¿a qué persona llevarías contigo?

—A tu mamá —contestó Craig.

Chase continuó:

—Y ¿cuál sería el único objeto que llevarías?

Craig respondió:

—La medicina de tu mamá.

Dudo mucho que cuando muramos una de nosotras reciba el trofeo a «la que más sufrió». Si ese premio existe, yo no lo quiero. Si acaso alguien de tu entorno —padres, madres, hermanas, amigas, escritores, «gurús» espirituales— te critica por tomar el medicamento que te han recetado, por favor, pídele que te enseñe el título de Medicina. Si te lo enseña y casualmente es tu médica o médico, plantéate hacerle caso. Si no lo es, dile con mucha educación que se vaya a tomar viento. Son personas con dos piernas que llaman «muleta» a una prótesis. No pueden internarse contigo en la oscuridad. Sigue a lo tuyo, que es sufrir menos para vivir más.

2. SIGUE TOMANDO LA MALDITA MEDICINA

Después de tomar la medicina un tiempo, es probable que empieces a encontrarte mejor. Una mañana te despertarás, mirarás las pastillas y te dirás: *¿En qué estaba pensando? ¡Soy un ser humano totalmente normal, después de todo! ¡Ya no necesito esto!*

Dejar la medicina porque te encuentras mejor sería como estar en medio de una lluvia torrencial debajo de un buen paraguas que te mantiene calentita y seca y pensar: *Hala. No me mojo. Me parece que ha llegado el momento de deshacerme de este estúpido paraguas.*

Sigue seca y viva.

3. TOMA NOTAS

Nos sucede lo siguiente: estamos en casa y empezamos a hundir-nos, cada vez más abajo, o a flotar, cada vez más arriba y más lejos. Nos estamos desvaneciendo y se nos ponen los pelos de punta. Estamos atravesando el peor momento. Así que concer-tamos una visita con el médico o la médica para pedirle ayuda. La cita será dentro de unos días. Esperamos.

Empezamos a sentirnos un poco mejor, día a día. La mañana de la cita, mientras nos duchamos y subimos al coche, ni siquie-ra recordamos quiénes éramos o lo que sentíamos hace tres días. Así que miramos al profesional de la medicina y pensamos: *Es imposible explicar cómo era yo de bajón. Apenas me acuerdo. ¿Era real?* Acabamos diciendo algo como: «No sé. Me pongo triste. Supongo que le pasa a todo el mundo. Ahora ya estoy bien, supongo». Y nos marchamos, sin ayuda.

Unos cuantos días más tarde estamos en casa. Y empezamos a hundirnos y a flotar otra vez. Y así sucesivamente.

Cuando empieces a hundirte en la zona gris, coge el teléfono o un cuaderno y escribe unas cuantas notas de tu Yo Bajo a tu Yo Alto. Anota cómo te sientes en ese mismo instante. No hace falta que sea una novela, solamente una nota. He aquí algunas notas de mi Yo Bajo:

> *Todo es gris.*
> *No siento nada.*
> *Estoy completamente sola.*
> *Nadie me conoce.*
> *Estoy demasiado cansada para seguir escribiendo.*

Guarda tus notas a buen recaudo y luego llama para con-certar esa visita médica. Cuando acudas a la cita, lleva las no-tas de tu Yo Bajo. De ese modo, cuando te sientes a charlar con la médica o el médico, no tendrás que recordar ni traducir.

Únicamente tendrás que decir: «Hola, esta soy yo, recién duchada y con un aspecto "estupendo". No necesito ayuda para mi versión Alta; necesito ayuda para esta otra versión mía». Saca las notas y tiéndeselas. Haciendo eso te estás haciendo cargo de tu Yo Bajo. Es un modo de convertirte en su amiga y defensora.

Cuando hayas vuelto a tu ser, escríbete otra nota.

Hace meses, tiré mi paraguas porque no me mojaba. Dos semanas más tarde, acababa de gritar a mis hijas e hijo por enésima vez y mi familia me observaba de reojo con expresión asustada. Yo hacía lo que se esperaba de mí, preparaba desayunos, escribía. Solo que ya no podía recordar qué sentido tenía todo eso. Me di cuenta de que me había marchado otra vez. Pero también me sentía confusa. *Puede que esta sea yo, en realidad. No me acuerdo.*

Así que fui a mi joyero y extraje la nota que mi Yo Alto me había escrito.

G:

> *Te encanta tu vida (casi siempre).*
> *El olor del pelo de Tish te parece el séptimo cielo.*
> *Los ocasos te vuelven loca. En todas las ocasiones.*
> *Te ríes veinte veces al día.*
> *Ves más magia que la mayoría.*
> *Te sientes amada. Te quieren. Tienes una vida preciosa*
>   *por la que has luchado a brazo partido.*

G

Llamé al consultorio médico, volví a tomar la medicina y regresé a mi ser.

Cuida de todas tus versiones de ti. Lucha contra viento y marea por seguir siendo tú misma y, cuando te pierdas, haz lo que haga falta por volver en ti.

4. DESCUBRE TUS TECLAS

Mi compromiso con la sobriedad consiste en quedarme conmigo. No quiero volver a abandonarme nunca más. No durante mucho tiempo, cuando menos.

Me acuerdo de unos anuncios antiguos de Staples, una cadena de material de oficina. Un grupo de gente se estresaba por algo en una oficina y un botón rojo marcado como «fácil» aparecía de la nada. Alguien lo apretaba y la oficina al completo dejaba de estar estresada para ser transportada a un lugar de paz y armonía.

Los botones que dicen «fácil» son cosas que aparecen ante nosotras y que queremos pulsar porque nos sacan temporalmente del dolor y el estrés. A la larga no funcionan, porque lo que hacen en realidad es ayudarnos a abandonarnos. Los botones «fácil» nos llevan a un paraíso artificial. Los paraísos artificiales siempre acaban por convertirse en un infierno. Sabes que has pulsado un botón que dice «fácil» cuando, después de hacerlo, te sientes más perdida en el bosque que antes. He tardado cuarenta años en decidir que, cuando me siento mal, quiero hacer algo que me ayude a sentirme mejor y no peor.

Tengo un cartel en mi despacho titulado «Botones fácil y botones de reinicio».

A la izquierda están todas las cosas que hago para abandonarme a mí misma.

A la derecha están mis botones de reinicio, las cosas que puedo hacer para quedarme conmigo el rato más largo posible.

BOTONES «FÁCIL»	BOTONES DE REINICIO
Beber.	Beber un vaso de agua.
Comer demasiado.	Dar un paseo.
Comprar.	Darme un baño.
Ser mordaz.	Practicar yoga.
Comparar.	Meditar.
Leer reseñas negativas.	Ir a la playa y mirar las olas.
Hincharme a azúcar hasta perder el sentido.	Jugar con mi perro.
	Abrazar a mi esposa y a mi progenie.
	Esconder el móvil.

Mis botones de reinicio son cosas pequeñas. Pensar a lo grande es la criptonita de las personas con altibajos como yo. Cuando todo es horrible, odio mi vida y estoy segura de que necesito una nueva profesión, una nueva religión, una nueva casa, una nueva vida, miro mi lista y me acuerdo de que seguramente lo que necesito en realidad es un vaso de agua.

5. RECUERDA QUE SOMOS LAS MEJORES

Soy artista y activista, así que casi todas mis amistades sufren lo que nuestra cultura ha definido como «enfermedad mental». Estas personas son los seres humanos más vitales, apasionados, bondadosos, fascinantes e inteligentes de la Tierra. Llevan estilos de vida distintos a la clase de existencia a la que nos han enseñado a aspirar. Muchas de ellas llevan vidas que incluyen pasar días enteros en la oscuridad sin salir de casa, aferradas a las palabras, a la política y a los pinceles como si les fuera en ello la esperanza y la vida. Esta manera de vivir no es sencilla, pero a menudo es profunda, auténtica, significativa y hermosa. Empiezo a darme cuenta de que ni siquiera me divierto con personas que no están como mínimo un poco desequilibradas. No deseo ningún mal a la gente que no sufre ansiedad o depresión. Sencillamente no me inspiran demasiada curiosidad. He llegado a pensar que nosotras, las «locas», somos las mejores.

Por eso tantas de nosotras nos resistimos a tomar la medicación. Porque en el fondo de nuestro corazón, pensamos que en realidad somos las cuerdas. Las que sufrimos una enfermedad mental somos las únicas personas «enfermas» convencidas de que nuestra afección alberga magia. Yo lo pensaba. Todavía lo pienso. Cuando la gente dice: «Que te mejores», yo oigo: «Que te vuelvas como todos los demás». Sabía que, en teoría, debía agachar la cabeza y declarar que mi manera de ser era peligrosa y equivocada mientras que la del resto del mundo era mejor y acertada. Se suponía que tenía que hacerme apretar los tornillos, unirme a las tropas y ocupar mi lugar en la fila. A veces lo deseaba con toda mi alma, porque vivir a mi manera era durísimo. En ocasiones me obligaba a aceptar que mi incapacidad para llevar una vida más liviana y agradable en el mundo en el que había nacido era de origen químico y que necesitaba ayuda para integrarme en la sociedad como todas las demás. Tenía que tirar la toalla y admitir: *No eres tú, mundo; soy yo. Buscaré ayuda. Tengo que ponerme bien. Necesito tu ciencia.*

Sin embargo, otras veces —cuando miro las noticias o cuando observo con atención cómo se tratan las personas— enarco las cejas y pienso: *La verdad, puede que no sea yo. Es posible que seas tú, mundo. Tal vez mi incapacidad para adaptarme al mundo no se deba a que estoy loca sino a que presto atención. Tal vez no sea de locos rechazar el mundo tal como es. Quizá la verdadera locura sea aceptarlo tal como es. A lo mejor fingir que las cosas van bien por aquí no sea una medalla que me quiero colgar. Tal vez estar un poco loca sea lo más acertado. Puede que la verdad sea: Mundo, necesitas mi poesía.*

Desarrollé estas afecciones —ansiedad, depresión, adicción— y estuvieron a punto de acabar conmigo. *Pero también son mis superpoderes.* La sensibilidad que me empujó a la adicción es la misma sensibilidad que hace de mí una gran artista. La ansiedad que me dificulta habitar mi propia piel también me dificulta existir en un mundo en el que tanta gente lo pasa mal, y eso me convierte en una activista implacable. El fuego que me consumió durante la primera mitad de mi vida es exactamente el mismo fuego que ahora uso para iluminar al mundo.

No lo olvides: necesitamos su ciencia porque ellos necesitan nuestra poesía. No hace falta que seamos más complacientes, normales o asequibles, solo tenemos que ser nosotras mismas. Necesitamos salvarnos porque tenemos que salvar al mundo.

ZONAS DE CONFORT

Antes vivía sumida en el desconsuelo como si fuera mi trabajo y mi destino. Como si le debiera el dolor al mundo y estar triste fuera mi manera de permanecer sana y salva. La renuncia era mi modo de demostrar mi valía, mi bondad, mi derecho a existir. El sufrimiento era mi zona de confort. Decidí, a los cuarenta años, probar otra manera.

Escogí a Abby. Escogí mi propia alegría. Escogí creer —como prometía Mary Oliver— que no tengo que ser buena, solo tengo que dejar que el animal suave de mi cuerpo ame lo que ama.

Tomé esa decisión por amor a mí misma y a Abby, y también por curiosidad. Me pregunté si la alegría tenía tanto que enseñarme como el dolor. De ser así, quería saberlo.

No tengo claro qué me aportará el camino de la dicha a la larga. Escoger la alegría es nuevo para mí. Pero algo sí he aprendido: es agradable ser feliz. Me siento más liviana, más despejada y fuerte, y más viva. Todavía no me ha fulminado un rayo. Una cosa que me ha sorprendido es la siguiente: cuando más feliz soy, más felices parecen ser mis hijas y mi hijo. Estoy desaprendiendo todo lo que me enseñaron a creer sobre la maternidad y el sacrificio. En el libro de dedicatorias de nuestra boda, mi hijo escribió: «Abby, antes de que tú llegaras, mamá nunca subía el volumen por encima del 11. Gracias». Espero que mi nueva creencia de que el amor debería hacer que te sientas sostenida y libre al mismo tiempo sea la que conserve mi descendencia.

También he descubierto que, si bien desde que escogí la alegría me resulta más fácil amarme a mí y a mi vida, parece ser que al mundo le resulta más difícil quererme.

Hace poco estaba dando una charla y una mujer del público se levantó, me miró en el escenario y dijo a través del micro:

—Glennon, antes me encantaba lo que escribías. Cuando hablabas del dolor y de lo dura que es la existencia, me sentía sumamente reconfortada. Pero en estos últimos tiempos, desde que has cambiado de vida, pareces distinta. Tengo que ser sincera: cada vez me cuesta más identificarme contigo.

—Sí —le respondí—. Lo entiendo.

»Ahora soy más feliz. No dudo tanto de mí misma y eso me proporciona seguridad y fuerza, así que sufro menos. He notado que, por lo visto, al mundo le resulta más fácil amar a una mujer que sufre que amar a una mujer alegre y segura de sí.

A mí también me cuesta más.

Estaba en un partido de fútbol de Tish y había una chica del otro equipo que me ponía de los nervios. Me di cuenta, por el lenguaje corporal, que a otras mamás de jugadoras de nuestro equipo les producía el mismo efecto. La observé con atención tratando de descubrir por qué esta chica nos encendía. Advertí que caminaba con la cabeza alta y cierta altanería. Jugaba bien y lo sabía. Iba a buscar la pelota y lo daba todo, como una chica que es consciente de su poderío y su talento. Sonreía todo el tiempo, como si aquello fuera coser y cantar para ella y se lo estuviera pasando en grande. Todo eso me sacaba de quicio.

La chica tenía doce años.

Reflexioné sobre mis sentimientos y caí en la cuenta: mi forma de reaccionar instintiva ante esa chica era consecuencia directa de mi educación. Me han inculcado desconfianza y antipatía hacia las chicas y mujeres fuertes, seguras de sí mismas y felices. Nos lo han inculcado a todas. Los estudios demuestran que cuanto más poderoso, exitoso y feliz es un hombre, más gusta a las otras personas y más confianza inspira. Pero cuanto más poderosa y feliz es una mujer, menos gusta y menos confianza inspira a la gente. Así que proclamamos: ¡*Las mujeres tienen derecho a ocupar el lugar que merecen!* Luego, cuando una mujer ocupa el lugar que merece, nuestra primera reacción suele ser: *Es tan... prepotente.* Nos convertimos en personas que comentan lo siguiente de las mujeres seguras: «No sé, no puedo explicarlo; tiene algo que no me gusta. Sencillamente no me cae bien. No sabría explicar el motivo».

Yo sí sé explicar el motivo: se debe a que nuestra educación se hace notar desde el inconsciente. Las chicas y mujeres fuertes, felices y seguras de sí mismas se saltan la regla tácita de que las muchachas deberían ser inseguras, reservadas, tímidas y cabizbajas. Las chicas que osan saltarse esas reglas nos crispan. Su descarado desafío y rechazo a someterse al imperativo nos inducen el deseo de volver a meterlas en sus jaulas.

Las chicas y las mujeres lo notamos. Queremos gustar. Queremos que confíen en nosotras. Así que minimizamos nuestras cualidades para no amenazar a nadie ni inspirar desdén. No mencionamos nuestros logros. No aceptamos cumplidos. Atenuamos, matizamos y subestimamos nuestras opiniones. Caminamos sin arrogancia y cedemos una y otra vez. Nos quitamos de en medio. Decimos «tengo la sensación de que...» en lugar de «sé». Preguntamos si nuestras ideas tienen sentido en lugar de dar por supuesto que lo tienen. Nos disculpamos por... todo. Las conversaciones entre mujeres brillantes a menudo degeneran en competiciones por cuál se llevaría el premio al más completo desastre. Queremos que nos respeten, pero deseamos aún más que nos amen y nos acepten.

Una vez estaba sentada con Oprah Winfrey en la mesa de su cocina y me preguntó qué me inspiraba más orgullo de mi vida como activista, escritora, madre. Entré en pánico y empecé a murmurar algo del estilo:

—Ah, no me siento orgullosa, me siento agradecida. Nada de eso es cosa mía en realidad. Estoy rodeada de personas fantásticas. He tenido una suerte increíble y...

Oprah me cogió una mano y dijo:

—No hagas eso, Glennon. No seas modesta. Maya Angelou siempre decía: «La modestia es una pose aprendida. No aspires a ser modesta, aspira a ser humilde. La humildad sale de dentro».

Pienso en lo que me dijo a diario. Me estaba advirtiendo: hacerte la tonta y la débil te perjudica a ti, a mí y al mundo. Cada vez que finges ser menos de lo que eres, les retiras el permiso a las demás mujeres para existir plenamente. No confundas la modestia con humildad. La modestia es una mentira entre risitas tontas. Una representación. Una máscara. Es juego sucio. No tenemos tiempo para eso.

La palabra *humildad* procede del latín *humilitas*, que significa «de la tierra». Ser humilde es mantenerte firme en saber quién eres. Conlleva la responsabilidad de llegar a ser lo que estás destinada a ser; de crecer, desplegarte, florecer tan alta, fuerte y majestuosa según fuiste creada. No es digno de un árbol mustiarse, encogerse y desaparecer. Tampoco es digno de una mujer.

Nunca he fingido ser más fuerte de lo que soy y tengo clarísimo que tampoco voy a fingir ser más débil de lo que soy. Igualmente voy a dejar de requerir modestia a las demás mujeres. No quiero sentirme a gusto con la debilidad y el dolor de otras mujeres. Deseo que la alegría y el éxito de otras me inspiren. Porque eso me hace más feliz y porque si seguimos sintiendo antipatía y machacando a las mujeres fuertes en lugar de amarlas, apoyarlas y votar por ellas, al final nos quedaremos sin mujeres fuertes.

Cuando vea a una mujer alegre y segura de sí que va por la vida con altanería, me perdonaré por mi primera reacción porque no es mi culpa, solo es mi condicionamiento.

Primera reacción: *¿Quién narices se cree que es?*

Segunda reacción: *Sabe que es un maldito guepardo. Aleluya.*

ELMER'S

Siempre he mirado mal la obsesión de las familias de mi generación con los deportes de sus hijas e hijos. Compadecía a los adultos que dedicaban el fin de semana y el sueldo a llevar a su prole por todo el país para verla chutar una pelota o hacer saltos mortales. Cada vez que una amiga me habla de la beca que ha conseguido su hijo o hija para la universidad, le digo: «¡Qué maravilla!» y pienso: *¿Acaso no has gastado lo mismo o más en mallas, espinilleras y hoteles?* Durante mucho tiempo, el objetivo deportivo que tenía en mente para mi descendencia era la mediocridad. Quería que aprendieran lo suficiente sobre el deporte como para no pasar vergüenza en clase de gimnasia pero no tanto como para brillar y arruinarme los fines de semana.

Cuando las chicas eran pequeñas, quisieron apuntarse a gimnasia artística, así que las llevaba al gimnasio del barrio una vez a la semana y ellas rodaban por el suelo y se ponían de puntillas mientras yo leía y alzaba la vista de vez en cuando para gritar: «¡Muy bien, cariño!». Era una situación ideal hasta que la entrenadora se me acercó después de un entreno para decirme:

—Sus hijas prometen mucho. Ha llegado el momento de que empiecen a venir tres veces a la semana.

La miré, sonreí, le di las gracias y pensé: *¡Es hora de buscar otro deporte!* La semana siguiente, nos unimos a la liga de fútbol local. Las niñas se divertían y, como había cero presión o verdadero aprendizaje, confiaba en que podríamos seguir cumpliendo el objetivo de la mediocridad.

Después del divorcio, Tish empezó a apagarse. Veía que poco a poco iba buscando consuelo en la comida y pasaba cada vez más tiempo a solas en su habitación. Sabía que necesitaba moverse más, pero también era consciente, por experiencia personal, de que sugerirle eso a una niña podía ser contraproducente. Yo tenía diez años cuando caí en la bulimia. Mi niña parecía tambalearse al borde del precipicio. Yo estaba asustada.

Una noche me senté en el sofá con Abby y le comenté:

—Me parece que tendremos que volver a llevarla a terapia.

Abby dijo:

—No estoy de acuerdo. Creo que necesita estar menos en su cabeza, no meterse aún más en ella. He estado pensando mucho en ello. Quiero que Tish haga una prueba para un equipo de fútbol itinerante de élite.

YO: Perdona. ¿Qué acabas de decir? ¿Acaso no conoces a Tish? Esa niña no correría ni aunque la casa estuviera en llamas. Y esas niñas de los equipos itinerantes llevan jugando desde que nacieron. No, gracias. Intentamos ayudarla, no humillarla.

ABBY: Tengo una corazonada. Es una líder nata. Le brillan los ojos cuando hablamos de fútbol. Creo que le encantaría.

YO: Ni hablar. Ahora mismo es demasiado frágil. ¿Y si no la cogen y se desmorona?

ABBY: ¿Y si la cogen y se recompone?

Sin que yo lo supiera, Abby llamó a Craig, que lleva jugando al fútbol toda la vida, y enseguida fueron dos contra una. El plan era abordar a Tish y preguntarle si le gustaría hacer una prueba para un equipo de fútbol itinerante de élite contra mi voluntad y mi buen criterio de mamá. Un día después de clase, los tres nos sentamos con Tish.

Ella se quedó helada y nos miró con recelo. Después de un divorcio, las niñas pasan mucho tiempo en estado de huida o lucha. Preguntó:

—¿Qué ha pasado? ¿Más malas noticias?

Craig respondió:

—No. No son malas noticias. Nos estamos planteando si te apetecería hacer una prueba para entrar en un equipo de fútbol itinerante de élite.

Tish soltó una risita. No nos unimos a sus risas, así que enmudeció. Miró a Craig y luego a mí. A continuación miró fijamente a Abby.

TISH: Un momento. ¿Lo decís en serio?
ABBY: Sí.
TISH: ¿De verdad pensáis que podría conseguirlo?

Me disponía a decirle: «Bueno, cariño, la verdad es que esas chicas llevan jugando mucho más tiempo que tú y no olvides que hay que ser muy valiente solo para intentarlo. No nos centraremos en el resultado, porque el hecho de presentarte ya...».

Pero antes de que pudiera hablar, Abby miró a Tish directamente a los ojos y afirmó:

—Sí. Yo creo que puedes conseguirlo. Tienes potencial y pasión. A alguien tienen que elegir. ¿Por qué no a ti?

Ay, Dios mío, pensé. *Qué insensata. No tiene la menor idea de lo que hace.*

Sin apartar la mirada de Abby, Tish dijo:

—Vale, lo intentaré.

—Fantástico —fue la respuesta de Craig.

—Guay —dijo Abby.

PELIGRO INMINENTE, pensé yo.

Las tres sonreímos a Tish.

Faltaban cuatro semanas para las pruebas. Tish, Abby y yo pasamos esas semanas practicando chutes en el colegio y viendo antiguos partidos de la Liga Nacional Femenina en el salón. Abby y Craig intercambiaban mensajes y correos sobre estrategias de entrenamiento. Tish y Abby hablaban de deporte de manera tan constante que Fútbol se convirtió en la segunda lengua oficial de nuestra casa. También salían a correr juntas a diario, algo que nunca iba como la seda. Tish se quejaba y lloraba durante todo el trayecto. Una tarde entraron juntas en el recibidor, sudando y jadeando. Tish siguió corriendo escaleras arriba con fuertes pisotones. Antes de pegar un portazo a la puerta de su habitación, gritó:

—¡NO PUEDO HACERLO! ¡LO DETESTO! ¡NO PUEDO HACER ESTO!

Me quedé helada y empecé a plantearme qué medicación podríamos administrarle a Tish después de que este peligroso experimento hubiera fallado y le hubiéramos arruinado oficialmente la vida. Otra vez.

Abby me obligó a volverme hacia ella y me miró a los ojos.

—Todo va bien —me aseguró. Señaló al piso de arriba—. ¿Esa reacción? Es totalmente normal. No subas. Bajará dentro de nada.

Tish bajó un poco más tarde con los ojos enrojecidos y muy callada. Se sentó en el sofá entre Abby y yo. Miramos la tele un rato y, durante una pausa publicitaria, Abby dijo sin apartar los ojos de la tele:

—Correr me dio cien patadas todos y cada uno de los días que me dediqué al fútbol. Me echaba a llorar cada dos por tres. Lo hacía de todos modos, porque sabía que no podría ser una gran jugadora si no estaba en forma, pero detestaba con toda mi alma cada minuto que pasaba corriendo.

Tish asintió y preguntó:

—¿A qué hora vamos a correr mañana?

Pasan las semanas y ahora estamos acompañando a Tish al primer día de las pruebas. Yo rodeo con las dos manos una gigantesca taza de viaje tipo termo llena de infusión antiestrés. Cuando llegamos al sitio donde se van a efectuar las pruebas, todas las chicas llevan puestas sus flamantes equipaciones y Tish lleva una camiseta de los campamentos estivales y un pantalón corto de educación física. Mi hija es treinta centímetros más bajita, como poco, que las otras chicas. Cuando se lo comento a Abby, dice:

—¿Cómo? No, no lo es. Nena, lo que pasa es que proyectas en Tish una especie de dismorfia corporal. Fíjate bien, es tan alta como las demás.

Fuerzo la vista e insisto:

—Hum. Bueno, es más pequeña por dentro.

Abby replica:

—No, no lo es, Glennon. No. No lo es.

Tish, Abby, Craig y yo nos abrazamos. Tish me mira y tiene los ojos llorosos. Yo contengo el aliento. Abby me mira y agranda los ojos. Quiero decirle: «Nena, olvidémonos de esto. Mami está contigo. Volvamos al coche y vayamos a tomar un helado». En vez de eso, digo:

—Creo en ti, Tish. Lo que vas a hacer es difícil. Podemos hacer cosas difíciles.

Da media vuelta y empieza a avanzar despacio hacia el campo. La veo alejarse de mí en dirección a una cosa muy, muy difícil y jamás en la vida he tenido un nudo tan grande en la garganta. Parece tan pequeña y el cielo, el campo y la tarea que tiene por delante son tan vastos. Pero ella sigue andando, cada vez más lejos, hacia el banquillo en el que están sentadas las otras chicas. Tan pronto como llega al banquillo, tanto ella como nosotras caemos en la cuenta: Ay, Dios mío. Ay, Dios mío, no hay sitio para ella en el banco. Se queda de pie a un lado, incómoda. No sabe qué hacer con las manos. Se ha quedado al margen. Está fuera del círculo de oro. No está en su elemento. No es una más.

Abby me toma la mano.

—¿Estás bien?

YO: No. Esto es un error.
ABBY: Esto no es un error.

Suelto mi mano de la de Abby y rezo: *Dios, por favor, si existes haz que sean simpáticas con mi hija. Haz que la inviten a su círculo. Haz que marque un gol cada vez que chute el balón o inventa algún otro milagro futbolístico para que entre en el equipo como sea. Si todo lo demás falla, envía un terremoto. Pero, Dios, te lo suplico, haz que esto termine pronto, porque mi corazón no lo va a soportar.*

Empieza la prueba. No parece que Tish sepa lo que está haciendo. El balón se le escapa cada dos por tres. No es tan rápida como las otras chicas. Mira a Abby varias veces, y ella le sonríe y asiente. Tish sigue intentándolo. Tiene algún que otro momento bueno. Consigue completar un pase y Abby insiste en que posee una especie de percepción del campo, una visión del juego que parece superar a la de las otras jugadoras. Pero es una hora difícil para ella. Y para mí. Cuando termina, volvemos juntas al coche y subimos. Tish guarda silencio durante todo el trayecto a casa. Pasado un rato me doy la vuelta y pregunto:

—¿Nena?

Abby posa la mano en la mía y niega con la cabeza. Yo me vuelvo hacia delante otra vez y guardo silencio durante el resto del viaje.

Regresamos a las pruebas al día siguiente. Y al otro. Volvemos cada noche durante una semana. El viernes por la noche, recibimos un correo de la entrenadora. Dice: «Tiene mucho que aprender. Pero posee chispa, se esfuerza al máximo y tiene madera de líder. Necesitamos sus cualidades. Nos gustaría ofrecer a Tish un puesto en el equipo».

Me tapo la boca y releo el correo dos veces para asegurarme de que lo he entendido bien. Abby está haciendo lo mismo en silencio por encima de mi hombro. Me vuelvo hacia ella y digo:

—Madre mía. ¿Cómo lo sabías?

Abby tiene lágrimas en los ojos. Responde:

—No lo sabía. Llevo tres semanas sin dormir de un tirón.

Craig, Abby y yo nos sentamos con Tish y se lo decimos juntos.

—Lo has conseguido —le anunciamos—. Te han seleccionado para el equipo.

Han transcurrido unos años desde aquellas pruebas y ahora somos una familia que pasa el fin de semana llevando a su hija por todo el estado y gastando dinero en gasolina, hoteles, torneos y tacos.

Tish está fuerte y tiene buena figura, no porque quiera ser modelo sino porque desea ser tan buena deportista y compañera de equipo como pueda. Cuanto más fuerte esté, más podrá contar el equipo con ella. Tish no considera su cuerpo un fin en sí mismo, sino un medio para lograr un objetivo. Utiliza su cuerpo como herramienta para alcanzar una meta que su mente y su corazón se han fijado: *ganar partidos con mis amigas*.

Tish se ha convertido en una líder. Ha descubierto que hay grandes deportistas y hay grandes compañeras de equipo, y no siempre son las mismas personas. Observa a sus compañeras y adivina exactamente lo que necesita cada una. Sabe quién lo está pasando mal y quién necesita ánimos. Después de cada partido, ganen o pierdan, se sienta en la parte trasera del coche durante el trayecto a casa y envía mensajes a sus compañeras: «No pasa nada, Livvie. Nadie podría haber parado ese balón. Ya ganaremos la próxima vez. Te queremos». Las familias de las chicas me escriben correos diciendo: «Por favor, dale las gracias a Tish de mi parte. Ha sido la única que ha podido consolar a mi hija».

Ahora Tish es una deportista. Cuando hay problemas en el colegio, no se queda hecha polvo, porque no es en esos pasillos donde encuentra su identidad. No necesita fabricar falsos dramas en su vida social, porque hay drama auténtico de sobras —la emoción de la victoria, el dolor de la derrota— en el campo. El otro día le oí decirle a un amigo de Chase: «No, no soy popular. Soy futbolista».

El fútbol salvó a mi hija.

El hecho de que yo no salvara a mi hija del fútbol salvó a mi hija.

Hace poco, Craig, Abby y yo nos sentamos en las gradas bajo un gélido chaparrón para ver jugar al equipo de Tish. Las chicas estaban empapadas y heladas, pero por alguna razón reflejaban cero señales de acusar ninguna de las dos cosas. Yo observaba a Tish con atención, como siempre. Sus piernas y su rostro eran esculturales. Su diadema color fucsia, hecha de cinta adhesiva para vendaje, le sujetaba los mechones sueltos de su cola de caballo característica. El otro equipo acababa de marcar un gol y ella intentaba recuperar el aliento para volver a su posición. Mientras corría, les gritó a las defensas:

—¡Venga! ¡Esto está hecho!

Se reanudó el juego. Tish recibió el balón y se lo pasó a una delantera, Anais. Anais marcó un gol.

Las chicas corrieron hacia Anais, las unas hacia las otras. Todas se reunieron en el centro del campo, una masa de adolescentes que saltaban, se abrazaban y se felicitaban entre sí, al equipo, a su esfuerzo. Las familias aplaudíamos también, pero las chicas no nos oían. En ese momento no había nadie en el mundo excepto ellas. Los sentimientos que nos inspirasen no importaban. Solo importaba lo que ellas sintieran. Para ellas, aquello no era un espectáculo. Era real.

El partido terminó y Abby, Craig y yo nos encaminamos a nuestros respectivos coches, aparcados el uno al lado del otro. Nos sentamos dentro para guarecernos de la lluvia. Tras una breve reunión de equipo, Tish se encaminó hacia los vehículos con su amiga Syd. No tenían prisa, porque ni siquiera notaban el frío. Cuando llegaron a nuestra altura, se abrazaron y Syd se alejó caminando con su madre. Tish se acercó a la ventanilla de Abby para despedirse, porque se marchaba a casa de Craig. Todavía es duro este ir y venir entre hogares. El divorcio es difícil de sobrellevar —cualquier familia es difícil de sobrellevar— pero Tish sabe que puede hacer cosas difíciles.

Seguía lloviendo, pero el rostro de mi hija resplandecía enmarcado por la ventanilla. Dijo:

—Hoy la entrenadora Mel me ha puesto un mote. Dice que me va a llamar Elmer's, como el pegamento, porque el balón se me pega como si fuera cola. Hoy, cuando me ha llamado para que entrara a jugar en sustitución de una compañera, ha gritado: «¡Elmer's... te toca!».

Craig tenía la ventanilla abierta y escuchó la historia. Nos sonrió a Abby y a mí. Le devolvimos la sonrisa. Tish estaba entre él y nosotras... resplandeciendo y sirviendo de pegamento.

AFORTUNADAS

Cuando Abby y yo nos enamoramos, nos separaban cientos de kilómetros y un millón de obstáculos. Ante la realidad de los hechos que teníamos delante, un futuro juntas parecía imposible. De manera que nos hablábamos del orden invisible, verdadero y hermoso, que nos empujaba a través de la piel. Nuestras elucubraciones siempre incluían a la otra y el agua.

Una noche, antes de conciliar el sueño, Abby me escribió lo siguiente desde la otra costa del país:

«Es primera hora de la mañana y estoy sentada en nuestro embarcadero, mirando el amanecer. Levanto la vista y te veo en pijama, todavía adormilada, caminando hacia mí con dos tazas de café. Nos sentamos allí, en el embarcadero, mi espalda contra el pilar, la tuya contra mi pecho, y vemos los peces saltar y el día romper. No tenemos nada que hacer salvo estar juntas».

Cuanto más difíciles se ponían las cosas, más a menudo retornábamos a esa mañana que Abby había imaginado para nosotras. El embarcadero, ella, yo, dos tazas de café humeante: esa imagen se convirtió en el orden invisible que nos guiaba hacia delante. Teníamos fe.

Un año más tarde, Abby preparó la cena para seis personas, la familia al completo: mi hijo, mis chicas, Craig y yo. Nos sentamos a comer en el porche trasero de la casa que Abby y yo compramos juntas en el golfo de México. El anochecer era precioso. El cielo estaba surcado de tonos violetas y anaranjados y corría una brisa constante y cálida. Comimos, reímos y luego quitamos la mesa en equipo. Craig se marchó a su partido de fútbol del domingo por la noche, mis hijas y mi hijo se encargaron de los platos y luego se sentaron en el sofá a mirar una serie de televisión. *Honey*, nuestra bulldog, se hizo un ovillo en el regazo de Amma y Abby se acercó a nuestro embarcadero: el Doyle Melton Wamdock. Desde el interior de la casa, la observé sentarse con la espalda contra un pilar y volver la vista hacia el canal. Yo serví dos tazas de té caliente y salí para reunirme con ella. Volvió la vista hacia mí y, por su sonrisa, supe que lo estaba recordando. Nos sentamos juntas en el embarcadero, mi espalda contra su pecho, la suya contra el pilar, y contemplamos los saltos de los peces mientras el sol se ponía y el cielo lo celebraba con tonos morados cada vez más oscuros.

Antes de entrar, hice una fotografía de las dos sonriendo con la puesta de sol al fondo y más tarde la publiqué. Alguien comentó: «Qué suerte la vuestra de teneros la una a la otra y esa vida».

Respondí: «Es verdad. Tenemos una suerte increíble. También es verdad que imaginamos esta vida antes de que existiera y luego cada una renunció a todo por una posibilidad entre un millón de que fuéramos capaces de construirla juntas. No fuimos a parar a este mundo que tenemos ahora, lo creamos. Te diré una cosa: *Cuanto más valiente soy, más suerte tengo*».

EFERVESCENCIAS

Antes odiaba las películas románticas. Cuando las ponían en la televisión, me sentía dolida, como si estuviera mirando fotos de una fiesta a la que no me hubieran invitado. Me recordaba que el amor romántico solo son chorradas de Disney, pero siempre experimentaba una sensación de nostalgia antes de cambiar de canal.

Como la nostalgia que siente Abby, que es agnóstica, cuando presencia los cantos de un coro de iglesia con sus túnicas, sus voces profundas y sus ojos brillantes.

A mí siempre me han brillado los ojos al pensar en el amor divino; soy una creyente.

A Abby siempre le han brillado los ojos al pensar en el amor romántico; es una creyente.

Las películas favoritas de Abby son *Romeo y Julieta* y *El diario de Noa. El DIARIO DE NOA*. Cuando le digo: «No me puedo creer que nos hayamos conocido», ella me responde: «Yo sí. Siempre supe que estabas ahí fuera».

Yo no lo sabía. No conocía la existencia del amor romántico porque no me enamoré hasta los cuarenta años. Ahí estaba yo, bajando por la calle de mi vida, cuando caí a la madriguera del conejo. Por eso «enamorarse» se dice *fall in love* en inglés (literalmente, caer en el amor), porque de repente deja de haber terreno sólido a tus pies.

Cuando me enamoré, tuve una sensación muy parecida a cuando comía setas alucinógenas con mis amistades de la universidad. En el instante en que las setas hacían efecto, caíamos juntas en la madriguera del conejo. De súbito me sentía totalmente conectada a las personas con las que estaba viajando e igual de desconectada de las que estaban sobrias. Mis amistades y yo compartíamos una burbuja de amor a la que nadie podía acceder ni entendía. Lo lamentaba por las personas sobrias. No sabían lo que nosotras sabíamos ni sentían lo que sentíamos ni amaban como nosotras amábamos. Nos referíamos a ellas como «las personas normales». «Ten cuidado —nos susurrábamos cuando alguna se acercaba—. Es normal.»

Durante mucho tiempo tuve esa misma sensación respecto a cualquiera que no fuésemos Abby y yo. Miraba a la gente que pasaba por la calle y pensaba: *Ni siquiera lo saben. Nosotras somos especiales y ellos son tan... normales.* La única persona normal con la que podía hablar durante aquellos primeros tiempos era mi hermana. En esa época, ella me hablaba exactamente igual a como lo hacía cuando yo bebía. Inclinaba la cabeza a un lado y me decía cosas como: «Ten cuidado, hermanita. Ahora mismo ni siquiera sabes lo que estás haciendo en realidad».

Yo pensaba: *Ay, por Dios. Piensa que esto es una fase. No entiende que he encontrado el amor y, en consecuencia, voy a ser distinta y especial para siempre. Era esto lo que me faltaba. Por eso la vida me parecía tan complicada: porque no tenía esto tan especial. Ahora estoy mejor. Esta soy yo ahora. Soy yo y Abby.*

Una noche Abby y yo estábamos sentadas en el sofá enredadas la una en la otra, besándonos y hablando de fugarnos juntas.

Abby dijo:

—Tenemos que ser listas. Ahora mismo nuestros cerebros centellean como un árbol de Navidad.

Me aparté de ella. Me sentí confusa, como si alguna de mis amigas de los viajes psicodélicos se hubiera vuelto a mirarme en mitad de un viaje y me hubiera preguntado si la ayudaría a preparar la declaración de la renta. Me sentí sola, como si Abby me hubiera abandonado y se hubiera vuelto normal sin mí. Me enfadé, como si estuviera insinuando que nuestro amor no era personal sino químico. Como si no fuera magia, solo ciencia. Yo tenía la impresión de que nuestro amor era todo lo contrario a las drogas que habíamos empleado para estimularnos el cerebro y escapar de nuestras vidas durante décadas. Tenía la impresión de que nos estábamos sanando mutuamente, no drogando la una a la otra. Tenía la impresión de que éramos Julieta y Julieta, no Syd y Nancy.

Abby dijo:

—Tengo miedo de lo que te pueda pasar cuando termine este preámbulo introductorio.

—¿Qué quieres decir?

—Nunca te has enamorado, así que nunca has pasado por esta fase. Yo sí. Las cosas cambian. Yo quiero que cambien. Deseo pasar a la fase siguiente. Nunca la he vivido. Esta primera parte no es la más real. La fase siguiente, cuando dejemos de caer juntas y aterricemos la una al lado de la otra, esa es la parte real. Pronto llegará. Quiero que llegue, pero temo que, cuando suceda, cuando aterricemos, te sientas decepcionada y te asustes.

—Tengo la sensación de que estás diciendo que nos encontramos bajo una especie de hechizo que pronto se desvanecerá y nos querremos menos que ahora.

—Lo que digo es que el hechizo pronto se desvanecerá y tendremos que amarnos más que ahora.

Pasados unos pocos meses, empecé a notar que el efecto de nuestros hongos alucinógenos amorosos empezaba a desvanecerse. Comencé a ver a Abby como una persona distinta a mí y yo iba notando que volvía a la normalidad otra vez. Lo viví como una tragedia, porque la consideraba el elemento que me había salvado por fin de tener que ser yo. Pensaba que a partir de ese momento podría ser *nosotras* por siempre. Abby tenía razón. Me asusté. Una noche le escribí este poema:

Hace dos años
tú eras blanco perla
yo era azul medianoche.
Nos convertimos en azul cielo.
Adiós perla, adiós medianoche,
todo era azul cielo.
Pero ahora, en ocasiones, te marchas.
A una reunión, con una amiga, a un programa de la tele.
Cuando te vas, me quedo conmigo de nuevo.
Te llevas tu perla. Yo vuelvo a notar mi medianoche.
Está bien así, lo sé.
La medianoche es mi manera de hacer cosas.
Es que pensé, por un instante, que yo ya no estaba.
Añoro no estar.
El final de Principio es existir otra vez.
Seremos hermosas y fuertes, la una junto a la otra.
Pero entre tú y yo (entre la perla y la medianoche)
me gustaba más el azul cielo.

Miro aquel poema ahora y pienso: *Glennon, estás siempre tan desesperada por encontrarte y tan presta a abandonarte. Deseas con tanta ansia ser vista y desaparecer. Toda la vida has deseado desesperadamente gritar «AQUÍ ESTOY» y desvanecerte al mismo tiempo.*

Hace dos años que Abby y yo somos personas normales. Ahora estamos en la fase siguiente. La efervescencia inicial se ha desvanecido, pero a veces somos azul cielo otra vez. Ya no es un estado permanente; aparece en instantes efímeros. Sucede cuando hacemos el amor, nos robamos un beso en la cocina, captamos la mirada de la otra cuando mis hijas y mi hijo hacen algo alucinante. La mayor parte del tiempo, sin embargo, somos colores separados. Es hermoso, porque nos permite vernos de verdad. He decidido que quiero estar enamorada de una persona, no de un sentimiento. Quiero ser encontrada en el amor, no estar perdida en él. Prefiero existir a desaparecer. Voy a ser medianoche por siempre. Es perfecto.

CASTILLOS DE ARENA

Pregúntale a una mujer quién es y te dirá a quién ama, a quién sirve, qué hace. *Soy madre, esposa, hermana, amiga, profesional.* El hecho de que nos definamos a través de nuestros roles es lo que hace girar el mundo. También es lo que nos lleva a sentirnos a la deriva y asustadas. Si una mujer se define como «esposa», ¿qué pasa si su pareja la deja? Si una mujer se define como «madre», ¿qué pasa cuando la progenie se marcha a la universidad? Si una mujer se define como una profesional, ¿qué pasa cuando la empresa cierra? Nuestra identidad se nos arrebata constantemente, así que vivimos con miedo en lugar de vivir en paz. Nos aferramos con demasiada fuerza, cerramos los ojos a lo que necesitamos mirar largo y tendido, evitamos preguntas que deben ser respondidas e insistimos de millones de maneras a nuestras amistades, parejas e hijos que el sentido de su existencia es definirnos. Construimos castillos de arena y luego intentamos vivir allí dentro con miedo a la inevitable marea.

Responder a la pregunta *¿a quién amo?* no basta. Debemos tener vidas propias. Para tener una vida propia, cada mujer debe responder también: *¿Qué amo? ¿Qué me hace cobrar vida? ¿Qué es la belleza para mí y cuándo me tomo un rato para bañarme en ella? ¿Quién es el alma que subyace a todos estos roles?* Cada mujer debe responder a estas preguntas ahora, antes de que llegue la marea. Los castillos de arena son hermosos, pero no pode-

CASTILLOS DE ARENA **303**

mos vivir en su interior. Porque la marea sube. Es lo que hace la marea. Debemos recordarlo: soy la constructora, no el castillo. Estoy separada y completa, aquí, con los ojos puestos en el horizonte, el sol en los hombros, dando la bienvenida a la marea. Construyo, reconstruyo. Con alegría. A la ligera. Inalterable. En cambio constante.

GUITARRAS

La tarde llega a su fin y yo empiezo a relajarme tras una jornada laboral de nueve horas. Abby asoma la cabeza a mi despacho y dice:

—¡Nena! ¿Sabes qué? ¡Voy a empezar a jugar al hockey sobre hielo! He encontrado una liga que juega los lunes por la noche. Ahora voy a comprar la equipación. Me hace mucha ilusión.

YO: Espera. ¿Qué? ¿Juegas al hockey sobre hielo?
ABBY: No, pero jugaba cuando era niña. Mis hermanos me ponían de portera y yo me quedaba allí y dejaba que los discos rebotaran contra mí. Era muy divertido.

Divertido.
La palabra «divertido» me desconcierta. Abby siempre me pregunta: «¿Qué haces para divertirte?». La pregunta me parece agresiva. ¿Qué significa divertirse? Yo no me divierto. Soy una persona adulta. Me ocupo de mi familia, trabajo y veo telebasura. Vuelta a empezar por siempre.

Pero estamos recién casadas, así que todavía soy un amor. Le digo:

—¡Qué bien, cariño!

Abby sonríe, se acerca a darme un beso en la mejilla y luego sale por la puerta principal. Me quedo mirando el ordenador. Tengo muchísimas preguntas.

¿Por qué tiene que divertirse? ¿Quién tiene tiempo y dinero para diversiones? Os diré quién: todo el mundo en esta familia menos yo. Craig juega al fútbol, Chase tiene la fotografía y las chicas hacen... de todo. Todo el mundo tiene algo menos yo. Debe ser agradable disponer de tiempo para algo.

Pensar «debe ser agradable» me frena en seco. Siempre lo hace.

Hum. Puede que sea agradable. Puede que precisamente por eso todo el mundo quiera tener algo.

Es posible que yo quiera algo.

Me siento y pienso en lo único que siempre he deseado ser: una estrella del rock. Tengo unos celos horribles de las estrellas del rock. Si pudiera elegir un talento que no poseo, sería cantar. Cuando era niña, me plantaba delante del espejo con un cepillo del pelo y me transformaba en Madonna en un estadio. Ahora me ha dado por P!nk. A solas en el coche, soy P!nk. Soy la más P!nk. Soy más P!nk que P!nk. Soy Magenta Oscuro.

Comprendo que mi esposa, Madonna y P!nk han llamado a mi puerta y me han entregado un paquete. Siento una envidia terrible de todas ellas y la envidia es una flecha roja que me señala lo que debo hacer a continuación. Así pues, busco «clases de guitarra, Naples, Florida» en el móvil. Sigo los enlaces. Encuentro una profesora de guitarra que ofrece clases a adolescentes en una minúscula tienda de música a cinco kilómetros de mi casa. La llamo. Concierto una cita para mi primera clase.

Cuando Abby cruza la puerta principal a su regreso, acudo a su encuentro en el recibidor dando saltos de alegría.

YO: ¡Hola! ¿Te puedes quedar con las chicas y Chase los viernes después de clase?

ABBY: Claro, ¿por qué?

YO: Voy a tomar clases de guitarra. Toda mi vida he querido ser una estrella del rock y ahora voy a lanzarme y lo voy a ser. Aprenderé a tocar la guitarra, compondré mis propias canciones y en las fiestas sacaré mi guitarra y la gente se apiñará a mi alrededor para cantar conmigo. Brincarán de alegría porque se sentían aisladas y solas hasta que mi música las unió. Y todo el mundo pensará: *Glennon es tan guay*... Y luego seguramente alguien me descubrirá y me subiré a un escenario en alguna parte para cantar delante de miles de personas. No cantaré bien. Ya sé que estás pensando eso. Pero ¡esa es la gracia! No seré la clase de cantante que inspira a los demás porque lo hace bien, ¡seré la clase de cantante que inspira a la gente porque lo hace mal! En plan, la gente me oirá cantar en el escenario y en lugar de pensar: *Ojalá pudiera cantar como ella*, pensarán: *Vaya, si ella puede cantar ahí arriba, supongo que yo puedo hacer cualquier cosa*.

ABBY: Nena. Estoy intentando procesar todo esto. Vas a empezar a tomar clases de guitarra. Es fantástico. Y sexy. Espera, ¿te he oído decir que vamos a empezar a ir a fiestas también?

YO: No.

Me encanta aprender a tocar la guitarra. Es difícil, pero abre otra parte de mí, una que me hace sentir más humana. Creo que la palabra que define esta experiencia podría ser «divertido». Pero para divertirme tanto, he tenido que descender de la Montaña del Sacrificio. He tenido que darme permiso para tener una cosa menos por la que suspirar. He tenido que pedir ayuda. He tenido que sacrificar parte de mi superioridad moral, quizá perder unos cuantos puntos en la competición por el puesto de «la que más sufre». Pienso que nuestra amargura por la alegría de otras personas es directamente proporcional a nuestro compromiso con impedirnos sentir alegría. Cuanto más a menudo hago cosas que quiero hacer, menos resentida estoy con la gente por hacer las cosas que quieren hacer.

Hace poco debuté como estrella del rock en Instagram. Toqué *Every rose has its thorn* y me ha visto tres veces más gente que asientos hay en el Madison Square Garden. Ahí lo dejo: Magenta Oscuro.

TRENZAS

Mi exmarido tiene una novia. Hace meses decidimos que había llegado el momento de que nos conociéramos. Quedamos para desayunar en un restaurante de la localidad. Yo llegué la primera, me senté en un banco, jugueteé con el teléfono y esperé. Finalmente vi acercarse a la pareja y me levanté. Ella sonrió y, cuando nos abrazamos, noté que el pelo le olía a una flor que no supe identificar.

Pedimos una mesa junto al mar. Craig y ella se sentaron a un lado; yo me senté al otro y dejé el bolso en el asiento libre de mi lado. Cuando llegó el camarero, pedí té caliente. Lo trajo a la mesa en una pequeña tetera blanca. No sabía de qué hablar, así que hablé de la pequeña tetera blanca. Dije:

—¡Vaya! ¡Pero qué cosa más mona! Mi propia tetera.

A la semana siguiente abrí una caja que me llegó por correo. En el interior había dos pequeñas teteras blancas; un regalo de ella para mí.

Cuando mis hijas van a casa de su padre, ella está allí y les trenza el pelo con primor. Yo nunca he sabido hacerles trenzas a mis hijas. Lo he intentado, pero el resultado es burdo y patético, así que nos limitamos a las coletas. Cada vez que veo a una niña con trenzas complicadas, pienso: *tiene aspecto de que saben quererla bien. Tiene aspecto de recibir buenos cuidados maternos. Parece una niña cuya madre sabe lo que se hace. Que fue*

en su día una adolescente que sabía lo que se hacía y tenía mon-
tones de amigas en el instituto, con las cuales se sentaba en gru-
po mientras se trenzaban el pelo mutuamente y soltaban risitas.
Una adolescente de oro.

Cuando Craig y su novia dejan a mis hijas en nuestra casa, nos quedamos en corro en el recibidor, somos amables y nos sentimos incómodos. Yo hago demasiados chistes y me río más de la cuenta, en un tono demasiado alto. Hacemos lo que podemos. En ocasiones, mientras estamos ahí, ella atrae a mis hijas hacia sí, las rodea con los brazos y juega con su pelo. Cuando sucede, Abby me toma la mano y me la estrecha con fuerza. Cuando Craig y su novia se marchan, yo atraigo a mis hijas hacia mí. Parecen bien cuidadas y huelen a una flor que no sé identificar.

Mis hijas, mi hijo, Abby y yo nos levantamos temprano el pasado día de Acción de Gracias, nos amontonamos en el coche y nos encaminamos a la Carrera del Pavo que se celebra en el centro. De camino, Chase nos leyó un meme que decía: «Mi mayor miedo es casarme con alguien cuya familia corra la Carrera del Pavo la mañana de Acción de Gracias».

Craig y su novia se incorporaron a nuestro grupo en el sitio convenido. Mientras nos acercábamos a la línea de salida, Craig y Chase se dirigieron a las primeras filas del pelotón, con el objetivo de ganar la carrera. La novia de Craig, mis hijas y yo buscamos un sitio a la cola, con el objetivo de terminarla, tal vez. Abby se situó en la parte central, para supervisar; su objetivo era asegurarse de que todo el mundo cumpliera su objetivo.

Empezó la carrera. Corrimos juntas un rato y luego nos separamos. Hacia la mitad del trayecto, vi a la novia de Craig corriendo delante de mí. Siempre he pensado en la expresión «apurarse» como algo que haces metafóricamente, pero de repente noté que mis pies apuraban el paso de manera literal. Empecé a correr en lugar de trotar. Me puse a correr a toda velocidad. Me puse a correr a tanta velocidad que estaba sudando y jadeando. Aceleré al máximo. Según me acercaba a la novia de Craig, di un rodeo por la izquierda para que no me viera adelantarla. Más adelante vi a Tish corriendo sola, pero no reduje el paso; puse pies en polvorosa. Me empezaba a doler la rodilla, pero tampoco bajé la marcha por eso. Crucé la línea de meta y vencí a la novia de Craig. Por un buen trecho.

Mientras intentaba recuperar el aliento, cogí un botellín de agua y me dirigí a la línea de meta para esperar a mis chicas. Escudriñé el mar de corredoras y corredores que la cruzaba y vi a Abby, Tish, Amma y la novia de Craig llegar a la meta juntas. Abby había terminado pronto y había vuelto atrás, había reunido a las tropas y se había asegurado de que todas llegaran a la vez. Estaban riendo felices, Abby a un lado, la novia de Craig al otro, Amma y Tish en el centro. No parecía que nadie se hubiera percatado de mi ausencia ni de mi victoria.

Pocos días después llamé a Craig. Le dije:

—Tu novia le dice a Tish que la quiere. ¿No te parece un poco excesivo? Es tu novia, no su madre. Todos necesitamos límites. Tienes que ayudarla a respetarlos. ¿Qué pasará si te deja y hace sufrir a nuestras hijas?

Me asusta mucho más que su relación perdure y ame a nuestras hijas.

Este año celebramos la cena de Navidad todos juntos. Le pedí a Craig que trajera el pastel de manzana tradicional. En vez de eso, su novia y él trajeron un postre de fresas. Cuando Tish preguntó dónde estaba el pastel de manzana, me encogí de hombros y la hice callar. Después de cenar nos hicimos una foto: la familia al completo y el perro. Después, la novia de Craig dijo:

—¡Vale, ahora hagamos una en plan loco!

¿Quién le había pedido sugerencias? *A nosotras no nos van las fotos en plan loco.* Amma, Tish y Chase se mostraron de acuerdo en que la foto loca era la mejor. Luego nos sentamos y comimos el postre de fresas. Mis hijas y su hermano opinaron que era el mejor postre de Navidad que habían comido jamás.

Al día siguiente, la novia de Craig nos envió la foto loca por correo electrónico. Escribió: «Agradecida de haber encontrado un amor acogedor y bondadoso, ingenioso y libre de juicios morales, la clase de amor que no pone límites».

Algún día le pediré que me enseñe a trenzar el pelo de mis hijas.

Algún día aprenderé a hacer de madre junto con Abby y con ella, como una trenza.

SEGUNDOS

En ocasiones, cuando se desata un conflicto acalorado entre Abby y yo, dejamos de hablar, respiramos hondo y nos decimos:

—Vale, no abordemos esto como un primer matrimonio. Vamos a abordarlo como un segundo matrimonio.

Lo que queremos decir es: no entremos en piloto automático. Empleemos lo que hemos aprendido y apliquémoslo. Seamos cautas y sabias, dejemos los egos a un lado y recordemos que estamos en el mismo equipo. Ahora que sabemos más, vamos a hacerlo mejor.

Me habría descrito como la directora espiritual de mi primer matrimonio. Yo veía la trama en mi mente y Craig la jorobó. Ahora entiendo que sucedió porque cada persona tiene su propio argumento. Nadie puede ser actor secundario en el relato de otro. Puede fingirse, pero siempre habrá subtramas que bullen en el interior y se despliegan en el exterior.

Soy muy dominante. Me gusta controlar las cosas. Se debe a que estoy asustada. Las cosas se me antojan infinitamente precarias. Cuando era joven, conseguía sentirme más segura controlando lo que comía y mi cuerpo. Todavía lo hago. Pero al hacerme mayor y convertirme en esposa y madre, encontré otra cosa que tratar de controlar para generar seguridad: a mi gente. Como la vida es aterradora y precaria, controlar a las personas que amo me parecía la postura más responsable.

Además del factor miedo, hay algo más que me empuja a querer controlar las cosas y ese algo es mi convicción de que soy muy inteligente y creativa. Creo sinceramente que tengo muy buenas ideas y que a la gente le iría mejor si se sumara a mis iniciativas. Este tipo de control se conoce como «liderazgo».

Durante mucho tiempo, he controlado y liderado a mi gente y he llamado a eso amor. «Amaba» a mi gente hasta hacerla papilla. Mi papel en las vidas de las personas que quiero ha sido el siguiente: *Yo existo para hacer realidad todas tus esperanzas y sueños. Así que sentémonos a echar un vistazo a esta exhaustiva lista de esperanzas y sueños que he creado para ti. He prestado mucha atención y, confía en mí, te VEO y te conozco mejor que tú misma. ¡Puedes hacer cualquier cosa que te propongas! ¡Empecemos!*

Sin embargo, no podemos sentir, saber ni imaginar por los demás. Me estoy esforzando para entenderlo. La persona que me lo está enseñando es mi esposa. Mi esposa es incontrolable.

Amo a mi esposa con locura, más de lo que he amado a un ser humano adulto en toda mi vida. Antes de conocerla, ni siquiera me asustaba tanto morir. Ahora la idea de la muerte me aterra a diario, no por la muerte en sí sino por no estar con ella. Para mí, la muerte es la MAPA definitiva: miedo a perder a Abby. Amo a Abby más que a nadie; por consiguiente, tengo que controlarla más que a nadie. Desco que todos los sueños que tengo para ella se hagan realidad. Sencillamente quiero lo mejor para ella. Con ese propósito, tengo infinidad de buenas ideas que compartir con Abby sobre lo que debería hacer, ponerse, comer y cómo debería trabajar, dormir, leer y escuchar. Pero cada vez que intento comunicarle mis buenas ideas —abierta o solapadamente— ella se las ingenia para captar lo que estoy haciendo, me llama la atención y se niega en redondo a hacerme caso. Lo hace con dulzura. Dice cosas como: «Ya veo lo que pretendes, nena. Te agradezco el interés, pero no, gracias, me va bien así».

Durante el primer año de matrimonio, encajé su actitud como si tuviera ante mí un nuevo y emocionante desafío. Di por supuesto que mi tarea era buscar maneras nuevas de abordarla. He aquí una conversación real con mi hermana durante aquel primer año como reacción al problema de que Abby siguiese insistiendo en que ella mandaba sobre sí misma.

YO: Entendido, pero ¿qué pasa si sé que mi idea es mejor para ella que la suya? ¿Debería limitarme a fingir que su idea es buena? ¿Debería sonreír y dejar que ponga en práctica su idea para poder volver a la mía cuando la suya no funcione tan bien? ¿Cuánto tiempo tendré que seguir perdiendo el tiempo con esta pantomima?

MI HERMANA: Por Dios. Si quieres plantearlo así, Glennon, sí, prueba eso. Intenta fingirlo hasta que lo consigas.

Y eso fue lo que hice. Sonreí y fingí. La dejé salirse con la suya, pero solo porque era mi estrategia de liderazgo encubierta. Decidí que probaríamos a hacer las cosas a su manera por un tiempo, hasta que ambas viéramos la luz *juntas*. Durante un año entero, fuimos espontáneas cuando yo prefería planificar. Nos fiábamos de la gente cuando yo era escéptica. Corríamos grandes riesgos cuando yo ya había calculado las probabilidades en contra. Dejábamos que Tish, Chase y Amma probaran cosas aunque estaba segura de que saldrían mal y nos guardarían resentimiento por siempre.

Vivimos, durante un tiempo, como si la vida fuera menos precaria de lo que es, como si las personas fueran mejores de lo que son, como si nuestras hijas e hijo fueran más resistentes de lo que yo creía que eran y como si «las cosas se resolvieran solas, por lo general». Era una postura temeraria, absurda e irresponsable. Las cosas no se resuelven solas. Yo las resuelvo. YO LAS RESUELVO y si no lo hago nada funciona. Reina el caos.

Respiré hondo infinidad de veces y empecé practicar yoga a diario para sobrellevar la ansiedad, y esperé a que las cosas se desmoronasen para poder acudir al rescate.

Y seguí esperando.

Anda que las cosas no salían bien, por lo general. Anda que no empecé a sentirme más feliz. Anda que nuestras hijas e hijo no se volvieron más valientes, más amables, anda si no estaban más relajados. Anda que nuestra vida no se tornó más hermosa. Yo era irritante hasta el aburrimiento, a decir verdad.

Pienso sinceramente que es posible que Abby tenga buenas ideas.

Empiezo a desaprender lo que pensaba antes sobre el control y el amor. Ahora creo que tal vez el control no sea amor. Creo que el control podría ser lo contrario del amor, porque el control no deja espacio a la confianza; y es posible que el amor sin confianza no sea amor en absoluto. Empiezo a considerar la idea de que amar es confiar en que las otras personas también Sienten, Saben e Imaginan. Puede que el amor sea respetar lo que tu gente siente, confiando en que Saben y creyendo que poseen su propio orden invisible en su vida que les presiona la piel desde dentro.

Puede que mi papel con las personas que amo no sea imaginar la vida más auténtica y hermosa para ellas y luego empujarlas en esa dirección. Puede que deba preguntarles lo que sienten, saben e imaginan. Y luego, por muy distinto que su orden invisible sea del mío, preguntarles qué puedo hacer para apoyar su visión.

Confiar en las otras personas es aterrador. Es posible que si el amor no da un poco de miedo y conlleva cierta pérdida de control, no sea amor en absoluto.

Es salvaje dejar que los demás sean salvajes.

IDEAS

Una noche después de cenar, Abby, Craig, mi hermana y su marido, John, y yo compartimos una sobremesa de horas sentados a la mesa de la cocina. Sonaba música de fondo, Chase, Amma y Tish perseguían a *Honey* por el salón y el resto bebíamos té o vino y reíamos hasta que nos dolía la barriga.

Subí a *Honey* a mi regazo, me volví a mirar a Craig y anuncié:

—Quiero decirte una cosa.

Todas las personas presentes guardaron silencio.

—¿Recuerdas aquel día, hace dieciocho años, cuando nos sentamos tú y yo en mi porche delantero, yo con náuseas matutinas y tú con náuseas de la impresión, tratando de decidir qué hacer?

»¿Recuerdas cómo rompiste el silencio?

»Dijiste: "He estado pensando. ¿Y si no nos casamos? ¿Y si vivimos separados y criamos al bebé juntos?

»Tú lo sabías.

»Una semana antes de que yo me enterase de que estaba embarazada, mi amiga Christy me preguntó qué tal me iba contigo. Le dije: "Tenemos que romper. No conectamos. Ni física ni emocionalmente. Falta la chispa".

»Yo lo sabía.

»Pero yo tenía una idea, una visión de cómo debía ser una familia, de lo que tú debías querer, de la persona en la que debías convertirte. Mi imaginación se convirtió en algo peligroso cuando permitimos que eclipsara nuestro Saber.

»Éramos muy jóvenes y estábamos asustados en aquel entonces. Todavía no habíamos aprendido que el Saber nunca desaparece. Se queda dentro, sólido e inamovible. Espera todo el tiempo que haga falta a que se pose la nieve.

»Lamento haber ignorado nuestro Saber. Tú y yo no encajábamos. Lo intentamos, porque era lo correcto, porque pensamos que debíamos hacerlo. Porque yo pensé que debíamos hacerlo. Pero correcto no significa real y el deber es una jaula. Lo salvaje es lo que es.

»Nuestro Saber tuvo razón desde el principio. Lo que es perduró. Porque aquí estamos: poniendo en práctica tu idea. Siendo dos personas que no estaban hechas la una para la otra, pero que forman un equipo fantástico criando a su descendencia codo con codo.

»Espero que lo que hagas a continuación nazca de ti y no te sea impuesto. Espero que el resto de tu vida sea idea tuya. Si te sirve de algo, espero que confíes en ti mismo. Sabes lo que sabes. Tienes buenas ideas, Craig.

LATERALES

Mi mujer y mi exmarido juegan en el mismo equipo de fútbol los miércoles por la noche, en una liga de adultos. Después de cenar, llenamos el coche de sillas y tentempiés y Amma, Tish, Chase y yo nos sentamos en un lateral de la cancha a mirar a su padre y a su otra madre trabajar en equipo para marcar goles.

Hace unas semanas estábamos sentadas en un lateral del campo de juego y una pareja mayor se acomodó a nuestro lado. La mujer señaló a mis hijas y preguntó:

—¿Son sus hijas?

—Lo son —dije.

—¿Su padre está jugando?

—Sí. Es ese —señalé a Craig.

—¿Dónde viven?

—Vivimos aquí, en Naples, pero separados. Ahora estamos divorciados.

—¡Caray, es maravilloso que todavía vengan a verlo jugar!

—Sí, nos encanta verlo jugar. Además, la mamá de las chicas también juega. Venimos igualmente a verla a ella.

La mujer se quedó desconcertada. Dijo:

—¡Ah! Pensaba que usted era su madre.

Respondí:

—Lo soy. Esa es su otra mamá.

Señalé a Abby. La mujer la observó con atención.

—Santo Dios —exclamó—. Esa mujer es idéntica a Abby Wambach.

—Esa mujer es Abby Wambach —confirmé. Ella dijo:

—¡Hala! ¿Su exmarido se ha vuelto a casar con Abby Wambach?

—¡Casi! Yo me he casado con Abby Wambach.

Tardó un minuto. Todo un minuto de silencio. *Selah*. Viejas ideas estructurales que arden, un nuevo orden de cosas que nace en el interior.

Entonces sonrió.

—¡Ah! Hala —dijo.

La primera palabra de Tish fue «hala». A primera hora de una mañana de diciembre en Virginia, la saqué de la cuna y la llevé a la ventana de su cuarto de bebé. Subí la persiana y descubrimos que el jardín trasero estaba cubierto de nieve. Era la primera vez que veía la nieve. Tish alargó la mano para tocar la fría ventana y dijo:

—Hala.

Cuando alguien conoce a nuestra familia muestra su sorpresa y dice «hala» —en un tono u otro— porque nunca ha visto una familia exactamente igual a la nuestra. Nuestra familia es particular, porque somos personas particulares. No recurrimos a un proyecto creado por otra persona y luego hacemos esfuerzos para que cada una y cada uno encaje en él. Creamos y recreamos nuestra familia una y otra vez, como nos sale de dentro. Seguiremos haciéndolo por siempre, para que cada una y cada uno tenga espacio para crecer y crecer y seguir teniendo su sitio. En eso consiste la familia para mí: un lugar donde se nos sostiene y somos libres al mismo tiempo.

NIVELES

Hace ocho años, acabé en la consulta de una psicóloga pidiendo estrategias para superar la rabia inducida por la traición. La psicóloga dijo:

—La ansiedad te controla, lo que significa que estás perdida en tu mente. No sabes lo que quieres. Estás completamente desconectada. Tienes que encontrar la manera de volver a tu cuerpo.

Sugirió que hiciera yoga. Al día siguiente, de camino al estudio, me pregunto: *¿Por qué he abandonado mi cuerpo para vivir en esta mente tan peligrosa que tengo?* Me siento en la esterilla, en una sala a treinta y dos grados de temperatura y de inmediato recuerdo el motivo.

Tan pronto como me quedo quieta, la nieve se posa y yo me hundo en mi cuerpo. Empiezo a sentirme irritada, agitada y enfadada. ¡Por esto me marché! Porque soy vergüenza y miedo envuelta en esta piel. Ni siquiera deseo visitar mi cuerpo y mucho menos residir aquí. Pero ahora estoy atascada: el perímetro de la esterilla de yoga es todo mi mundo. Las otras mujeres guardan silencio. No hay nada en las paredes que pueda leer. No tengo escapatoria. *¿Dónde está mi teléfono? Ahí está la puerta. Podría marcharme. No tendría que dar explicaciones.*

Entra la instructora y no le presto atención y sigo planeando mi fuga, hasta que dice:

—Quedaos quietas para saber.

Esa frase otra vez. Deseo saber con toda mi alma. Sea lo que sea lo que no estoy viendo, sea lo que sea lo que saben las otras personas, sea lo que sea lo que las ayuda a sobrellevar las cosas y les permite vivir sin más: quiero saber qué es.

Así que me quedé en esa maldita esterilla hasta saber.

Igual que me quedé en mis adicciones hasta saber.

Igual que me quedé en mi matrimonio hasta saber.

Igual que me quedé en mi religión hasta saber.

Igual que me quedé en mi dolor y en mi vergüenza hasta saber.

Y ahora sé.

Estoy sentada en el sofá entre dos amigas, tomando café. Mi perro duerme en el regazo de mi amiga Saskia. Todas escuchamos a Ashley, que nos cuenta la anécdota de cómo se quedó en la esterilla de yoga en una sala en la que hacía un calor sofocante hasta que se mareó. Cuando dice: «La puerta ni siquiera estaba cerrada» cae el silencio en la habitación. Ashley ha dicho algo importante. Saskia frota la cabeza del perro. Karyn entorna los ojos. Yo pienso lo siguiente:

La verdad de mis treinta fue: *Quédate en la esterilla, Glennon. Quedarte te está haciendo.*

La verdad de mis cuarenta es: *Ya estoy hecha.*

No me quedaré, nunca más, en una habitación, conversación, relación ni institución que me exija abandonarme a mí misma. Cuando mi cuerpo me diga la verdad, lo creeré. Ahora confío en mí, así que no sufriré de manera voluntaria ni en silencio ni durante mucho tiempo. Miraré a esas mujeres a mi derecha e izquierda que deben quedarse, porque están en ese momento, porque tienen que saber lo que no son el amor, Dios y la libertad antes de poder saber lo que sí son el amor, Dios y la libertad. Porque quieren saber. Porque son guerreras. Les transmitiré hasta la última gota de mi fuerza y solidaridad para ayudarlas a transitar esta fase. Y luego recogeré mi esterilla y despacio, sabiendo lo que hago, me marcharé con suavidad.

Porque acabo de recordar que el sol brilla, la brisa es fresca y esas puertas ni siquiera están cerradas.

EPÍLOGO
Humana

En mi texto sagrado favorito, hay un capítulo sobre un grupo de gente desesperada por entender y definir a Dios.

Preguntan: *¿Qué eres?*

Dios responde: *Yo soy.*

Insisten: *Pero eres... ¿qué?*

Dios dice: *Yo soy.*

¿Tú qué eres, Glennon?

¿Eres feliz?

¿Estás triste?

¿Eres cristiana?

¿Eres una hereje?

¿Eres una creyente?

¿Eres agnóstica?

¿Eres joven?

¿Eres vieja?

¿Eres buena?

¿Eres mala?

¿Eres oscura?

¿Eres clara?

¿Estás en lo cierto?
¿Estás equivocada?
¿Eres profunda?
¿Eres superficial?
¿Eres valiente?
¿Eres débil?
¿Estás herida?
¿Estás completa?
¿Eres sabia?
¿Eres necia?
¿Estás enferma?
¿Estás curada?
¿Estás perdida?
¿Estás localizable?
¿Eres gay?
¿Eres hetero?
¿Estás loca?
¿Eres brillante?
¿Estás enjaulada?
¿Eres salvaje?
¿Eres humana?
¿Estás viva?
¿Estás segura?

Yo soy.
Yo soy.
Yo soy.

AGRADECIMIENTOS

La razón de que exista este libro (la razón de que yo exista) es que las personas aquí enumeradas, cada día, insuflan vida en mi arte y en mí.

ABBY: si tú eres un pájaro, yo soy un pájaro.

CHASE: tú eres el Saber de nuestra familia.

TISH: tú eres el Sentimiento de nuestra familia.

AMMA: tú eres la Imaginación de nuestra familia.

CRAIG: por amar a nuestras hijas e hijo de forma magistral, por confiar en mí para que cree arte en torno a nuestra nueva familia, por tu humor, capacidad de perdón e inagotable bondad.

MAMÁ, PAPÁ: por el valor y la paciencia que me ayudaron a encontrarme y a conservarme al igual que a encontrar y a conservar al amor de mi vida. Por confiar en mí mientras aprendía a confiar en mí misma. Prometo hacerles a vuestras nietas y nieto el mismo regalo que me hicisteis: vivir sin abandonarme y libre al mismo tiempo.

AMANDA: la mayor suerte que he tenido en esta vida ha sido tener como hermana a la persona más bondadosa, valiente y brillante del mundo. Todo lo bueno que hay en mi vida procede de esa suerte original. Mi sobriedad, mi familia, mi carrera, mi activismo, mi alegría y paz: todo se debe a que caminas delante de mí, a mi lado y detrás. *Soy* gracias a ti.

ALLISON: tu genio artístico está entretejido en cada palabra escrita en estas páginas y pronunciada ahí fuera. Todo ello es *nuestro*. Gracias por poner en mi camino una parte tan grande de tu talento, dedicación, lealtad y amistad. Eres Oro puro.

DYNNA: gracias por tu cerebro y tu corazón, por tu devoción incondicional a nuestra misión y sororidad y por enviarnos a la luna.

LIZ B: las vidas de incontables mujeres, niñas y niños han cambiado porque las ves, crees en ellas y trabajas incansablemente por ellas. Nunca he conocido a nadie que emplee su Única Vida de un modo tan hermoso y relevante como tú empleas la tuya. Gracias por ser el pulso de Together Rising.

NUESTRAS GUERRERAS Y VOLUNTARIAS DE TOGETHER RISING: Katherine, Gloria, Jessica, Tamara, Karen, Nicol, Natalie, Meghan, Erin, Christine, Ashley, Lori, Kristin, Rhonda, Amanda, Meredith y Grace; por forjar sin tregua el puente entre el desconsuelo y la acción. Y a Kristen B., Marie F. y Liz G., por dedicar vuestra exquisita confianza en nuestro trabajo.

WHITNEY FRICK: por ser la abogada, defensora y embajadora de mi obra durante una década. Por creer cuando las ideas eran invisibles y por trabajar incansablemente por hacerlas realidad.

MARGARET RILEY KING: por tu tenacidad, visión, humor, sabiduría y amistad.

JENNIFER RUDOLPH WALSH: por confiar en nuestro orden invisible hasta que se convirtió en una fiesta de alcance nacional.

KATY NISHIMOTO: por tu amor y lealtad, y por ser la genio silenciosa detrás de tantas cosas auténticas y hermosas.

TÍO KEITH.

TODA LA GENTE DE DIAL PRESS Y RANDOM HOUSE: por dedicar vuestro talento y pasión de manera tan absoluta a *Indomable,* en especial a Gina Centrello, Avideh Bashirrad, Debie Aroff, Michelle Jasmine, Sharon Propson, Rose Fox, Robert Siek, Christopher Brand y la legendaria difunta Susan Kamil. Y a Scott Sherratt, por hacer magia con nuestro audiolibro. Estoy encantada de formar parte de este equipo con todas vosotras.

LIZ G: por ser la santa patrona de *Indomable*, una guepardo y una creyente en la magia, la libertad, las mujeres y en mí.

KARYN, JESSICA, ASHLEY: por ser amigas mías aunque no salga de casa ni conteste a los mensajes.

KAT, EMMA: por enseñarme lo que significa ante todo no dejarse domesticar.

Esto va por las Indomables:
Que las conozcamos.
Que las criemos.
Que las amemos.
Que las leamos.
Que las votemos.
Que seamos ellas.

ACERCA DE LA AUTORA

Glennon Doyle es autora de *Guerrera del amor*, número uno en la lista de los libros más vendidos del *New York Times* y selección del Oprah Book Club, así como de *Carry On, Warrior*, superventas en la lista del *New York Times*. Como activista, oradora y líder de pensamiento, también es fundadora y presidenta de Together Rising, una organización benéfica dirigida exclusivamente por mujeres que ha revolucionado la filantropía política comunitaria al recaudar más de 20 millones de dólares para mujeres, familias y niñas y niños en crisis, siendo el donativo más frecuente de solo 25 dólares. Glennon fue incluida en el primer grupo de las «100 superalmas» del canal Oprah Winfrey, como una de los 100 «líderes concienciados que emplean sus voces y talento para mejorar la humanidad». Vive en Florida con su esposa y su hijo y sus dos hijas.

GlennonDoyle.com
Instagram: @glennondoyle
Twitter: @glennondoyle
Facebook.com/glennondoyle

SOBRE TOGETHER RISING

Fundada en 2012 por Glennon Doyle, Together Rising existe para transformar nuestro desconsuelo colectivo en acción eficaz. Ya sea para que la infancia rescatada del mar no vaya a parar a los campos de refugiados de Grecia, para proporcionar a madres solteras acceso a tratamiento para el cáncer de mama o para reunir familias separadas en la frontera de Estados Unidos con México, Together Rising identifica aquellas situaciones que consternan a las donantes y luego conecta la generosidad de las benefactoras con las gentes y organizaciones que están abordando de manera eficaz cada necesidad crítica.

Together Rising ha recaudado más de 20 millones de dólares para personas necesitadas. El donativo usual suele ser de 25 dólares, lo que demuestra que las pequeñas donaciones pueden cambiar el mundo de maneras revolucionarias.

Como unas pocas benefactoras comprometidas financian directamente todos los costes administrativos, el cien por cien de los donativos personales que recibe Together Rising va directamente a personas, familias o crisis. Por favor, plantéate unirte al Equipo de Amor de Together Rising con un donativo mensual desgravable de 5, 10 o 25 dólares. Esas donaciones permiten a Together Rising actuar rápidamente para movilizar fondos que salvan vidas en momentos de crisis.

www.togetherrising.org
Instagram: @Together.Rising
Twitter: @TogetherRising
Facebook.com/TogetherRising
glennondoyle.com
Instagram, twitter y facebook: @glennondoyle

Ecosistema digital

Floqq
Complementa tu lectura con un curso o webinar y sigue aprendiendo.
Floqq.com

Amabook
Accede a la compra de todas nuestras novedades en diferentes formatos: papel, digital, audiolibro y/o suscripción.
www.amabook.com

Redes sociales
Sigue toda nuestra actividad. Facebook, Twitter, YouTube, Instagram.

EDICIONES URANO